humboldt
Der RatgeberVerlag

www.humboldt.de

Weitere aktuelle Ratgeber-Taschenbücher im Humboldt Verlag (Auswahl):

Information und Wissen

3-89994-007-5	Linkshändig? Rat & Information, Tipps & Adressen
3-89994-009-1	Lexikon der Lebensmittel-Etiketten
3-7081-9960-X	Lebensweisheiten berühmter Philosophen
3-89994-826-2	Teste Deine Intelligenz
3-89994-900-5	Der große Hochzeitsratgeber
3-89994-904-8	Das große Buch der Musterbriefe
3-7081-9958-8	Die schönsten Reden für Familienfeiern
3-89994-957-9	Die schönsten Reden für Hochzeit und Hochzeitstage
3-89994-831-9	Gästebuch und Poesiealbum – Sprüche für jeden Anlass
3-89994-984-6	Die schönsten Gedichte und Zitate für festliche Anlässe
3-89994-016-4	Taschenlexikon der Mode-Begriffe

Beruf

3-7081-9980-4	100 clevere Tipps: Jobsuche
3-89994-983-8	100 clevere Tipps: Lebenslauf und Anschreiben
3-89994-820-3	Taschenlexikon der Wirtschaft
3-7081-9992-8	Erfolgreiche Kundenbindung
3-7081-9886-7	Geschäftsbriefe und Reden
3-7081-9949-2	Arbeitszeugnisse schreiben und verstehen

Freizeit und Hobby

ISBN	Titel
3-89994-017-2	Der grosse Humboldt Fotolehrgang
3-89994-010-5	Digitalfotografie - Das große Einsteigerbuch
3-89994-823-8	Einmaleins der Kartenspiele
3-7081-9927-8	Hunde artgerecht erziehen
3-7081-9847-6	Was will meine Katze mir sagen?

Gesundheit und Medizin

3-7081-9859-X	Aktiv gegen Cellulite
3-7081-9917-0	Das Pickelbuch
3-7081-0101-4	NUAD- die traditionelle Thai-Massage

Eltern und Kind

3-89994-009-1	Das große Vornamenbuch
3-89994-940-4	Das Trotzkopfalter
3-89994-880-7	Entspannung für Kinder: Zaubergraten und Lieblingswiese
3-89994-973-0	Die schönsten Kindergedichte für Familienfeiern
3-89994-853-X	Schöne Lieder für Kinder

Helen Ann Augst

Das grosse Buch der Umgangsformen

Verlegt bei Humboldt

Humboldt-Taschenbuch (ht) 969

Die Autorin:

Helen Ann Augst ist freie Journalistin und Sachbuchautorin zahlreicher erfolgreicher Taschenbücher. Moderne Etikette bedeutet für sie nicht Rückfall in konservative Umgangsformen der 50er Jahre des vergangenen Jahrhunderts, sondern eine Mischung aus alten und neuen gesellschaftlichen Werten. Mit dem vorliegenden Band will sie Unsicherheiten in Sachen Umgangsformen endgültig ad acta legen und mit einem Augenzwinkern zeigen, wie man „Fettnäpfchen" großräumig umgeht. Und das nicht nur im privaten Bereich, sondern auch im Beruf.

Autorin und Verlag danken den Firmen Hutschenreuther, Selb; Schott-Zwiesel-Glaswerke, Zwiesel und Württembergische Metallfabrik (WMF), Geislingen, für ihre freundliche Unterstützung.

Umschlagfoto: Fotostudio Peter Bornemann, München
Zeichnungen/Cartoons: Wolf Brannasky, München

Satz, Druck und Bindung von artpress, A-6600 Höfen
www.artpress.at

Printed in Austria 2004

Originalausgabe

ISBN 3-89994-891-2

www.humboldt.de

INHALT

Vorwort

Manieren müsste man haben

Man benimmt sich wieder. An dieser Tatsache kommt keiner vorbei, der beruflich wie auch privat über das Mittelmaß hinauswachsen möchte. Formvollendetes Auftreten unterstreicht die Persönlichkeit und öffnet Türen. Im Klartext: Mit Manieren gewinnt man Chefs und Herzen.

Wer sinnbildlich per D-Zug durch die "Kinderstube" gerast ist, hat jetzt Nachholbedarf in Sachen Benehmen. Demzufolge erleben Benimm-Seminare eine Renaissance und nähren die Hoffnung, dass sich mit einem Wochenend-Crashkurs alles Versäumte nachholen lässt. Aber natürlich klappt die wunderbare Verwandlung in den Mann bzw. die Frau mit Format keineswegs von heute auf morgen. Denn leider gehen uns die Umgangsformen nicht wie von selbst von der Hand, sondern verlangen ein ständiges Training. Erst die routinierte Anwendung in allen Lebenslagen wirkt natürlich und daher überzeugend. Wenn da bloß nicht ein Problem wäre:
So erstrebenswert perfekte Manieren auch erscheinen mögen, der Hang zum bequemen Schlendrian ist oft noch mächtiger. Es genügt doch, sich in der Öffentlichkeit zu benehmen. Daheim können Umgangsformen getrost unter den Tisch fallen - oder etwa nicht? Bleiben wir realistisch: Wer in der eigenen Familie auf Umgangsformen verzichtet, wird auch draußen einen unübersehbaren Mangel an Stil zeigen. Ich gehe sogar so weit, zu behaupten: Wer sich selbst allein im stillen Kämmerlein sämtliche Unarten nachsieht, kann in der Öffentlichkeit keine Wende um 180 Grad vollziehen.

An dieser Stelle möchte ich ausdrücklich unterscheiden zwischen "gutem Benehmen" und "Umgangsformen", auch wenn sich beides nicht immer klar trennen lässt: Umgangsformen kann sich jeder aneignen oder eben auch nicht. Wer lieber auf die Etikette pfeift, wird wohl manchmal nachsichtig belächelt, ist aber vielleicht als sympathischer Tollpatsch trotzdem überall gern gesehen. Der Mangel an Benehmen dagegen findet kein Pardon und erschwert die zwischenmenschlichen Beziehungen.

Der Grundstein für gutes Benehmen wird normalerweise in der Kindheit gelegt, wobei weniger der erhobene Zeigefinger als vielmehr das Vorbild der Eltern bleibende Spuren hinterlässt. Hat man dann endlich das jugendliche Flegelalter hinter sich, sollte - eine entsprechende Basis vorausgesetzt - gutes Benehmen eine Selbstverständlichkeit sein. Es ergibt sich nämlich ganz automatisch aus der Notwendigkeit, rüksichtsvoll mit anderen Menschen umzugehen.

Gutes Benehmen ist vergleichbar mit dem kleinen Einmaleins, das man

frühzeitig lernt und dann nie mehr vergisst. Umgangsformen sind die hohe Schule.
Es gibt Leute, deren Betragen ohne Fehl und Tadel ist, denen aber gewisse Kenntnisse fehlen. Solch "ungeschliffene Diamanten" werden beispielsweise beim Essen nicht schmatzen oder rülpsen, lehren aber womöglich einer zarten Seezunge mit dem Messer das Fürchten. Mit Umgangsformen im Hinterkopf wäre das nicht passiert. Wer sie beherrscht, macht überall in der Gesellschaft eine gute Figur. Der Mann bzw. die Frau von Welt weiß, wer wem vorgestellt wird, wo am Tisch der Ehrengast sitzt, welcher Titel vor den Namen gehört und vieles mehr. All das mag unwichtig erscheinen, doch tatsächlich erweist sich ein derartiges Know-how im Alltag als ungemein praktisch. Es verschafft Sicherheit und Selbstvertrauen und erspart Peinlichkeiten.

Umgangsformen sind keine Erfindung unserer Tage, sondern existieren, seitdem Menschen auf dieser Welt leben. Allerdings unterliegen die Sitten und Gebräuche seit eh und je einem stetigen Wandel. Was sich schickt und was nicht, bestimmt vor allem der Zeitgeist. Weil der sich ständig verändert, belächeln wir heute die Anstandsregeln von gestern - und vielleicht sind dann gerade jene für die übernächste Generation schon wieder das Maß aller Dinge. Die Anpassung der Umgangsformen an wechselnde Bedürfnisse und Voraussetzungen ist absolut notwendig. Das bedeutet aber nicht, dass wir pauschal alles Gestrige über Bord werfen sollten, denn manches veraltet eben nie. Genauso unsinnig ist es, Neues kritiklos aufzusaugen und als das Nonplusultra zu betrachten.

Ganz klar, vieles wird heute wesentlich lockerer gehandhabt als früher, weil die Verhältnisse in unserer Gesellschaft freizügiger sind. Frauen haben die gleichen Rechte wie Männer, und die sozialen Unterschiede fallen weniger ins Gewicht. An Stelle des einstigen Adels regiert der breite Mittelstand, und an ihm orientieren sich die Umgangsformen.

Freilich hat das Thema "Etikette" seine Tücken. Sogar Menschen, denen gutes Benehmen quasi noch mit der Muttermilch eingeflößt wurde, kommen gelegentlich ins Schleudern. Und erst recht natürlich diejenigen mit entsprechenden Bildungslücken.

Wie war das - wer gibt wem zuerst die Hand? Ein Glück, dass man solche und ähnliche "weltbewegenden" Fragen in einer ruhigen Stunde nachlesen kann. Dieses Buch beantwortet vieles, hoffentlich das meiste, aber sicher nicht alles. Dazu ist das Leben ganz einfach zu facettenreich.

Betrachten Sie bitte das, was Sie auf den nächsten Seiten finden, nicht als der Weisheit letzter Schluss. Es handelt sich keinesfalls um strenge Dogmen, sondern lediglich um Tipps und Vorschläge für richtiges Verhalten. Sie können wortgetreu nachvollzogen werden, um auf der "sicheren Seite" zu sein. Freigestellt bleibt es Ihnen jedoch, sie der jeweiligen Situation individuell anzupassen. Eine gewisse Kreativität des Anwenders ist durchaus wünschenswert. Schließlich haben starre Vorschriften lange genug Generationen von jungen Leuten den Spaß am guten Ton gründlich vergällt. Lernen wir also, virtuos auf dem Klavier der Umgangsformen zu spielen, und räumen wir gleichzeitig den Tugenden Höflichkeit und Rücksicht einen gebührenden Stellenwert ein.

Last but not least noch etwas in eigener Sache: Die deutsche Sprache ist stark am Maskulinen orientiert. So konnten sich beispielsweise bisher hinter den Worten "Gast", "Gastgeber" und "Kollegen" ganz selbstverständlich männliche wie auch weibliche Spezies verbergen. Inzwischen sehen es Frauen gern, wenn eine weibliche Form gefunden und extra vermerkt wird. Ich habe es mir und Ihnen trotzdem so weit wie möglich erspart, immer wieder "Kollegen und Kolleginnen" etc. zu schreiben. Weil man nichts übertreiben soll und solche Konstruktionen beim Lesen ermüden.

Ungeklärt bleibt wohl, ob es im 21. Jahrhunderts nur noch Frauen und Männer, oder auch Damen und Herren gibt. Früher waren die ersteren einfache, letztere noble Leute. Diese Unterscheidung gehört jedoch zweifellos der Vergangenheit an. Ich verwende die Bezeichnungen ohne jede Wertung schlicht unter stilistischen Gesichtspunkten – frei nach dem Motto: Es lebe die Abwechslung.

Vielleicht erscheinen Ihnen vor allem die Benimm-Regeln gelegentlich nur allzu trivial und doch eigentlich nicht des Schreibens wert. Aber sind es nicht gerade die Selbstverständlichkeiten, bei denen sich im Alltagstrott gern der Schlendrian einstellt?

Bleibt mir nur noch zu hoffen, dass Ihnen, meine Damen und Herren, diese Lektüre so Manches wieder in Erinnerung ruft und dazu verhilft, auch auf dem gesellschaftlichen Parkett eine brillante Figur zu machen. Und wenn beim Lesen gelegentlich die Lachmuskeln zucken, ist das ganz im Sinne der Autorin.

Helen Ann Augst

Gröbenzell, im April 2004

Zwischen-Menschliches

Rund ums Grüßen

"Hallo, ich bin der Marco, und wie heißt du?" So unverkrampft gehen Kinder auf andere Leute jeden Alters zu. Doch kaum drückt es die Schulbank, wird die Kontaktaufnahme schwieriger. Denn fängt der Mensch erst einmal an, über das Wie nachzudenken, steht er sich selbst im Weg. Jugendliche überspielen das mit schnodderiger Lässigkeit, Erwachsene erinnern sich an die Regeln.

Machen wir vorab noch einen feinen Unterschied zwischen Grüßen und Begrüßen. Grüßen kann man im Vorübergehen und generell, ohne sich näher zu kommen. Das Begrüßen dagegen bringt es mit sich, dass Personen näher miteinander in Verbindung treten, also zumindest stehen bleiben. Ob sie sich die Hand reichen oder nicht, ist eine individuelle Entscheidung von Fall zu Fall. Wer darauf verzichtet, sollte trotzdem die Hände aus den Taschen nehmen (sofern sie sich gerade dort befinden). Auch hinter dem Rücken dürfen die Hände nicht versteckt werden. Solches Verhalten löst nämlich beim Gegenüber instinktiv Abwehr und Unbehagen aus.

Wer (be)grüßt wann und wen zuerst?

Unter Leuten, die sich gut kennen und zufällig treffen, ist das weder im Raum noch im Freien ein Problem: Wer den anderen zuerst sieht, grüßt bzw. begrüßt ihn zuerst. Auf neutralem Boden - also beispielsweise in der Fußgängerzone oder in einem Lokal - können auch entfernte Bekannte nach diesem Grundsatz handeln.

Anders bei offiziellen Anlässen wie Einladungen, Veranstaltungen usw., wo sich mehr oder weniger Fremde begegnen. Hier sollte man die Spielregeln beachten, um nicht unangenehm aufzufallen. Und die lauten so:
In der guten alten Zeit hatten sich sämtliche Herren von ihren Plätzen zu erheben, sobald eine Dame auf der Bildfläche erschien. Heute sind

tipp

- Der Mann grüßt die Frau zuerst und bekundet dadurch - so war es wohl ursprünglich im Sinne des Erfinders - den Respekt vor dem weiblichen Geschlecht.
- Die jüngere grüßt zuerst die ältere Person - in diesem Fall aus Achtung vor dem Alter.
- Der Rangniedrigere grüßt den Ranghöheren, wie es dem Kraft seines Amtes gebührt: der Lehrling seinen Chef, der Abteilungsleiter den Direktor, der Minister den Bundeskanzler usw.
- Wer einen Raum (Wartezimmer, Zugabteil etc.) betritt, in dem sich bereits andere aufhalten, grüßt. Das gilt für Damen genauso wie für Her ren, für Senioren genauso wie für Kids.

"Stehaufmänner" nicht mehr ständig auf dem Sprung - jedoch: Ein Herr steht auf, um eine einzelne Dame persönlich zu begrüßen. Im umgekehrten Fall darf sie - genau genommen - sitzen bleiben. Doch immer mehr Frauen fühlen sich mit diesem Recht nicht mehr wohl und stehen lieber ebenfalls auf. Von Mann zu Mann kann "Mann" es halten, wie er mag. Allerdings setzt sich generelles Aufstehen immer mehr durch. Unbedingt erhebt er sich, um einen bedeutend älteren Geschlechtsgenosse, einen Ehrengast oder eine hoch gestellte Persönlichkeit zu begrüßen.

Manchmal ist es erforderlich, völlig Fremde zu grüßen bzw. zu begrüßen. Sicher kennen Sie folgende Situation: Sie gehen mit einem Freund durch die Stadt. Ein entgegenkommender Passant grüßt, denn er ist mit Ihrem Begleiter bekannt. Auch der grüßt - und was tun Sie? Natürlich ebenfalls zurückgrüßen. Bleibt Ihr Bekannter stehen, um ein paar Worte zu wechseln, ist Vorstellen (siehe Seite 19ff.) höflich. Ansonsten stehen Sie nämlich wie ein lästiges Anhängsel dabei.

Natürlich hat auch das Grüßen seine Grenzen. Das heißt, unter bestimmten Voraussetzungen darf darauf verzichtet werden. So ist es beispielsweise kein faux pas, den Gruß beim Betreten eines bereits wohlgefüllten Fahrstuhls zu unterlassen. Dass ein fröhliches "Guten Tag" die ohnehin gespannte Atmosphäre in der engen "Kiste" auflokkern könnte, sollte von Fall zu Fall berücksichtigt werden. Wer ein öffentliches Verkehrsmittel besteigt, setzt sich grußlos aber vielleicht mit einem freundlichen Lächeln zum Nachbarn auf den freien Platz. Fremde im Treppenhaus kann aber muss man nicht grüßen.

Andererseits gibt es Situationen, in denen sich wildfremde Menschen wie alte Bekannte grüßen: zum Beispiel einsame Wanderer in Wald und Flur oder Gäste eines Hotels, die immer wieder zusammen treffen.

Die gängigen Gruß-Formeln

Junge Leute sagen einfach "hallo" oder "hi". Das heißt übersetzt "guten Tag" oder - wie in Süddeutschland und Österreich üblich – "grüß Gott". "Guten Tag" passt immer, zumindest bis zum späten Nachmittag. Morgens kann man natürlich auch "guten Morgen", abends "guten Abend" und noch später "gute Nacht" sagen. Wer sich verabschiedet, tut das mit "auf Wiedersehen" oder verwendet im vertrauten Kreis je nach Region das lässigere "Ade", "Tschüss" oder „Ciao“.

Höflich ist es, hinter den Gruß den Namen der Person zu stellen, sofern bekannt ("Guten Tag, Frau Maier"). Ältere Leute legen darauf meist mehr Wert als jüngere. Ist jemand "von", so wird dieser Zusatz genannt: "Guten Abend, Herr von Itzebitz." Er wird es kundtun, falls ihm das schlichte "Herr Itzebitz" ohne "von" lieber ist. Müssen zwei Personen gleichzeitig gegrüßt werden, gibt es mehrere Möglichkeiten:

Der Name sollte allerdings generell nur genannt werden, solange er in normaler Lautstärke ankommt. Wer quer durch einen vollen Raum ruft "Auf Wiedersehen, Herr Müller", macht dem Betroffenen damit kaum Freude. Dass die Namen auch entfallen, wenn mehr als zwei Menschen gleichzeitig gegrüßt werden, versteht sich ohnehin von selbst.

tipp

1. Sie lassen die Namen weg und sagen lediglich "Guten Tag".
2. Sie sagen "Guten Tag, Frau Huber, "Guten Tag, Herr Schulze" und nennen - wohlgemerkt - die Dame zuerst.
3. Sie sagen bei guten Bekannten: "Guten Tag, zusammen."

Die verschiedenen Arten, zu (be)grüßen

Kopfneigen

Von Weitem grüßt man sich durch leichtes Kopfneigen und ein freundliches Lächeln.

Händeschütteln

Wenn sich zwei Personen begrüßen oder verabschieden, geben sie sich zumindest hier zu Lande gern die Hand - und zwar ausschließlich die rechte. Dabei gilt: Die Dame reicht dem Herrn zuerst die Hand und nicht umgekehrt, die ältere Person der jüngeren, der (die) ranghöhere dem (der) rangniedrigeren. Doch falls der Herr, der Jüngere oder der Rangniedrigere an diese Regel nicht denken und in Wiedersehensfreude spontan die Hand hinstrecken, wird mit Sicherheit niemand Anstoß daran nehmen. Ein Handschlag kann kurz und förmlich oder auch länger und dadurch herzlicher sein.

Begegnen sich zwei Paare, die jeweils aus Frau und Mann bestehen, liegt ein Hände-Wirrwarr in der Luft, weil sich alle gleichzeitig begrüßen wollen. Völlig problemlos läuft das in der formellen Reihenfolge ab: Wenn sich die Damen an der rechten Seite des Herrn befinden, reichen sie sich zuerst die Hände. Die Männer warten und tun anschließend das Gleiche. Erst dann werden die Hände des jeweiligen Gegenübers geschüttelt. Weil aber heute das mit dem Rechtsgehen der Dame nicht mehr so streng befolgt wird, wandelt man die alte Vorschrift einfach praxisgerecht ab:

Zuerst reichen sich die Gegenüberstehenden die Hände. Dann folgt die "Überkreuz"-Begrüßung, wobei darauf zu achten ist, dass sich die Hände bzw. Arme tatsächlich nicht kreuzen. Dasselbe gilt, wenn sich ganze Gruppen per Handschlag begrüßen. Eine Rangordnung wird in diesem Fall nicht mehr beachtet. Deren Einhaltung (Frauen vor Männern etc.) kann jedoch einen guten Eindruck machen, wenn eine Person mehreren Leuten die Hand gibt.

Manche nehmen Händeschütteln allzu wörtlich und praktizieren es mit großer Ausdauer. Dabei würde auch ein kurzer, leichter Händedruck vollkommen genügen. Die Betonung liegt auf "leicht", doch häufig wird dabei des Guten zu viel getan. Vor allem zarte Damenhände leiden unter einem herzhaften Männer-Gruß. Das andere Extrem – nicht minder unangenehm – ist der lasche Händedruck. Er wirkt völlig unpersönlich und geradezu eklig und veranlasst die andere Hand, sich schleunigst in Sicherheit zu bringen. Der "goldene Mittelweg", ein sympathischer Händedruck, sollte unbedingt geübt werden!

Der Handschlag ist keine Pflicht, sondern bleibt jedem freigestellt. Manche Leute vermeiden ihn, so gut es geht. Er gilt bei ihnen als unhygienisch. Wenn sich Bekannte irgendwo treffen, kommt diesem Argument zwar sicher weniger Bedeutung zu. In Arztpraxen, Krankenhäusern etc. dagegen werden u.U. tatsächlich zahllose Krankheitskeime von Hand zu Hand gereicht. Wenn also der Arzt seinem Patienten nicht die Hand gibt, dann sollte der auch darauf verzichten.

Schulterklopfen

Männer neigen dazu, sich zur Begrüßung auf die Schulter zu klopfen. Gute Bekannte betrachten diese Geste als Freundschaftsbeweis. Wenn der Chef seinen Mitarbeiter jovial "beklopft", soll Wertschätzung ausgedrückt werden. Einander fremde Männer verzichten besser aufs Schulterklopfen, um Missverständnisse zu vermeiden.

Umarmung und Wangenkuss

Die Umarmung ist eine Art der Begrüßung, die ursprünglich eine gewisse Vertrautheit voraussetzte. Frauen - Freundinnen wie Feindinnen - haben sich zu allen Zeiten umarmt. Männer untereinander halten sich mit dieser Ausdrucksform – zumindest in unserer nördlichen Hemisphäre - generell eher zurück. Eine Umarmung zwischen Mann und Frau findet normalerweise statt, wenn sich beide ganz gut kennen. Heute allerdings sieht man das nicht mehr so eng. Im Show-Geschäft oder in der Politik umarmen sich alle, und dieses Vorbild zieht natürlich Kreise. Wer "in" sein will, kommt ums Umarmen nicht herum, ob bei der Party oder beim Treffen auf offener Straße.

Die gängige Begrüßungsumarmung ist locker und schnell. Frauen bzw. Frau und Mann legen die Wange(n) kurz aneinander, oft gibt's Küsschen auf beide Wangen. Falls sich Männer doch einmal umarmen - zum Beispiel in großer Wiedersehensfreude - kommen sie sich dabei meist nicht allzu nahe.

Handkuss

Einst gehörte es zum guten Ton, dass ein Herr der Dame galant die Hand küsste. In unsere Zeit passt der Handkuss nicht mehr so recht. Er wirkt antiquiert und aufgesetzt. Man sieht ihn noch gelegentlich bei ganz besonderen Anlässen und großen Festivitäten. Allerdings beherrschen ihn nur wenige Männer routiniert (woher auch?) und mit Eleganz.

Ein Schmatz auf den Handrücken hat nichts mit einem Handkuss zu tun, denn er berührt die Haut nicht und gleicht eher einem zarten Hauch. Der Herr fasst mit seiner (meist rechten) Hand die Fingerspitzen der (meist rechten) Damenhand und zieht diese etwa auf ihrer Brusthöhe etwas zu sich heran. Dann beugt er sich leicht über den Handrücken und deutet den Kuss an, ohne dabei einen Kussmund zu formen und ohne Blikkkontakt aufzunehmen. Die Dame ihrerseits kommt den Handkuss-Wünschen des Herrn entgegen, indem sie ihre Hand widerstandslos führen lässt und die Geste mit einem Lächeln quittiert. Den Herrn stört es in seinem Vorhaben nicht, wenn die Dame einen feinen Handschuh trägt. Und ein gestrickter Fäustling erstickt ohnehin jedes Handkuss-Verlangen im Keim.

Übrigens: In einer kleinen Gesellschaft beim Begrüßen lediglich einer Dame die Hand zu küssen, muss die Anderen beleidigen. Also entweder nur der Gastgeberin oder einer besonders hoch gestellten bzw. sehr betagten Persönlichkeit die Ehre
rweisen oder die gesamte anwesende Weiblichkeit beglücken. Und noch etwas: Nach klassischer Etikette darf ein Handkuss nicht unter freiem Himmel gegeben werden. Allein die Gartenparty zählt ausnahmsweise zu den geschlossenen Räumen.

Hut, Mütze, Handschuhe

Die Damen sind fein raus, denn sie dürfen beim Grüßen bzw. Begrüßen alles auf- bzw. anbehalten - Hut, Mütze und Handschuhe. Von der Mütze müssen sich auch die Herren nicht trennen. Handschuhe jedoch sollten ausgezogen werden, um jemandem die Hand zu reichen. Wer die alten Regeln beachtet, nimmt den Hut bei der Begrüßung ab und setzt ihn erst nach der Verabschiedung wieder auf. Für den Gruß im Vorübergehen hat es sich eingebürgert, den Hut lediglich leicht anzuheben oder zumindest anzutippen.

Ich frage mich, was diese Gesten am Gruß ändern und denke, dass wohl kaum noch eine Frau darin die besondere Ehrerbietung sieht. Also: Wir Frauen erwarten nicht, dass ein Mann vor uns bei Wind und Wetter den Hut zieht. Andererseits streifen wir - genau wie die Männer - den dicke Woll- oder Lederhandschuh ab, um jemandem die Hand zu geben. Einfach deshalb, weil sich die dann angenehmer anfühlt.

Knicks und Diener

Als der Adel noch regierte, versanken Frauen beim Anblick der Majestäten in einen tiefen Hofknicks, während Männer zum Diener zusammenklappten. Aus diesen "Salonstückchen" entwickelte sich die gemäßigte Form von Knicks und Diener für den bürgerlichen Alltag. Generationen wohlerzogener Mädchen und Buben erlernten frühzeitig diese Fähigkeiten, um die Erwachsenen zu erfreuen. Selber groß, behielten die Herren der Schöpfung den Diener militärisch-zackig bei, was angeblich Frauenherzen zum Schmelzen brachte. Im Laufe der letzten Jahrzehnte wurden Knicks und Diener stillschweigend ad acta gelegt, denn sie passen nicht in unsere Tage. Geblieben ist eine leichte Verbeugung, die Herren zum Beispiel beim Begrüßen oder Vorstellen andeuten.

Vorstellen und bekannt machen

Andere vorstellen

Dabei übernimmt es eine Person, zwei sich bislang fremde Menschen miteinander bekannt zu machen. Erforderlich ist dies bei spontanen Begegnungen auf der Straße ebenso wie bei überschaubaren Einladungen. Hier übernimmt normalerweise der Gastgeber bzw. die Gastgeberin das Vorstellen, doch die Aufgabe kann im Bedarfsfall auch an Familienmitglieder oder Freunde delegiert werden. Bei großen Gesellschaften wird aus praktischen Gründen auf das generelle Vorstellen verzichtet. Man beschränkt es auf die Leute, die sich unbedingt kennen lernen möchten bzw. sollen.

Die Vorgehensweise beim Vorstellen bereitet gelegentlich Kopfzerbre-

tipp

1. Die Frau soll wissen, mit welchem männlichen Gegenüber sie es zu tun bekommt. Also wird der Mann der Frau vorgestellt, doch im selben Atemzug erfährt er auch ihren Namen: "Herr Müller - Frau Maier."

2. Das Alter entscheidet, wenn sich zwei gleichgeschlechtliche Personen begegnen. Die jüngere wird der älteren vor gestellt. Beispiel: Wenn Herr Huber (60) und Herr Schmidt (30) mit einander bekannt werden sollen, lautet die Vorstellung: "Herr Schmidt - Herr Huber."

3. Der Status muss beachtet werden, das heißt: Der Rangniedrigere wird dem Ranghöheren, der "normale" Gast dem Ehrengast zuerst namentlich vorgestellt. In diesem Fall darf man durchaus großzügig über Alter und Geschlecht hinwegsehen.

chen, doch im Grunde ist die Sache gar nicht so schwierig. Einerseits braucht man sich nicht mehr sklavisch an Vorschriften zu orientieren. Wer das Vorstellen mit Takt und Einfühlungsvermögen irgendwie managt, erntet garantiert die Zustimmung aller Beteiligten. Andererseits sind die Regeln eigentlich recht einleuchtend:

Natürlich kommt es darauf an, beim Vorstellen die richtigen Worte zu finden. Man begleitet sie am besten mit einer leichten Handbewegung in Richtung der Person und sagt beispielsweise: "Darf ich vorstellen, Herr Beck..." Weniger formell wäre: "Das ist Herr Beck..." Oder man fragt: "Frau Winkler, kennen Sie Frau Wunder?" Oder: "Darf ich Sie mit dem Ehepaar Krause bekannt machen?" Die allgemein gebräuchliche Reaktion lautet jeweils "Sehr erfreut" oder "Angenehm" - und sollte am besten aus dem Vokabular gestrichen werden. Verbindlicher klingt nämlich: "Ich freue mich." Oder: "Wie nett, Sie kennen zu lernen."

Wer vorstellt, muss natürlich die korrekten Namen, gegebenenfalls mit Titel, der beiden Personen parat haben. Peinlich ist es, wenn Namen verwechselt oder falsch ausgesprochen werden. Auch sollte man so deutlich sprechen, dass der Name verstanden werden kann. Falls der trotzdem irgendwie "untergeht", sofort nachhaken! Normalerweise reichen sich die einander vorgestellten Parteien die Hand, und dabei bietet sich die Formulierung an: "Ich freue mich, Sie kennen zu lernen. Jetzt habe ich nur leider Ihren Namen nicht verstanden."

Wer seinen eigenen Ehepartner vorstellt, sagt normalerweise: "Darf ich Ihnen meine Frau/meinen Mann vorstellen?" Das früher übliche Gatte bzw. Gattin oder gar Gemahl bzw. Gemahlin hat ausgedient. Da jedoch Frauen nicht mehr automatisch den Nachnamen des Mannes übernehmen, sondern einen Doppelnamen oder auch nur ihren eigenen Namen führen, muss dies bei der Vorstellung berücksichtigt werden. Herr Fichtner beispielsweise formuliert dann so: "Darf ich Ihnen meine Frau vorstellen, Frau Kluge-Fichtner (Frau Kluge)?" Frau Kluge ihrerseits müsste sagen: "Das ist mein Mann, Herr Fichtner."

Wenn eigene Kinder vorgestellt werden, genügt es normalerweise, sie als "meine Tochter (Sabine)" oder "mein Sohn (Thomas)" zu bezeichnen. Wer seinen Bruder oder seine Schwester vorstellt, hängt den Nachnamen an, sofern der sich vom eigenen unterscheidet. Herr Kluge: "Darf ich vorstellen - meine Schwester, Frau Liebig."

Das Vorstellen von Einzelpersonen oder Paaren macht kaum Probleme, doch der Umgang mit Gruppen erscheint auf den ersten Blick schwieriger. Hier sollte man einfach nach praktischen Gesichtspunkten handeln:

tipp

- Eine Einzelperson wird immer der Gruppe vorgestellt: "Das ist Frau Mindel, unsere neue Mitarbeiterin."

- Treffen sich zwei Gruppen bei einem Seminar etc., kann der Leiter durchaus empfehlen: "Ich bitte die Herrschaften, sich einander selbst vorzustellen."

- Ist bei kleineren Gruppen eine Vorstellung der einzelnen Mitglieder erforderlich, geht man ohne Beachtung von Geschlecht, Alter und Rang der Reihe nach vor.

Sich selbst vorstellen

Bei Veranstaltungen, Einladungen oder auch am Arbeitsplatz ist es immer wieder erforderlich, sich mit einer oder einem Fremden bekannt zu machen. Das geht mit den Worten: "Darf ich mich vorstellen – mein Name ist (ich heiße) Weigand." Überflüssig ist es, "Frau Weigand" oder "Herr Weigand" zu sagen, denn die/der andere hat schließlich Augen im Kopf. Bei der "Ich-bin"-Variante werden Vor- und Nachname genannt: "Darf ich mich vorstellen – ich bin Karl Sieber." Fürs schnelle Vorstellen zum Beispiel im geschäftlichen Rahmen genügt es auch, nur kurz den Namen zu nennen. Der Angesprochene antwortet ebenfalls mit Namen.

Früher durften sich übrigens in einer Gesellschaft nur Frauen miteinander bekannt machen, denn es gehörte sich nicht, auf einen Mann zuzugehen. Im Zeitalter der Gleichberechtigung brauchen Frauen zumindest hier zu Lande eine derartige Zurückhaltung nicht mehr an den Tag zu legen.

Namensgedächtnis

Kennen Sie das auch? Da werden Sie mit einem Menschen bekannt gemacht, erfahren seinen Namen, und Sie verbringen womöglich einen lustigen Abend miteinander. Und bei der nächsten Begegnung zermartern Sie sich das Gehirn: Wie hieß die (der) bloß?

Ich kenne viele Leute, die beklagen, keinerlei Namensgedächtnis zu besitzen. Andere wieder können sich jeden Namen auf Lebzeiten merken - aber nicht die dazu gehörenden Gesichter. Damit sind oft peinliche Verwechslungen vorprogrammiert.

Beim Bekanntmachen hat man den eben erst gehörten Namen oft schon vergessen, wenn das Händeschütteln beendet ist. In diesem Fall sofort nachfragen ("Jetzt habe ich Ihren Namen nicht richtig mitbekommen") und diesmal konzentriert zuhören. Auch im Falle eines späteren Treffens ist Ehrlichkeit meist besser als Drumherumreden. Geben Sie einfach zu: "Entschuldigen Sie, ich habe leider Ihren Namen vergessen." Das kann schließlich jedem mal passieren.

Wie spricht man wen an?

Du oder Sie?

Das hängt a) vom Alter und b) vom Bekanntheitsgrad ab. Kinder werden geduzt, bis sie - so zwischen 14 und 16 - sichtlich erwachsen werden. Von da an lautet die korrekte Anrede "Sie", und zwar ungeachtet des sozialen Stands und der Nationalität. Es ist eine beschämende Unsitte, einfache Menschen oder Ausländer mit mangelnder Kenntnis der Landessprache zu duzen.

Junge Leute unter sich sind meist ganz selbstverständlich von vornherein per du. Sprachlich wird das kleine Wort oft sogar geradezu kultiviert, indem man es Sätzen völlig unnötiger Weise voranstellt: "Du, ich war gestern im Kino." Das Siezen beginnt ganz automatisch mit dem Einstieg ins Berufsleben. Obwohl es auch schon häufig betont "junge" Unternehmen gibt, in denen sich vom Lehrling bis zum Chef alle duzen (siehe Seite 180f.).

tipp

Unter Verwandten sagt man „du", unter Freunden meistens auch. Einander fremde Erwachsene siezen sich, können aber - in gegenseitigem Einverständnis - zum du übergehen. Dabei gilt es, Folgendes zu beherzigen:

1. Das du wird angeboten, aber nicht aufgedrängt. Das heißt: Wer gern einen anderen duzen möchte, sollte weitgehend sicher sein, dass der dieser Veränderung in der Beziehung zustimmt.

2. Heute darf eine Dame dem Herrn ebenso das du anbieten wie umgekehrt - es sei denn, die andere Partei ist wesentlich älter.

3. Unter Frauen sowie unter Männern gilt: Die bzw. der Ältere bietet der bzw. dem Jüngeren das du an. Auch die Rangstellung muss berüksichtigt werden. Der Abteilungsleiter kann seinen Vorgesetzten nicht zum du auffordern. Umgekehrt ist es zumindest möglich.

Wie man vom Sie zum Du kommt, bleibt der Beziehung und dem persönlichen Temperament überlassen. Wenn sich zwei lange genug kennen, geht das beispielsweise so: "Eigentlich könnten wir endlich du zueinander sagen." Ein angenommenes Du wird gern mit dem "Brüderschaft-Trinken" besiegelt, und gilt normalerweise fürs Leben. Schwierig ist es, ein Du-Angebot abzulehnen. Es sollte geschehen, ohne den anderen zu kränken. Allerdings gibt es Zeitgenossen, die gehen eines Tages ohne jede Anfrage zum Du über. In diesem Fall kann die Abwehr höflich aber knallhart klingen: "Ich bitte Sie, mich nicht zu duzen." Manchmal kommt es vor, dass ein Du "zurückgegeben" wird. Das bedeutet dann ein Ende der Freundschaft. Aufhebbar ist lediglich jenes Du, das einem feucht-fröhlichen Abend entstammt. Wer dann - wieder nüchtern – den Fehler erkennt, sollte bei nächster Gelegenheit einfließen lassen: "Es war lustig gestern, aber wir beide bleiben doch besser beim Sie."

Herr - Frau - Fräulein

Ältere unverheiratete Damen legen manchmal noch Wert auf das "Fräulein" vor dem Namen. Früher war diese Form üblich, obwohl es das Pendant dazu, das "Herrlein", nie gab. Inzwischen hat sich das "Frau" für nahezu alle Altersklassen eingebürgert. Vielleicht mag es dem einen oder anderen bei einem 16-jährigen Mädchen schwer über die Lippen gehen, dann sei vorübergehend das "Fräulein" gestattet. Ansonsten wird eine Frau wird nur dann so genannt, wenn sie es ausdrücklich verlangt.

Im Deutschen können "Herr" und "Frau" nie allein stehen, sondern sind immer an den Familiennamen gekoppelt. Das macht es so kompliziert, mit einer fremden Person Kontakt aufzunehmen, wenn der Name nicht bekannt ist. In Italien genügt "signora", die Franzosen sagen "madame" usw. Wie schroff klingt dagegen "Frau"? Die Altvorderen retteten sich mit allen möglichen Krücken über die Runden. Da gab es die "gnädige Frau" oder gar die "Gnädigste". All das sollten wir schleunigst vergessen. Wir können leider nur "Frau Neuner" oder "Herr Bartel" sagen - oder eben gar nichts.

Einfacher wird's, mehr als eine Person gleichzeitig anzusprechen. "Meine Herrschaften" ist möglich aber nicht unbedingt in jedem Fall glükklich. "Meine Damen und Herren" klingt da schon viel besser, und erlaubt sogar eine Steigerung in "Meine sehr verehrten Damen und Herren".

Titel über Titel

In der "guten alten Zeit" hatte jedes Pöstchen seinen Titel – und wehe, er wurde vergessen. Inzwischen geht der Trend zu möglichst wenig Titeln. Dafür herrscht allgemein Unsicherheit, welche wie genannt werden müssen bzw. sollten. Etwas gilt übrigens für alle Titel: Sie sind auf eine Person beschränkt. Das heißt: Ehefrauen profitieren nicht mehr von der Ehre ihres Mannes, sondern müssen ihren Doktor etc. schon selbst erarbeiten.

Akademische Grade

In Österreich gibt es den "Herrn Ingenieur", in Deutschland nicht. Zwingend ist dagegen der Doktor-Titel vor dem Namen (nur Akademiker untereinander lassen ihn weg). Selbst wenn sich zum Beispiel ein Arzt am Telefon lediglich mit "Kunze" meldet, sollte der Anrufer seinerseits den Titel nennen. Falls ein Akademiker das für überflüssig hält, wird er es sagen. Stellt er sich selbst jemandem vor, dann normalerweise ohne Titel.

Grundsätzlich schlägt der "Professor" den "Doktor", das heißt: Hat jemand mehrere akademische Grade erworben wie zum Beispiel "Professor Dr. Dr. Braun" verkürzt man beim Ansprechen auf "Herr Professor Braun". Um jemanden anzusprechen, genügt im Prinzip der Titel ("Guten Morgen, Herr Professor"), wobei es höflicher ist, den Namen anzufügen ("Guten Tag, Herr Professor Braun"). Genau genommen darf "Herr" weggelassen werden, doch die meisten Menschen tun sich schwerer mit der Formulierung "Guten Tag, Professor Braun". Wer einen Brief an einen Akademiker schreibt, führt auf dem Kuvert alle Titel auf und setzt unbedingt "Herr" oder "Frau" dazu: „Frau Prof. Dr. Dr. Gisela Salbei..."

Adelstitel

Die gibt es tatsächlich noch. Falls Ihnen jemals ein echter Prinz oder eine Prinzessin über den Weg läuft, können Sie sich mit "Hoheit" aus der Affäre ziehen und machen damit garantiert nichts falsch. Vielleicht möchte der Prinz aber mit "Prinz Eugen" angesprochen werden – auch gut. Und wenn die Prinzessin meint, ihr genüge völlig "Frau von Bitterfeld", dann ist das zu akzeptieren. Bei offiziellen Anlässen (Empfängen etc.) erkundigen Sie sich am besten vorher nach den individuellen Wünschen.

Grafen und Gräfinnen sind noch häufiger anzutreffen. Und sie werden genau so titulieren - nämlich ohne Voranstellung von "Herr" oder "Frau". Man sagt entweder "Guten Tag, Graf" oder etwas ausführlicher "Guten Tag, Gräfin von Falkenstein". Schriftlich wird allerdings die ausführliche Fassung verlangt. Sie lautet dann beispielsweise "Herrn Ruprecht Graf von Falkenstein", wobei darauf zu achten ist, dass "Graf" immer nach dem Vornamen steht. Barone und Baroninnen werden genauso gehandhabt ("Baron" oder "Baronin von Hohenschloss"), während Freiherren bzw. Freifrauen mit "Herr" bzw. "Frau von Greifenburg" angesprochen werden. Hier ist der Adelstitel nur in der Briefadresse erforderlich.

Da Adelige heute meist einer geregelten Arbeit nachgehen, wie alle anderen Bürger auch, wird auf Titel eher wenig Wert gelegt. Deshalb begnügen sich Prinzen, Grafen und Barone im Geschäftsleben oft schlicht mit "Herr Wunderburg" oder höchstens noch "Frau von Wunderburg". Der Wunsch nach dieser Verkürzung muss allerdings von dem Betroffenen selbst ausgehen.

Der Beruf bzw. die Funktion als Titel

Eine solche Anrede ist dann sinnvoll, wenn damit eine wichtige Information für die Allgemeinheit verbunden ist. Dabei beschränkt sich die Titulierung häufig aufs Geschäftsleben, während man im privaten Bereich beim Namen bleibt. Sprechen bzw. schreiben Sie deshalb beispielsweise folgende Personen so an:

Abgeordneter	Herr Abgeordneter / Frau Abgeordnete priv.: Herr/Frau XY
Bischof Herr Bischof	Exzellenz eure bischöfliche Gnaden
Botschafter (inl.)	Herr Botschafter / Frau Botschafterin priv.: Herr/Frau XY
Botschafter (ausl.)	Exzellenz
Bürgermeister	Herr Bürgermeister (Oberbürgermeister) / Frau Bürgermeisterin (Oberbürgermeisterin) Herr/Frau XY
Bundeskanzler	Herr Bundeskanzler / (Frau Bundeskanzler/in?)
Bundespräsident	Herr Bundespräsident / Frau Bundespräsidentin
Bundesminister	Herr Minister / Frau Ministerin priv.: Herr/Frau XY
Dekan einer Universität	Herr Professor / Frau Professor Herr/Frau Prof. XY
Direktor einer Firma	Herr Direktor / Frau Direktor Herr/Frau XY
Kardinal	Herr Kardinal eure Eminenz
Ministerpräsident	Herr Ministerpräsident / Frau Ministerpräsidentin
Polizeipräsident	Herr Polizeipräsident / Frau Polizeipräsidentin Herr/Frau XY
Papst	Heiliger Vater
Pfarrer	Herr Pfarrer / Frau Pfarrer/in
Rabbiner	Herr Rabbiner
Rektor einer Universität	Herr Rektor / Frau Rektorin Magnifizenz priv.: Herr/Frau Prof. XY

Die Verweiblichung dieser Anreden hat sich noch nicht völlig durchgesetzt. Es gibt heute die Frau Pfarrer ebenso wie die Frau Pfarrerin. Die Bundestagspräsidentin ist inzwischen geläufig, ebenso die Frau Botschafterin. Eine „Frau Bundeskanzlerin“ hatten wir noch nicht. Egal – derartige Formulierungen werden sich mehr und mehr durchsetzen, sofern Frauen sich bisherige Männerdomänen erobern. Durchgehend wird eine Verweiblichung der Bezeichnungen wohl kaum möglich sein. So bleibt beispielsweise die Position des Oberst in der Bundeswehr unangetastet – Herr Oberst / Frau Oberst.

Bitte, nach Ihnen!

Wer lässt wem den Vortritt? Dafür gibt es diverse Regeln, bei denen jedoch die Ausnahme an der Tagesordnung ist. Am besten, Sie entscheiden den Vortritt von Fall zu Fall unter praktischen Gesichtspunkten.

Das bekannte "Bitte, nach Ihnen" hört man am häufigsten an Türen. Ein Herr lässt die Dame vorgehen – täte er's nicht, wäre er ein Stoffel. Sollte jedoch direkt vor der Tür eine heimtückische Baugrube lauern, die auf einem wackeligen Brett überquert werden muss, geht der Herr vor und reicht dann der Dame fürsorglich die stützende Hand. Daraus lernen wir: Das starke Geschlecht hat immer dann den Vortritt, wenn's problematisch wird. Es ist nun mal die Aufgabe des Mannes, die Frau vor jeder Gefahr zu bewahren.

Zum Beispiel auch auf Treppen: Beim Hinuntergehen schreitet der Herr voraus, um die womöglich hinter ihm stolpernde Dame auffangen zu können. Beim Hinaufgehen, so heißt es in älteren Anstandsbüchern, lässt die Dame den Herrn vor, weil der beim Anblick weiblicher Beine auf dumme Gedanken kommen könnte. Da aber der moderne Mann diesbezüglich durchaus belastbar ist, darf ihn Frau auf steiler Stiege getrost die Absicherung von hinten übernehmen lassen.

Beim Betreten eines Restaurants ist der Herr lt. Vorschrift ebenfalls als Erster dran. Er überblickt das Lokal, um den besten Platz zu erkunden, übernimmt eventuelle Verhandlungen mit dem Ober und führt schließlich seine Begleitung sicher zum Tisch.

Obwohl wir Frauen all das auch selbst bewältigen könnten, sollten wir uns nicht vordrängen. Schließlich ist es ganz nett, sich mal um nichts kümmern zu müssen.

Geht es zwischen zwei Herren oder zwei Damen um den Vortritt, lässt sich die einfache Regelung anwenden: Alter vor Jugend, die ranghöhere Person vor der rangniedrigeren. Allerdings: Der Gastgeber sollte seinen Gast (der in diesem Moment quasi "ranghöher" steht) beim ersten

Besuch nicht allein voraus in die Wohnung schicken. Besser ist es, zu sagen: "Wenn Sie gestatten, gehe ich vor und zeige Ihnen den Weg ins Wohnzimmer."

Komisch wird die Situation häufig, wenn zwei etwa gleichgestellte Herren oder Damen durch dieselbe Tür wollen. Nach mehrmaligem "Bitte, nach Ihnen" starten schließlich mit nahezu hundertprozentiger Wahrscheinlichkeit beide gleichzeitig und prallen natürlich zusammen. Auf dieselbe Weise entstehen an Kreuzungen immer wieder Autounfälle. Man sollte also die Höflichkeit nicht ad absurdum führen. Wer den Vortritt als Erster angeboten bekommt, nimmt ihn mit einem "Danke" an. Oder: Wer die Tür vor dem anderen erreicht, und sei es noch so knapp, geht durch und hält sie dann dem Nachfolgenden zuvorkommend auf.

Auch wird beim Betreten bzw. Verlassen enger Räume keine Wissenschaft aus dem Vortritt gemacht. In den Fahrstuhl beispielsweise gehen die zuerst, die beim Warten vorn an der Tür stehen. Und wer zuletzt rein kam, darf logischerweise zuerst wieder raus. Bei mehreren Zwischenstationen kann es natürlich sein, dass der von ganz hinten aussteigen möchte. Er drängt sich nicht einfach wortlos durch, sondern sagt "Darf ich, bitte?" Die anderen machen sich dann so dünn wie möglich. Manchmal ist es trotzdem erforderlich, dass vorn ein, zwei Leute kurz hinaus treten, um Platz zum Durchgehen zu schaffen. Dann sorgt ein Dringebliebener dafür, dass sich die Fahrstuhltüren nicht schließen, bevor die höflichen Menschen wieder zugestiegen sind.

Praktische Visitenkarten

Entwickelt haben sich Visitenkarten aus den früheren "Besuchskarten". Ein Besucher musste sie beim Hauspersonal abgeben, um sich bei der Herrschaft melden zu lassen. Heute werden Visitenkarten im täglichen Leben vielseitig verwendet, und ihr Zweck ist immer absolut eindeutig: Sie wollen erreichen, dass der Visitenkarten-Geber beim Visitenkarten-Nehmer in Erinnerung kommt bzw. bleibt.

Allerdings streuen nur Wichtigmacher ihre Kärtchen wahllos unters Volk. Wer ernst genommen werden will, sucht sich seine Empfänger gezielt aus und überreicht die Visitenkarte lediglich dem, der davon Gebrauch machen soll. Mit ein paar begleitenden Worten wechselt sie den Besitzer: "Bitte, hier ist meine Visitenkarte." Oder: "Darf ich Ihnen meine Visitenkarte da lassen?" Der Andere dankt und revanchiert sich meist mit seiner eigenen Karte.

Was aufgedruckt sein sollte auf der privaten Visitenkarte: Vorname, Name, akademischer Grad oder sonstiger Titel, eventuell Beruf, Anschrift, Telefon- und Faxnummer und gegebenenfalls die E-Mail-Adresse.

Die Kunst der Kommunikation

Wie man miteinander redet

Unterhaltung

Würfelt das Schicksal fremde Menschen irgendwo zusammen – bei einer Party, einer Veranstaltung, im Geschäftsalltag –, dann müssen sie miteinander reden. Wie aber beginnt man ein Gespräch und findet ein gemeinsames Thema? Geübte "Salonlöwen" beherrschen zwar das mehr oder weniger geistlose Party-Geplauder, den so genannten small talk, doch ein damit verbrachter Abend ist meist alles andere als erbaulich. Beneidenswert sind jene von Natur aus kontaktfreudigen Leute, denen immer etwas einfällt. Manche haben sogar das Talent, selbst unter den widrigsten Umständen bei einem interessanten Gesprächsstoff zu landen. Bis zu einem gewissen Grad ist es reine Übungssache, eine Unterhaltung in Gang zu bringen und am Fließen zu halten. Darum sollte sich jeder zumindest redlich bemühen (siehe Seite 154ff.). Wer darauf hofft, unterhalten zu werden, wartet oft vergebens.

Es gibt Leute, die reden viel – und zwar am liebsten über sich selbst. Solche Gesprächspartner sind genauso nervtötend wie jene, die andere dauernd unterbrechen oder gar nicht erst zu Wort kommen lassen. Abgesehen von der Unhöflichkeit des Dazwischenquatschens liegt der Reiz einer Unterhaltung gerade im Wechsel von Zuhören und Reden. Nervös machen jene, die während eines Gesprächs ständig Haare zwirbeln, sich an der Nase bzw. am Bart zupfen oder alle paar Minuten auf die Armbanduhr sehen. Wer keine Zeit hat, soll das sagen und nicht nur andeuten.

Wenn ich mit jemandem rede, sehe ich ihn dabei an und erwarte, dass er mich ansieht. Vielen Menschen fällt es schwer, Augenkontakt zu halten. Doch wer ihn meidet, signalisiert Desinteresse oder Unsicherheit. Eine Sonnenbrille sollte während eines Gesprächs nach Möglichkeit abgenommen werden, denn sie verhindert den Blickwechsel.

Auch die Körpersprache verdient Beachtung, indem man sich fragt: Wie wirke ich auf andere? Verschränkte Arme, Null-Bock-Miene, Kaugummi zwischen den Zähnen (siehe Seite113) – all das macht einen schlechten Eindruck und ist wenig kommunikationsfördernd.

Sich Streiten und wieder vertragen

Wenn Sie jemanden nicht "riechen" können, gehen sie demjenigen aus dem Weg. Ist das nicht konsequent möglich, liegt Spannung in der Luft. Aber auch Leute, die sich mögen, geraten gelegentlich "hintereinander". Ein Streit ist schnell entfacht, doch oft dauert es lange, bis die geschlagenen Wunden – wenn überhaupt – verheilen. Dabei kann eine deutliche Aussprache bis hin zum handfesten Krach wie ein reinigendes Gewitter wirken. Danach herrscht wieder eitel Sonnenschein – vorausgesetzt, es wurde nach allen Regeln der Kunst gestritten. Dazu gehört, dass

- hitzig, aber sachlich diskutiert wird.
- jeder den anderen zu Wort kommen lässt und ihm zuhört.
- fehlende Argumente nicht durch Lautstärke ersetzt werden.
- keiner der Partner es im Eifer des Gefechts bewusst darauf anlegt, den anderen zu beleidigen.
- nichts gesagt wird, was später zu bereuen wäre.
- man beim Streit-Thema bleibt und nicht vom Hundertsten ins Tausendste kommt.
- keine der Parteien aus purer Sturheit auf dem eigenen Standpunkt beharrt, auch wenn der längst eindeutig widerlegt ist.
- tatsächlich ernsthaft nach einer Lösung des Problems gesucht bzw. Kompromissbereitschaft gezeigt wird.
- der Wille zum Einlenken und Versöhnen vorhanden ist.
- für jeden die Chance besteht, das Gesicht zu wahren.
- ein Streit nicht noch tagelang mitgeschleppt wird.

Entschuldigung

Wer einsieht, dass er Unrecht hat, entschuldigt sich. Aber es gibt im täglichen Miteinander noch andere Anlässe, um Abbitte zu leisten. Vielleicht sind Sie bei einem Bekannten furchtbar ins Fettnäpfchen getreten. Oder Sie haben einen Kollegen beleidigt. Oder in Ihrer Partnerschaft kriselt es, und Sie müssen sich einen Fehler vorwerfen. Zugegeben – es fällt schwer, die eigene Unzulänglichkeit, die eigene Schwäche einzugestehen. Aber es ist die einzige Möglichkeit, "reinen Tisch" zu machen, und dabei fällt niemandem ein Stein aus der Krone. Schon wenige Worte wie "Entschuldige, bitte" oder "Es tut mir Leid, das wollte ich nicht" oder auch "Kannst du einem Dummkopf noch einmal verzeihen?" können genügen, um die persönliche Welt wieder in Ordnung zu bringen.

Voraussetzung dafür ist natürlich, dass die Entschuldigung angenommen wird. Schlimm sind jene, die gern lange und genussvoll "beleidigte Leberwurst" spielen. Auch solche "Streithanseln", die sich gar nicht genug am Zu-Kreuze-Kriechen des geschlagenen Gegners laben können, sind schwierige Kandidaten. Ich meine: Uns allen unterläuft irgendwann einmal ein mehr oder weniger schwer wiegender Fehler. Und jeder ist dann froh, wenn die Entschuldigung akzeptiert und das Versäumnis nicht nachgetragen wird. Das soll jedoch kein Freibrief dafür sein, anderen ständig "auf den Schlips zu treten" und dann den Reuevollen zu mimen.

Das kleine Wort "Entschuldigung" oder eventuell "Pardon" ist auch noch in anderen Situationen angebracht. Zum Beispiel dann, wenn Sie in der Fußgängerzone versehentlich jemanden anrempeln, im engen Bus Ihrem Nachbarn auf die Füße treten oder wenn sonst wie eine Person unter Ihrer momentanen Gegenwart zu leiden hatte. Der Betroffene war vielleicht im ersten Moment sauer, doch die Entschuldigung bewirkt eine freundliche Reaktion. Früher sagte man: "Keine Ursache." Ich bin eher für "Ist ja nichts passiert" oder "Macht nichts".

Wer einen Fremden unverhofft anspricht, um beispielsweise nach dem Weg zu fragen oder um zu bitten, einen Zehn-Euro-Schein zu wechseln etc., beginnt ebenfalls mit dem Wort "Entschuldigung" und erreicht damit erst mal die Aufmerksamkeit des anderen. Dann kann der Wunsch angebracht werden – "Entschuldigung, können Sie mir sagen..." Eine solch höfliche Anfrage findet immer ein positives Echo.

Das (un)aufdringliche Telefon

Wenn sich Gesprächspartner nicht Aug' in Aug' gegenüber stehen, dann telefonieren sie. Das Telefon ist sicher eine der wichtigsten und gleichzeitig indiskretesten Errungenschaften der Technik, denn es dringt in jede Privatsphäre ein. Am Arbeitsplatz liegen die Telefonzeiten fest, nach Geschäftsschluss geht nichts mehr. Doch in den eigenen vier Wänden wird man quasi zu jeder Tages- und Nachtzeit mit dem Klingeln konfrontiert. Deshalb: Rücksichtsvolle Anrufer sehen vorher auf die Uhr und verschonen andere Menschen vor acht Uhr morgens, während der Mittagszeit und nach 22 Uhr abends, sofern nicht wirklich ein dringender Grund für den Anruf vorliegt.

Wenn das Telefon mal wieder im ungünstigsten Moment klingelt, bieten sich zwei Auswege:
1. Sie nehmen nicht ab und warten ungerührt, bis der Anrufer aufgibt. Dann grübeln Sie allerdings stundenlang darüber nach, wer das wohl gewesen sein mag.
2. Sie gehen ran und bitten den am anderen Ende der Strippe freundlich, zu einem späteren Zeitpunkt noch einmal anzurufen – weil gerade das

Baby schreit, der Kuchen anbrennt, Sie mitten in einer wichtigen Besprechung sitzen usw. Eine Begründung ist wichtig, um Verständnis zu wekken. Sie können auch anbieten, selbst so bald wie möglich zurück zu rufen, müssen das dann aber auch einhalten.

Bevor kleine Kinder richtig sprechen lernen, können sie bereits wählen und in den Hörer jauchzen. Das Telefonieren verlernt man nie mehr – obwohl: Manche Zeitgenossen haben es nie richtig begriffen. Da ruft jemand an und sagt schlicht "Ich bin's". "Wer ist dort?" ist ebenfalls eine beliebte Art, ohne eigene Voranmeldung ins Haus zu fallen. Als ob ein Angerufener nicht das Recht darauf hätte, zu allererst den Namen des Anrufers zu erfahren. "Kunze, guten Tag..." So klingt eine korrekte Meldung, oder auch legerer: "Hallo, hier ist Irene..."

Wer den Hörer abnimmt, sagt nicht "hallo" oder "ja, bitte", sondern nennt seinen Namen: "Mullemann." Was aber tun, wenn man sich verwählt hat? Viele legen wortlos auf – eine Ungezogenheit! Es sollte nicht schwer fallen, sich zu entschuldigen: "Tut mir Leid, da habe ich mich wohl verwählt."

Handy

Alle Welt rennt mit dem Handy am Ohr herum – in der Fußgängerzone, im Supermarkt, im Theater, im Restaurant, im Zug, beim Waldspaziergang usw. Vielleicht ist es wirklich nötig, immer und überall unendlich wichtige Gespräche zu führen. Einige Tabu-Zonen bzw. -Zeiten sollte es für das Telefonieren allerdings geben. Ein Handy, das penetrant mitten ins schönste Konzert klingelt, ist schlicht eine Frechheit. Zu den viel beobachteten Unsitten gehört es auch, in Gesellschaft (Restaurant, private Einladung etc.) sowie bei geschäftlichen Besprechungen, Konferenzen, Seminaren usw. nebenher zu telefonieren. Das stört, denn Gespräche vor Ort werden unterbrochen und andere Leute zu unfreiwilligen Zeugen von Telefonaten gemacht.

„Hallo, ich bin gerade unterwegs...." Früher gab es Telefonzellen und die Telefonate wurden diskret geführt. Heute kann überall telefoniert werden. Bei vielen Gelegenheiten ist das aber unpassend und andere Leute werden zu unfreiwilligen Zeugen gemacht.

Schreibst du mir, schreib ich dir

Privatbriefe

Das Telefon, SMS und E-Mail haben zumindest im privaten Bereich die Briefschreiber stark dezimiert. Man kann gegebenenfalls über Tausende von Kilometern hinweg miteinander plaudern, Fragen sofort beantworten, aktuelle Geschehnisse noch frisch erzählen und Bilder versenden. Das ist praktisch und bequem. Schade nur, dass Telefongespräche nicht konserviert werden und mit dem Auflegen des Hörers unwiederbringliche Vergangenheit sind. Briefe dagegen haben Bestand. Man kann sie fühlen, lesen und sogar riechen, falls sie parfümiert wurden, und sich mit ihrer Hilfe noch nach vielen Jahren erinnern.

Für private Briefe galt lange die Regel, dass sie handschriftlich verfasst werden müssten. So eng sieht man das inzwischen nicht mehr, denn schließlich ist so manche "Klaue" eine Zumutung, die Zeit ohnehin immer knapp und der schon fast in jedem Haushalt obligatorische PC ein stets williger Helfer.

Private Briefe an Verwandte, Freunde oder Bekannte beginnen normalerweise mit "Lieber..." bzw. "Liebe...". Locker vom Hocker klingt beispielsweise "Hallo, Karin!". Den Abschluss bildet eine individuelle Formulierung wie "Mit liebem Gruß", "Herzlichst dein...", "Sei gegrüßt von..." und Ähnliches. Wer dem perfekt gestalteten Ausdruck eine individuelle Note verleihen möchte, formuliert zumindest die Anrede und die Grußformel am Schluss, auf jeden Fall aber die Unterschrift mit der Hand.

"Verpackt" wird der Privatbrief in ein Kuvert ohne Fenster. Adressaufkleber sind absolut stillos, lediglich als Absender können kleine Aufkleber verwendet werden. Die Anschrift jedoch schreibt man am besten von Hand. Geht der Brief an eine Person, heißt es "Herrn Karl Schmidt" oder "Frau Karin Breuer". Ein Paar dagegen erfordert kurzes Nachdenken, denn es gibt mehrere Varianten: "Herrn Karl Schmidt und Frau Karin Breuer" oder "Herrn und Frau Schmidt" oder "Herrn Karl Schmidt und Frau Sonja Schmidt" oder "Herrn Karl und Frau Sonja Schmidt". Suchen Sie sich aus, was Ihnen am besten zusagt. Üblicherweise wird noch immer der Herr zuerst genannt, doch können Sie durchaus auch die Frau voran stellen.

Die "Familie Schmidt" ist schon wieder mit Vorsicht zu genießen, denn damit sind eventuelle Kinder ebenfalls einbezogen. Dies ist von Bedeutung, wenn es darum geht, wer das Schreiben öffnen darf. Lautet die Adresse nur "Frau Sonja Schmidt", dann lässt Herr Schmidt selbstverständlich die Finger von dem Brief. Im umgekehrten Fall gilt das Gleiche.

Stehen zwei Namen auf dem Kuvert, dürfen die genannten Personen unabhängig voneinander den Brief öffnen. "Familie" bedeutet, dass auch die Kinder dazu berechtigt sind.

Telefon, E-Mail und SMS haben das „klassische“ Schreiben von Briefen abgelöst. Die Form sollte dennoch gewahrt bleiben, vor allem bei E-Mails.

E-Mail / SMS

Immer mehr private Haushalte nutzen das Internet und haben eine E-Mail-Adresse. Kommuniziert wird mit Verwandten, Freunden und Bekannten – ganz egal, ob sie nur eine Haustür weiter oder auf der anderen Seite des Erdballs wohnen. Eine E-Mail kann kurz und bündig sein oder zum langen Brief ausarten, der eben viel schneller als per Post beim Empfänger ist. Technisch bedingt muss man sich bei SMS kurz fassen, E-Mails hingegen kennen diesbezüglich kaum Beschränkungen. Hinsichtlich Form und Stil gibt es keine Regeln, doch sollte zumindest das Korrekturprogramm die gröbsten Fehler ausmerzen. Grundsätzlich sollte man immer die Form wahren und höflich sein. Schließlich könnten auch unbeteiligte Dritte das Verfasste lesen. Oder der Empfänger durch die knappe Schriftform beleidigt sein oder Abkürzungen missverstehen. Längst wird zumindest in der jüngeren Generation akzeptiert, dass Geburtstagswünsche, Geschenkgutscheine, Urlaubsgrüße, Einladungen usw. per E-Mail oder SMS geschickt werden. Lediglich für Beileidsbekundungen sollten diese Medien nicht genutzt werden.

Bitte und danke

Nach "Mama" und "Papa" gehören wohl "Bitte" und "Danke" zu den ersten Worten, die ein Kind lernt. Doch leider geraten sie mit zunehmendem Alter mehr und mehr in Vergessenheit. Dabei gilt überall, wo

Menschen miteinander zu tun haben: Wer etwas möchte, sagt "bitte". Wer etwas bekommt, bedankt sich. Und zwar je nach Situation mündlich oder schriftlich.

Offizielle Danksagung

Sie hat einen eigenen Charakter. Da gingen beispielsweise Glückwünsche und Geschenke ein – zur Geburt eines Kindes, zur Hochzeit oder anderen Ereignissen. Geantwortet wird mit einer schriftlichen Danksagung per Brief oder auch per vorgedruckter Karte, die selbstverständlich von Hand unterschrieben wird. Ebenfalls erforderlich ist eine solche Danksagung als Antwort auf Kondolenzbriefe oder -karten im Trauerfall. Soll ein großer Personenkreis angesprochen werden, kann die Danksagung auch mittels einer Zeitungsanzeige erfolgen. Wer kennt nicht den ehrlichen, aber irreführenden Text eines Bauern im örtlichen Tagblatt: "Ich danke allen, die mir beim Abbrennen meines Anwesens behilflich waren." Etwas eindeutiger sollte eine Danksagung zwar sein, aber durchaus genauso kurz und prägnant.

Problem: blauer Dunst

Über Generationen wurden Nichtraucher von den Rauchern in Grund und Boden gequalmt. Überall war dicke Luft – in Büros und Amtsstuben, in der Eisenbahn und im Bus, im Restaurant sowieso und natürlich daheim im Wohnzimmer. Dann setzte sich die Erkenntnis durch, dass Rauchen auch Nichtrauchern auf die Lunge schlägt, und der Spieß wurde umgedreht: Die Nichtraucher haben das Sagen, und die Raucher sitzen samt ihrem schlechten Gewissen im Eckchen.

Raucher

Die friedliche Koexistenz zwischen Nichtrauchern und Rauchern kann nur funktionieren, wenn beide Rücksicht aufeinander nehmen und sich in gewisser Toleranz üben. Zuerst zu den Rauchern: Sie müssen wissen, dass sie den Nichtrauchern nicht grundlos stinken, sondern tatsächlich schaden. Deshalb gilt:

Nichtraucher

Unter den Nichtrauchern gibt es solche, die als "militant" bezeichnet werden können. Gar nicht selten handelt es sich um ehemalige Raucher, die ihrer Sucht abgeschworen haben und jetzt die Zigarette mit missionarischem Eifer verteufeln. Ihnen sträuben sich schon allein beim Anblick eines rauchenden Zeitgenossen sämtliche Nackenhaare. Wo bleibt da die Toleranz, die besagt, dass jeder nach seiner Facon selig werden soll?

tipp

- In Gesellschaft wird nicht einfach losgepafft, sondern zuvor vorsich tig angeklopft: "Darf ich rauchen?" Sollten die Nichtraucher ohnehin in der Überzahl sein, erübrigt sich diese Frage meistens von vornher ein. Sitzen zwei im selben Büro, liegt die Entscheidung bei demjenigen, der Nichtraucher ist oder zumindest am Arbeitsplatz nicht rauchen möchte. Ist ein Büro rauchfreie Zone, respektieren das alle inklusive Chef.

- An einem Tisch zu rauchen, während andere essen, ist eine Unver schämtheit. Auch zwischen den Gängen sollte sich der rücksichts volle Raucher die Zigarette verkneifen, denn erfahrungsgemäß ist sie erst halb verglimmt, wenn wieder serviert wird.

- Bei Einladungen in ein Nichtraucher-Haus wird der höfliche Gast unaufgefordert aufs Rauchen verzichten oder zwischendurch vor die Tür gehen. Wer heimlich auf dem Klo seinem Laster frönt, schafft sich selten Freunde, denn der blaue Dunst kriecht durch den Türschlitz.

- Selbst viele Raucher empfinden Qualm in engen Räumen als äußerst unangenehm und rauchen beispielsweise nicht im Fahrstuhl und erst recht nicht im Auto. Dass im Fahrzeug eines Nichtrauchers der serienmäßige Aschenbecher lediglich zum Entsorgen von Bonbon papierchen dient, muss jedem Raucher klar sein.

- In Zügen, im Flugzeug und in immer mehr Restaurants gibt es getrennte Zonen für Raucher und Nichtraucher. Sollte beide ein privates oder geschäftliches Interesse in einem Abteil bzw. an einem Tisch zusammenführen, verzichtet ein höflicher Mensch aufs Rauchen - aus der Erkenntnis heraus: Ich bereite dem anderen Ungemach. Manche Örtlichkeiten sind für Raucher ohnehin tabu - die meisten Theatersäle (geraucht wird nur im Foyer), Ämter, U-Bahn höfe usw. Auch wenn kein Polizist in Sichtweite droht, gelten solche Vorschriften als verbindlich.

- Ganz ohne Einschränkung geht es nicht einmal dort, wo geraucht werden darf. In Räumen, die auch von Nichtrauchern benutzt werden, sollte zumindest auf Zigarre, Zigarillo und Pfeife verzichtet werden. Deren Rauch ist oft besonders beißend und intensiv. Und nicht zuletzt achtet ein Raucher immer darauf, dem Nichtraucher den blauen Dunst nicht direkt ins Gesicht zu pusten.

Solange ein Raucher mich nicht belästig, soll er seine Lunge ruinieren – bitteschön. Wer als Nichtraucher beispielsweise ein Restaurant aufsucht, muss mit Rauch rechnen und ihn ertragen. Es ist ja nur für eine begrenzte Zeit. Und wenn ich einen Raucher besuche, kann ich nicht erwarten, dass der sich stundenlang kasteit. Andererseits braucht der

Nichtraucher in seinen eigenen vier Wänden keinen Rauch zu dulden, denn der Raucher geht wieder, der Gestank bleibt – in den Vorhängen und in den Teppichen. Vor allem im Winter dauert es tagelang, bis die Luft wieder rein ist.

Etwas sollten Nichtraucher jedoch wissen: Sie tun einem Raucher durch ihr Verbot nur indirekt Gutes. Vordergründig fühlt der sich nicht wohl und kann womöglich das Zusammensein kaum genießen. Der Drang zur Zigarette vor und nach dem Essen, beim Wein, beim gemütlichen Plaudern ist für manchen geradezu eine körperliche Pein. Mögliche Auswege: a) Der Raucher flüchtet zwischendurch ins Freie, b) der Nichtraucher gesteht dem Gast den Flur als "Raucherzone" zu oder c) man trifft sich nicht zu Hause, sondern im Lokal. Wird nämlich der Kneipenqualm zur Qual, kann der Nichtraucher heim gehen. Ziemlich unmöglich ist es jedoch, einen rauchenden Gast vor die Tür zu setzen.

Raucher-Sitten

Angenommen, Sie möchten rauchen, und es sitzen weitere Raucher am Tisch. Also ziehen Sie das Zigarettenpäckchen oder sonstige Tabakwaren heraus – und bieten erst mal den anderen an. Wer möchte, darf dankend zugreifen. Der Rest bleibt Ihnen, denn nur die erste Runde ging an Sie. Einer der anderen Raucher wird hoffentlich später seine Marke zur Verfügung stellen – doch Vorsicht: Es gibt überall geübte Schnorrer, deren Devise lautet: "Jetzt würde ich gern rauchen, habe aber kein Feuer, gibst du mir eine Zigarette?" Solche Schmarotzer sollten auf höfliche Art (oder wenn es gelingt, mit einem ironischen Seitenhieb) kaltgestellt werden.

Für Pfeifen- und Zigarrenraucher ist das Anzünden ein Ritual, das ausschließlich in eigener Regie durchgeführt wird. Zigaretten sind da weniger kompliziert. Männer greifen selbst zum Feuerzeug oder Streichholz. Wer zuerst Feuer zur Hand hat, bietet es auch dem Nachbarn an. Frauen handeln mittlerweile genauso. Sitzt eine Frau neben einem Mann, wird er ihr nach alter Sitte Feuer geben. Und darf eine Dame überhaupt in der Öffentlichkeit rauchen? Früher nicht, heute schon. Selbst auf offener Straße gehören Frauen mit der Zigarette in der Hand zum gewohnten Bild.

Zigarettenkippen, Zigarrenstummel usw. gehören weder in Blumentöpfe, noch in die Toilette und werden auch nicht achtlos auf den Gehweg oder die Straße geworfen – womöglich noch aus dem Autofenster! Der einzig geeignete Platz ist der Aschenbecher (es gibt sogar kleine für die Hosen- oder Handtasche), wo der Glimmstängel sorgfältig ausgedrückt wird. Nichtraucher sollten es sich verkneifen, einen Aschenbecher in Anwesenheit von Rauchern als Abfallbehälter für Papierchen, Speisereste etc. zu missbrauchen.

Herzlichen Glückwunsch - mein Beileid

Zu einigen Feiertagen im Jahr will es der Brauch, dass Freunde, Bekannte, Nachbarn und manchmal auch Fremde mit Glückwünschen bedacht werden. Man wünscht

- frohe Ostern,
- fröhliche Weihnachten,
- ein gutes neues Jahr.

Gratulanten herzlich willkommen

Zahlreiche persönliche Feiertage geben Gelegenheit, einem anderen Menschen zu gratulieren bzw. Glück zu wünschen. Zum guten Ton gehört dies zumindest bei folgenden Ereignissen:

- Geburt eines Kindes,
- Taufe,
- Erstkommunion,
- Firmung,
- Konfirmation,
- Geburtstag,
- Verlobung,
- Hochzeit,
- silberne Hochzeit (25 Jahre verheiratet),
- goldene Hochzeit (50 Jahre verheiratet),
- diamantene Hochzeit (60 Jahre verheiratet),
- eiserne Hochzeit (65 Jahre verheiratet),
- Gnadenhochzeit (70 Jahre verheiratet).

Nicht zwingend vorgeschrieben, aber eine nette Geste sind Gratulationen beispielsweise

- zum Namenstag (vorwiegend in katholischen Gegenden),
- zum Hochzeitstag,
- zum Abitur oder zur bestandenen Prüfung,
- zur bestandenen Fahrprüfung,
- zum beruflicher Aufstieg,
- zum Berufsjubiläum,
- zur Genesung.

Das Gratulieren bzw. das Übermitteln von Glückwünschen kann persönlich, telefonisch, schriftlich oder auch eventuell elektronisch per E-Mail erledigt werden. Wer vorgedruckte Karten verwendet, sollte sie zumindest von Hand unterschreiben, noch besser aber durch ein paar persönliche Worte ergänzen. Nahe Verwandte und enge Freunde freuen sich am meisten über einige handgeschriebene Zeilen, bei deren Formulierung sich der Schreiber eigene Gedanken gemacht hat.

Absolut menschlich und daher verzeihlich ist es, wenn ein Jubeltag vergessen wird. Manche Leute nehmen das allerdings trotzdem sehr übel. Anstatt den Fehler stillschweigend unter den Teppich zu kehren, sollte der "arme Sünder" nachträglich Farbe bekennen. Aus der Patsche helfen auch jetzt wieder vorgedruckte Karten ("Ich habe leider deinen Geburtstag vergessen..."). Weit besser lässt sich jedoch die leidige Angelegenheit persönlich oder zumindest übers Telefon aus der Welt schaffen. Sagen Sie dann nicht "Das passiert doch jedem mal", sondern "Es tut mir Leid, wie konnte ich nur ausgerechnet deinen Geburtstag vergessen".

Schwierig: teilnahmsvolle Worte

Glückwünsche überbringt jeder gern, und sie gehen einem relativ leicht über die Lippen. Kopfzerbrechen bereitet es uns jedoch, Anteilnahme in Worte zu fassen. Angesichts von Leid klingen die üblichen Floskeln oft so entsetzlich banal.

Todesfall

tipp

Übrigens: Wer einen Beileidsbrief schreibt, tut das grundsätzlich von Hand und verwendet weißes Papier – bitte ohne schwarzen Rand. Ist eine ganze Familie betroffen, wird der Brief an jenen Hinterbliebenen geschickt, den man am besten kennt. Todesanzeigen verlangen immer eine schriftliche Reaktion, hierfür gibt es auch entsprechende Karten im Handel. Telefonieren scheidet aus. Schließlich ist es verständlich, dass in einem Haus voll Trauer das ständige Klingeln des Telefons als lästig und das wiederholte Sprechen über den Toten als schmerzhaft empfunden wird. SMS oder E-Mail verbietet sich ebenfalls.

Hier muss kondoliert werden, und bei sehr entfernten Geschäftspartnern oder sonstigen Bekannten genügt eventuell eine vorgedruckte Karte mit Unterschrift. Schwer fällt es, selbst ein paar Zeilen zu entwerfen und erst recht, mit dem Leid Tragenden zu sprechen. Natürlich kann man sagen "Mein herzlichstes Beileid zum Tod Ihrer Frau", doch nicht jeder bringt diesen Standardsatz überzeugend genug heraus. Eine individuelle, auf den jeweiligen Fall abgestimmte Anteilnahme erfüllt ihren Zweck weit besser: nämlich dem Angesprochenen das Gefühl zu vermitteln, mit seinem Kummer nicht allein zu sein. Verzichten Sie also auf abgedroschene Phrasen und verwenden Sie stattdessen lieber Formulierungen in dieser Art:

- "Ich wünsche Ihnen/dir die Kraft, das alles zu tragen."

- "Sei (seien Sie) gewiss, dass ich mit dir (Ihnen) fühle."
- "Ich möchte dir (Ihnen) sagen, dass ich tiefste Anteilnahme empfin de."
- "Ich empfinde deinen (Ihren) Schmerz und trage ihn mit dir (Ihnen)."

Krankheit

"Drei Tage war der Frosch jetzt krank, bald hüpft er wieder – Gott sei dank." Dieser flapsige Genesungsspruch mag sicher so manchen Kranken aufheitern, ist aber nicht immer angebracht. Man kann auch einfach sagen bzw. schreiben "Gute Besserung", "Komm schnell wieder auf die Beine", "Werden Sie schnell wieder gesund und munter" oder "Wir schicken Ihnen die besten Genesungswünsche" usw. Auch bei schwer oder unheilbar kranken Menschen sind – muss man es extra betonen? – ausschließlich optimistische Formulierungen angebracht. Fehl am Platz ist jedoch das abgedroschene „Es wird schon wieder".

Starke Frauen - schwache Männer?

Seit Adams Zeiten waren Männer das starke Geschlecht und regierten die Welt. Frauen ließen das lange geschehen, doch irgendwann emanzipierten sie sich – zum Schrecken aller Herrlichkeit. Sie fürchtete um ihre Alleinherrschaft, die plötzlich zu wanken begann. Frauen eroberten Männer-Domänen im beruflichen wie im privaten Bereich und pochten auf die Gleichberechtigung. Deshalb wurde schleunigst der abfällige Begriff von den "Emanzen" geprägt, die angeblich jede Weiblichkeit verloren und den Männern abgeschworen haben.

Die Wahrheit über Emanzipation

Dass die Herren der Schöpfung damit auf dem Holzweg waren, ist wohl keine Frage mehr. Frauen bleiben Frauen, auch als gleichberechtigte Partnerinnen. Ihre neue Selbstständigkeit veranlasst dennoch so manchen Mann zu dem Fehlschluss, dass Höflichkeit und Rücksichtnahme nicht mehr gefragt seien. Doch das Gegenteil ist der Fall: Wie wohl tuend empfindet es eine emanzipierte Frau, die im Alltag ihren Mann steht, mit einem Kavalier der alten Schule auszugehen:

- Er holt sie ab, indem er an der Wohnungstür klingelt und nicht einfach draußen auf der Straße hupt. Fährt er vor, und sie kommt gerade aus der Haustür, steigt er schnell aus und geht ihr entgegen. Ist die Dame noch sehr jung und wohnt im Elternhaus, stellt sich der Herr beim ersten Abholen vor. Eltern fühlen sich nämlich wohler, wenn sie wissen, mit wem ihre Tochter ausgeht.

- Er öffnet die Wagentür, lässt seine Begleiterin einsteigen und schließt dann eigenhändig die Tür.
- Er hilft der Dame in und aus dem Mantel und hält ihn dabei so, dass sie die Ärmel problemlos findet. (Sie bedankt sich.)
- Er lässt sie auf seiner rechten Seite gehen bzw. nimmt selbst die gefährlichere Seite (zum Beispiel Straßenseite) ein.
- Er trägt den schweren Koffer, den Mantel, die Jacke - nicht aber ihre Hand- oder Aktentasche.
- Wenn es regnen sollte, hält er den Schirm so, dass die Dame wirklich nicht nass wird.
- Im Restaurant bietet er seiner Partnerin den besten Platz am Tisch an und setzt sich erst nach ihr.
- Er begleitet die Dame beim Nachhausekommen vom Auto bis zur Haustür.

Frauen mit eigenem Auto sind unabhängig und können jederzeit darauf verzichten, vom Mann abgeholt zu werden. Man verabredet sich an einem bestimmten Ort, und sie braucht sich durchaus nicht zu verspäten, um als Dame zu gelten. Der Mann unserer Tage empfindet es keineswegs mehr als reizvoll, bei Wind und Wetter an der Plakatsäule auf seine Angebetete zu warten. (Also ersparen wir Frauen es uns, unnötig lange vor dem Spiegel zu trödeln, um ja unpünktlich zu sein!)

Ein verantwortungsbewusster Mann wird seine Begleiterin nicht bei Nacht und Nebel allein und zu Fuß nach Hause gehen lassen – selbst dann nicht, wenn sie den "schwarzen Gürtel" im Judo trägt. Fährt die Dame im eigenen Auto heim, begleitet der Mann sie zumindest bis zu ihrem Wagen. Vielleicht aber bringt sie ja ihn nach Hause. Dann wartet auch sie nach der Verabschiedung im Wagen, bis sich die Haustür hinter dem Herrn geschlossen hat.

Emanzipation ist nicht nur ein Thema für Frauen, sondern auch für Männer. Sie müssen sich ebenfalls emanzipieren, indem sie veraltete Vorstellungen über Bord werfen und in eine neue, zeitgemäße Rolle schlüpfen. Genauso, wie es die Frauen getan haben und noch immer tun. Das Verhältnis zwischen den Geschlechtern verändert sich dadurch. Es wird unverkrampfter und ehrlicher. Dass trotzdem beide Seiten nicht aus ihrer Haut können, ist klar. Männer und Frauen haben zwar gleiche Rechte und Pflichten, doch das typisch Weibliche wie auch das typisch Männliche sollte um Himmels willen erhalten bleiben. Dazu gehört unter vielem anderen die oft zitierte "Ritterlichkeit", die niemals aus der Mode kommt. Wäre es nicht unklug von uns Frauen, den Männern auch noch diese Domäne abzusprechen?

Wer macht den ersten Schritt?

Die Natur hat den Frauen eine Reihe von Reizen verliehen, mit deren Hilfe es gelingen kann, die Aufmerksamkeit eines Mannes auf sich zu lenken. Aber was dann? Bislang war es der "anständigen" Frau nicht möglich, einen ihr sympathischen Mann einfach anzusprechen – auf der Straße, im Restaurant usw. Er seinerseits darf das seit eh und je – ja, es wird sogar von ihm erwartet. Er fordert die Dame zum Tanz auf und muss dabei riskieren, einen "Korb" zu erhalten. Doch für ihn ist das von geringer Bedeutung, denn im Fall einer Absage versucht er es eben bei der Nächsten.

Unter Jugendlichen ist die Scheu der Mädchen, einen Jungen anzusprechen, längst nicht mehr so ausgeprägt. Auch erwachsene Frauen, die von sich aus auf einen Mann zugehen, laufen keine Gefahr, ihren guten Ruf zu verlieren. Trotzdem wird eine womöglich ablehnende Reaktion vielfach noch immer als Demütigung empfunden. Frauen benutzen dann doch lieber subtilere "Anmach-Methoden" als Männer. Das verlorene Taschentuch allerdings lockt wahrscheinlich keinen mehr aus der Reserve, denn wer bückt sich schon nach einem Fetzen Stoff oder gar Papier?

Das gilt für Männer wie für Frauen: Je origineller und charmanter der erste Kontaktversuch, desto erfolgversprechender. Wenn er sagt "Ich glaube, wir haben uns schon mal irgendwo getroffen", entlockt er ihr bestenfalls ein müdes Lächeln. Den Spruch kennt jede. Auch die Einladung zur obligatorischen Tasse Kaffee zieht in den seltensten Fällen. Fantasie ist gefragt, nur das Außergewöhnliche durchbricht die Abwehr und weckt Neugier. Absolut entwaffnend wirkt beispielsweise diese Szene:
Er: „Darf ich Sie auf etwas aufmerksam machen?“
Sie: „Worauf, bitte?“
Er: „Auf mich!“

Komplimente für sie und ihn

Süßholzraspeln ist nicht jedermanns Sache, aber ein Kompliment zur rechten Zeit kann Türen öffnen. Frauen machen Frauen, Männer machen Männern Komplimente. Doch am häufigsten sind solche Schmeicheleien von Mann zu Frau. Er lobt ihre Kleidung, ihre Frisur, ihre Beine usw. Frauen äußern sich Männern gegenüber weit zurückhaltender und viel weniger direkt. "Wo haben Sie diesen chicen Anzug her?" Hinter dieser unverfänglichen Formulierung steckt u.U. eine ganz andere Aussage: "Sie gefallen mir."

Wer hört nicht gern ein Kompliment? Ob es ehrlich gemeint ist, bleibt dahingestellt, solange es auf nette Art und überzeugend vorgebracht wird. Wer allerdings einer braunäugigen Schönen vorschwärmt "Ihre Augen sind so blau wie ein ungarischer See", macht sich lächerlich. Auch Allerweltssprüche wie "Für Ihre Beine brauchen Sie einen Waffenschein" fallen durch, denn die betroffene Dame wähnt zu Recht, dass dieses fragwürdige Kompliment breit gestreut wird. Dabei gilt noch immer: Je origineller Komplimente sind, und je sparsamer sie verteilt werden, desto mehr Beachtung ist ihnen gewiss.

Ein Küsschen in Ehren...

Der Austausch von Zärtlichkeiten unter den Augen anderer galt einst als äußerst unschicklich oder gar als anstößig. Doch längst ist das Pendel in die Gegenrichtung ausgeschlagen: Zumindest Jugendliche knutschen, wann und wo es ihnen gefällt. Wer sich dran stört, soll eben wegsehen. Weniger großzügig ist die öffentliche Meinung freilich bei Erwachsenen. Da wird deutlich mehr Zurückhaltung erwartet, wobei niemand etwas gegen einen liebevollen Kuss "vor allen Leuten" einwenden wird. Auch dass Paare jeden Alters eng umschlungen oder Hand in Hand gehen, fällt nicht mehr auf.

Und wie verhält sich ein Mann, der nach Hause kommt, und es sind Gäste da? Er schüttelt zuerst mal alle Hände, doch zum Schluss bekommt die Ehefrau bzw. Partnerin einen Begrüßungskuss. Dieses Zeichen der Zuneigung wird von allen Anwesenden mit Wohlwollen registriert.

Ehe ohne Trauschein

Verliebt - verlobt - verheiratet -so Schlag auf Schlag entwickeln sich die heutigen "Beziehungskisten" nicht mehr. Ein Großteil der Paare macht erst einmal Ehe auf Probe, frei nach dem Motto: „Es prüfe ewig, wer sich bindet..." Man zieht zusammen in eine Wohnung und lebt, wie es offiziell heißt, in einem eheähnlichen Verhältnis. Die rechtliche Seite kann nicht unser Thema sein, wohl aber ein Problem, das im Alltag immer wieder auftritt: Als was bezeichne ich meinen Partner bzw. meine Partnerin gegenüber anderen Menschen?

tipp

Bleibt zu guter Letzt nur, die Tatsache beim Namen zu nennen: "Das ist mein Mann/meine Frau." Denn nirgendwo steht geschrieben, dass "mein Mann" mit mir vor dem Gesetz verheiratet sein muss.

Unter Verwandten und Freunden nennt man den Namen: "Das ist Lisa." Bei Fremden wird's komplizierter. Die Bezeichnung "Partner" oder "Partnerin" ist nicht sehr aussagekräftig, denn es könnte sich ohne weiteres um eine geschäftliche

Beziehung handeln. "Mein Bekannter" oder "meine Freundin" sind Aussagen, die nicht den Kern des Verhältnisses treffen. Der "Lebensgefährte" wirkt geradezu pathetisch, „Lebensabschnittsgefährte“ zu ironisch, "mein Schatz" klingt allzu intim.

Feste feiern, wie sie fallen

Es gibt zahlreiche private Ereignisse, an denen Verwandte, Freunde und Bekannte indirekt oder direkt teilhaben sollen. Sie müssen also informiert bzw. eingeladen werden. Die Festivitäten verlangen eine gewisse Organisation, und es gibt bestimmte Regeln, die einzuhalten sind. Es würde den Rahmen sprengen, alle möglichen Feierlichkeiten im Detail zu behandeln, deshalb beschränken wir uns hier auf die wichtigsten.

Hurra, ein Baby!

Wenn ein Kind zur Welt kommt, sollen sich viele mitfreuen. Also verschicken die glücklichen Eltern gedruckte Geburtstanzeigen und geben eventuell eine entsprechende Zeitungsannonce auf. Der Text darf konventionell bis phantasievoll sein - ganz nach Geschmack. Ziemlich altbacken klingt beispielsweise "Unser Stammhalter ist da". Zur übermütigen Text-Kategorie zählt "Hurra - ein Löwchen mehr auf der Welt!". Die vielen schriftlichen Glückwünsche und kleinen Geschenke netter Leute zur Geburt verlangen selbstverständlich nach Beantwortung. Die erfolgt am besten - wenn nicht mündlich -über eine offizielle Danksagung (siehe Seite 34).

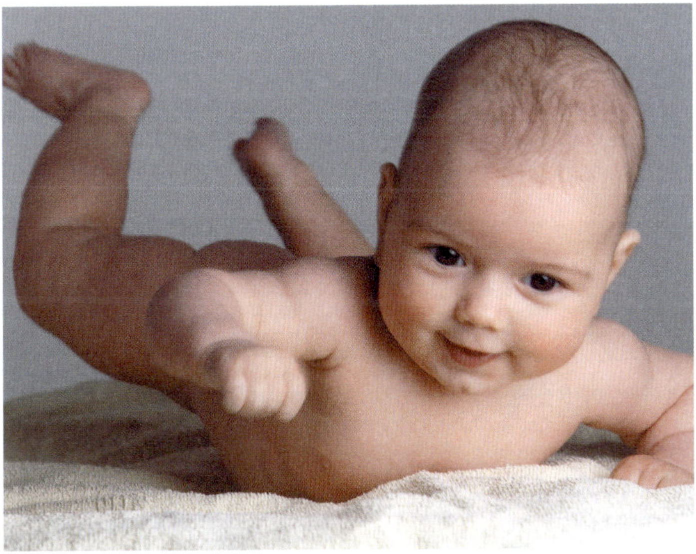

Freudiger Anlass: Baby ist da!

Taufe

Die meisten Eltern lassen ihr Kind taufen. Wann diese "Aufnahme in die christliche Gemeinschaft" erfolgt, bleibt freigestellt. Normalerweise werden Kinder kurz bzw. einige Wochen nach der Geburt getauft, manchmal aber auch erst Jahre später.

Die Taufe ist ein Fest im engsten Familienkreis. Von Bedeutung sind dabei neben den Eltern vor allem die Paten. Zwei werden dem Baby normalerweise zugeteilt. Es können Verwandte oder Freunde der Eltern sein, Frauen oder Männer. Heute wählt man für dieses Amt meist jüngere Leute. Begründet wird dies mit der Hoffnung, dass ein möglichst geringer Altersunterschied ein vertrauensvolles Verhältnis begünstigt. Wer gebeten wird, eine Patenschaft zu übernehmen, kann dies normalerweise nicht ablehnen – es sei denn aus triftigen Gründen. Rechtliche Verpflichtungen entstehen zwar nicht; vor dem kirchlichen Altar erklären sich die Paten aber dazu bereit, eine gewisse Verantwortung für das Kind zu tragen. Theoretisch sollen sie bei der Erziehung im christlichen Glauben unterstützend wirken und in Härtefällen (zum Beispiel Tod der Eltern) zur Verfügung stehen. In der Praxis besteht Patenschaft allerdings vorwiegend aus Geschenken zum Geburtstag und zu Weihnachten.

Bei der Taufe hält meist ein Pate das Neugeborene über den Taufstein. Das Kind wird sich später daran nicht erinnern, doch ihm bleiben die Taufgeschenke der Paten. Sie wählen dafür gern Beständiges, wobei immer häufiger ein Betrag aufs erste Sparbuch gelegt wird.

Glücklich verlobt

Eine Zeit lang galt sie als spießig, heute sind junge Leute oft wieder romantisch genug, um sich zu verloben. Sie gehen damit kein Risiko ein, denn die Verlobung kann jederzeit und auch einseitig aufgekündigt werden.

Wenn schon Tradition, dann mit allem Drum und Dran. Verlobte kaufen sich meist Ringe und tragen diese bis zur Hochzeit an der linken Hand; dann erfolgt der symbolische Wechsel an die rechte Hand. Nach guter alter Sitte sollte der Herr die Ringe aus eigener Tasche bezahlen, doch heute wird eher zusammen gelegt.

Eine Verlobung ist erst dann schön, wenn andere davon wissen. Also verschicken Bräutigam und Braut gemeinsam Verlobungsanzeigen an Verwandte, Freunde und Bekannte. Manchmal ist die Verlobung so wichtig, dass sie sogar in der örtliche Zeitung erscheint.

Zumindest die angeschriebenen Personen reagieren normalerweise mit einer Gratulation – meist schriftlich oder telefonisch – und schicken eventuell ein Geschenk oder Blumen zum Verlobungstag. Die Glükkwünsche haben sich grundsätzlich an beide Brautleute zu richten, adressieren kann man an jenen Partner, den man besser kennt.

Groß gefeiert werden muss die Verlobung nicht, aber sie kann. Und sollten sich die Elternpaare bislang noch nicht kennen, bietet sich jetzt die Gelegenheit zum gegenseitigen "Beschnuppern". Üblicherweise findet das Fest, so will es zumindest der Brauch, in der Wohnung der Brauteltern statt. Sie laden somit die andere Seite ein. Wird außer Haus gefeiert, geht das auf Kosten der Brauteltern. Ein teurer Spaß – deshalb ist es heute üblich, dass die Brautleute bzw. beide Familien zusammen legen.

Falls die Verlobung eines Tages im Sand verlaufen sollte, ist außer Spesen nichts gewesen. Geschenke können dann theoretisch zurückgefordert werden. Ich kenne allerdings niemand, der das jemals getan hätte. Ex-Verlobte mit dem nötigen Feingefühl werden wertvolle Sachen ohnehin von sich aus zurück geben.

Stilvolle Hochzeit

Über das Heiraten und die Organisation des Spektakels wurden bereits einige Bücher geschrieben, auch von mir: „Der grosse Hochzeitsratgeber“ (Humboldt, ISBN 3-89994-900-5). Wir konzentrieren uns deshalb hier auf jene Dinge, die in den Bereich der Umgangsformen fallen.

Am wenigsten Aufwand verursacht die "stille Hochzeit". Das Paar heiratet standesamtlich nur mit Trauzeugen, vielleicht noch mit Eltern und Geschwistern. Ist alles vorüber, werden an Verwandte und Freunde Karten verschickt („Wir haben geheiratet...“), die je nach Namenswahl der Brautleute so unterzeichnet sein können: "Katrin und Hans Pfeifer" oder „Katrin Breuer-Pfeifer und Hans Pfeifer“ oder "Katrin Pfeifer, geb. Breuer, und Hans Pfeifer" oder „Katrin Breuer und Hans Pfeifer“. Wer per Karte von einer Hochzeit informiert wird, reagiert ebenfalls mit schriftlichen Glückwünschen. Zu einem Geschenk oder zu Blumen ist niemand verpflichtet.

Einladungen

Eine große Hochzeit mit viel Tamtam erfordert generalstabsmäßige Vorbereitung. Die Einladungen an die Gäste sollten mindestens vier, besser sechs Wochen vor dem großen Tag verschickt werden. Schließlich müssen sich die Leute auf den Termin einstellen können. Die Einladung enthält alle wichtigen Informationen wie Datum, Ort, Zeitpunkt der Trauung usw.: "Wir heiraten am... und laden dazu herzlich ein. Katrin Breuer und Hans Pfeifer." In diesem Fall unterzeichnet die Braut mit ihrem Mädchennamen. Zum eventuell angesetzten Polterabend am Vorabend der standesamtlichen Trauung kann auf derselben Karte geladen werden, oder man schreibt die ausgewählten Personen extra an.

Eine schriftliche Einladung macht eine Zu- oder auch Absage erforderlich. Das kann telefonisch oder wiederum schriftlich geschehen. Wer nicht eingeladen wird aber von der Trauung erfahren soll, erhält eine gedruckte Hochzeitsanzeige und wird darauf normalerweise zumindest mit einer Glückwunschkarte antworten.

Einst kam es teuer, eine Tochter unter die Haube zu bringen. Die Brauteltern mussten für die Aussteuer sorgen und das Hochzeitsfest ausrichten – und waren oft anschließend arme Leute. Inzwischen wurden die Regeln deutlich liberalisiert. Bei sehr jungen Leuten legen normalerweise die Eltern beider Seiten zusammen. Brautleute mit beruflichem Background bezahlen ihre Hochzeit aus eigener Tasche. Auch ist es durchaus üblich, die Gäste in gewissem Rahmen zu beteiligen. Man darf es ihnen beispielsweise zumuten, die Kosten für Übernachtungen im Hotel selbst zu übernehmen. Das sollte dann allerdings schon auf der Einladung diskret vermerkt sein: "Zimmer im 'Goldenen Ochsen' ca. 30 Euro pro Person." Bei Hochzeiten mit Hundert und mehr Gästen kann es auf der Einladung heißen: "Getränke auf eigene Rechnung."

Der Polterabend ist eine etwas zwiespältige Tradition. Am Vorabend der Trauung zerschlagen Freunde eine Menge Porzellan (auf keinen Fall Glas!) vor der Tür des Brautpaars. Das bringt angeblich Glück. Die Scherben und der Lärm sind jedoch oft dazu angetan, das Verhältnis zu den Nachbarn zu trüben. Vor einer Stadtwohnung oder einem Reihenhaus sollte vielleicht besser auf das Gepoltere verzichtet und dafür innerhalb der eigenen vier Wänden kräftig gefeiert werden. Empfehlenswert ist es, die Nachbarn auch davon zu informieren oder sogar einzuladen.

Stilvolle, klassische Hochzeit: Sie in weiß, er in schwarz

Trauung

Allein die standesamtliche Trauung hat rechtliche Gültigkeit, die kirchliche ist rein freiwillig. Manchmal finden beide Trauungen an einem Tag statt, oft aber auch zeitlich getrennt. Das Paar geht beispielsweise freitags aufs Standesamt und gibt sich samstags vor dem Altar ein zweites Mal das Ja-Wort. Unerlässlich sind in jedem Fall zwei Trauzeugen. Rein theoretisch könnte man Passanten kurz von der Straße herein holen. Die Personen müssen lediglich volljährig sein und sich ausweisen können. In der Praxis jedoch kommen die Trauzeugen aus dem Verwandten- oder Freundeskreis. In manchen Gegenden ist es üblich, dass der Trauzeuge des Mannes die Ringe mit zum Standesamt bringt und sie dort dem Bräutigam übergibt.

Die standesamtliche Trauung ist meist eine nüchterne Angelegenheit und schnell vorbei. Eine festliche Zeremonie findet dagegen in der Kirche statt. Früher galten hier strenge Regeln, die sich von Region zu Region etwas unterschieden. So gehörte es sich beispielsweise, dass Braut und Bräutigam getrennt zur Kirche fuhren. Der Brautvater führte seine Tochter zum Altar und übergab sie erst hier ihrem künftigen Ehemann. Heute nimmt man das nicht mehr so genau. Das Brautpaar kommt gemeinsam zur Kirche und wird hier von den Gästen in Empfang genommen. Dann bildet sich der Hochzeitszug: Voraus gehen blumenstreuende Kinder, dann folgt das Brautpaar. Ein langer Brautschleier wird von Kindern getragen. Die Eltern des Brautpaars schließen sich an, dann folgen die übrigen Gäste. In gleicher Ordnung verlässt der Zug später wieder die Kirche. Wenn das junge Paar ins Freie tritt, wird es manchmal mit Reis beworfen. Das findet aber nicht immer die Billigung des Pfarrers, der den Reis später entfernen lassen muss.

Nach der Trauung trifft sich die Gesellschaft zum gemütlichen Teil des Tages, der meist in einem Lokal stattfindet. Das Brautpaar begrüßt die Gäste und nimmt Geschenke entgegen. Diese werden nicht sofort ausgepackt, dafür fehlt die Zeit, sondern auf einem gesonderten Tisch auf-

Version 1

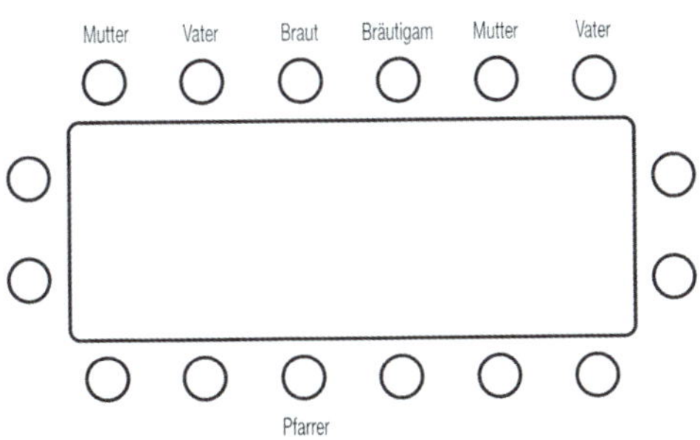

Sitzordnung an der Hochzeitstafel

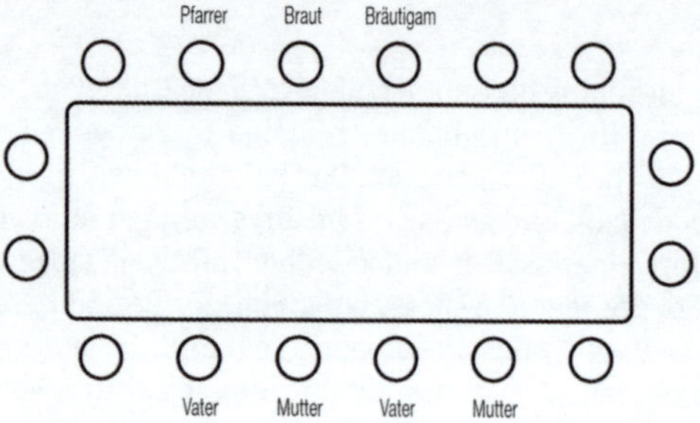

gebaut. Hoffentlich liegt jedem Geschenk eine Karte bei, damit sich das Brautpaar nach der Hochzeit mündlich oder schriftlich bedanken kann.

Bewirtung und Tanz

Zunächst steht das leibliche Wohl im Vordergrund. An der Hochzeitstafel wurde mit Tischkarten eine Sitzordnung festgelegt. Den Ehrenplatz nimmt das Brautpaar in der Mitte einer Längsseite ein. Die Eltern sitzen dem jungen Glück zur Seite, gegenüber wird eventuell der Pfarrer platziert. Oder man lässt ihn beim Brautpaar und setzt die Eltern auf die gegenüberliegende Seite.

Während des Essens sind Reden üblich. Die Erste hält normalerweise der eventuell anwesende Pfarrer. Dann sind die Väter dran (siehe auch Humboldt Taschenbuch „Die schönsten Reden", ISBN 3-89994-957-9). Nach den wohlgesetzten Worten wird jeweils auf das Paar angestoßen.

Wenn später der Tanz beginnt, präsentiert sich das frisch gebackene Ehepaar zunächst allein mit einem Wiener Walzer. Anschließend sind die Braut und ihr Vater sowie der Bräutigam und seine Mutter dran. Dann folgt die Paarung Braut/Schwiegervater und Bräutigam/Schwiegermutter. Und endlich dürfen alle aufs Parkett. Der Bräutigam hat Pflichten und widmet sich der Damenwelt von den Müttern bis hin zu den Brautjungfern. Die geladenen Männer sorgen dafür, dass die Braut nicht zur Ruhe kommt. In manchen Gegenden ist es üblich, die Braut zu entführen. Der Bräutigam hat sie zu suchen und zu finden und bei den "Entführern" mit geistreichen Getränken auszulösen.

Manche Brautpaare entfliehen dem Rummel. Sie lassen ihre Gäste allein feiern und verschwinden direkt nach der Trauung oder etwas später auf Hochzeitsreise.

Kleidung

Ganz in Weiß zu heiraten, ist wieder "in", zumindest bei jungen Frauen, aber auch bei Männern. Das romantische Brautkleid erfordert vom Bräutigam aber mindestens einen dunklen Anzug, vielleicht sogar einen Frack (siehe Seite 137). Die Farbe weiß steht an diesem großen Tag allein der Braut zu. Es schickt sich nicht für andere Frauen, im weißen Outfit zu erscheinen. Generell passen sich die Gäste in ihrer Kleidung dem Stil der Hochzeit an. Heiratet das Brautpaar beispielsweise im Trachtenlook, ist für die mitfeiernden Damen ein festliches Dirndl nahezu zwingend.

Viele Paare treten lieber "farbenfroh" in den Stand der Ehe – sie beispielsweise im eleganten Kleid oder Hosenanzug, er im hellen Seidenanzug. Manche wiederum machen gar kein Aufheben um die Kleidung. Auch beim Heiraten ist heute eben erlaubt, was gefällt.

Hochzeitsgeschenke

Ein blutjunges Paar, das nichts besitzt und jedes Handtuch brauchen kann, ist ausgesprochen selten. Häufig leben Mann und Frau schon länger in "wilder Ehe", bis sie ihre Beziehung eines Tages legalisieren. Dann ist der Hausstand bereits komplett und die zehnte Blumenvase oder der dritte Toaster sind denkbar überflüssig. Überhaupt treffen Hochzeitsgeschenke selten den Geschmack des Paares und bereiten somit wenig Freude. Das kann weder im Sinn der Schenkenden noch der Beschenkten sein.

Haushaltswarengeschäfte bieten einen praktikablen Ausweg an: Das Paar sucht sich Wochen vor der Hochzeit bestimmte Gegenstände aus, die im Haushalt noch fehlen. Natürlich sollte die Auswahl nicht nur teure Artikel, sondern auch nette Kleinigkeiten beinhalten. Das Geschäft stellt alles zusammen, und die geladenen Hochzeitsgäste können ein Geschenk aussuchen, das garantiert gefällt.

Der Wunsch nach Geld- an Stelle von Sachgeschenken ist weit verbreitet, doch wie soll man ihn den Gästen nahe bringen? Ganz einfach: Geben Sie auf den Einladungen bekannt, dass Sie sich gern einen Gegenstand von bleibendem Wert (zum Beispiel ein Bild, einen Teppich usw.) als Erinnerung an das schöne Fest zulegen möchten und alle Gäste die Möglichkeit haben, anonym einen Obolus in ein aufgestelltes Sparschwein zu entrichten. Natürlich muss dieser Gegenstand später auch angeschafft und den edlen Spendern bei Gelegenheit vorgeführt werden.

Gemeinsame Trauer

Ein Todesfall ist einer jener raren Anlässe, die eine Familie – und sei sie noch so zerstritten – zumindest für kurze Zeit wieder vereint. Auch Freunde sowie nahe und sehr weit entfernte Bekannte treffen sich, um dem Toten das letzte Geleit zu geben. Besteht eine Verpflichtung, an einer Beerdigung teilzunehmen? Nein, und oft hört man die Ausrede: "Der Tote hat ohnehin nichts davon, wenn ich dabei bin." Stimmt, doch darum geht es nicht. Ausschlaggebend ist es vielmehr, den Hinterbliebenen in diesen schweren Stunden Beistand zu leisten.

Normalerweise sind es die nächsten Angehörigen, die sich mit der Organisation der Beerdigung befassen. Das meiste kann man einem Beerdigungsinstitut übertragen, doch einiges muss in Eigenregie erledigt werden. Unter anderem gilt es, möglichst schnell entsprechende Briefkarten (schwarz umrandet) an all jene zu verschicken, die unbedingt von dem traurigen Ereignis erfahren sollen. Angegeben werden der Tag des Ablebens sowie Datum und Ort der Beerdigung.

Gleichzeitig kann eine Einladung zum gemeinsamen Kaffeetrinken und/oder Essen im Abschluss an die Zeremonie ausgesprochen werden. Auch die Bitte, statt Kränze oder Blumen eine Spende an eine gemeinnützige Organisation (evtl. angeben) zu machen, ist möglich. In der örtlichen Tagespresse erscheint eine Anzeige mit dem Beerdigungstermin und gegebenenfalls einem Spendenhinweis.

Wer nicht zur Beerdigung kommt, schickt eine Beileidskarte oder schreibt einen Beileidsbrief (siehe Seite 38ff.) an jenen Hinterbliebenen, den man am besten kennt.

Sofern nicht ausdrücklich anders gewünscht, kann eine Gärtnerei beauftragt werden, einen Kranz oder ein Blumengebinde zum Friedhof (auf keinen Fall ins Haus der Hinterbliebenen!) zu schicken. Wichtig ist es, eine Karte beizulegen, damit später eine Danksagung erfolgen kann. Telefonanrufe sind normalerweise unerwünscht – es sei denn, eine nötige Unterstützung wird angeboten. SMS und E-Mails sind in jedem Fall unpassend.

Trauer verlangte früher rein schwarze Kleidung bei allen, die auf den Friedhof kamen. Das sieht man inzwischen nicht mehr so eng, denn wirkliche Trauer findet im Herzen statt. Trotzdem schickt es sich nicht, in Shorts und knallbuntem T-Shirt etc. am offenen Grab zu stehen. Gedeckte Kleidung ist angebracht.

Die Trauergemeinde begleitet den Sarg mit dem Verstorbenen zu dessen letzter Ruhestätte. An der Spitze des Trauerzugs gehen der Pfarrer und die nächsten Angehörigen. Dann schließen sich Verwandte, Freunde und Bekannte an. Alle versammeln sich am Grab und nehmen daran teil, wie der Sarg hinabgelassen wird.

Zuerst treten nacheinander die Angehörigen ans Grab heran. Männer werfen jeweils drei Schaufeln Erde auf den Sarg, Frauen einzelne Blumen oder kleine Sträuße. Genauso handeln anschließend alle anderen Trauergäste, die sich auf diese Weise von dem Verstorbenen verabschieden wollen.

Erst nach Beendigung dieser Zeremonie wird den nächsten Hinterbliebenen kondoliert. Man reicht den Trauernden die Hand, einander sehr nahe Stehende umarmen sich. Dabei kann es bei einem stummen Händedruck bleiben, denn er vermittelt oft mehr als Worte.

Üblich ist es, dass sich Verwandte und enge Freunde des Verstorbenen nach der Beerdigung zum gemeinsamen Kaffeetrinken oder Essen treffen. Diesen traditionellen Leichenschmaus finanzieren die nächsten Angehörigen.

Wenige Tage nach der Beerdigung müssen die Danksagungen verschickt werden. Man verwendet vorgedruckte, schwarz umrandete Karten und/oder stellt eine entsprechende Anzeige in die örtliche Tageszeitung. Wer nicht bei der Beerdigung war, verzichtet normalerweise auch auf einen Beileidsbesuch.

Früher dauerte die Trauerzeit mindestens ein Jahr. Die nächsten weiblichen Angehörigen trugen während dieser Zeit zunächst ausschließlich Schwarz und hellten ihre Kleidung gegen Ende nach und nach auf. Die Männer beschränkten sich auf schwarze Krawatten und ein schwarzes Band am Revers des Jacketts. Wir dürfen heute trauern, ohne dies durch Äußerlichkeiten kund zu tun.

Eine Lanze für Schwächere

Hilfsbereitschaft ist eine Selbstverständlichkeit – sollte man meinen. Viele Menschen sehen das so, doch mir scheint, es werden immer weniger. Lippenbekenntnisse gibt es freilich genug, nur mit der Umsetzung in die Praxis, da hapert es. Wenn es darauf ankommt, werden Augen und Ohren verschlossen, denn man hat gerade keine Zeit oder ist aus anderen Gründen verhindert. Jeder ist sich selbst der Nächste und vergisst dabei, dass garantiert auch er irgendwann die Hilfe anderer braucht.

Handeln - nicht wegsehen

Ein simples Beispiel aus dem Alltag, das Sie an jeder Treppe beobachten können, die von einer Unterführung oder vom U-Bahnhof etc. nach oben führt (oder umgekehrt). Da kommen Mütter mit Kinderwagen und stehen zunächst einmal vor einem stufenreichen Problem. Weil es keine andere Möglichkeit gibt, klemmen sie das Kleinkind unter den Arm und zerren irgendwie den Wagen hinter sich her. Eine mühsame Angelegenheit, die zahllose vorübereilende Männer (und Frauen) im besten Alter glatt übersehen. Dabei liegt nichts näher, als kurz mit anzufassen.

Ähnliches passiert an jeder x-beliebigen, stark befahrenen Straße, die eine ältere, gebrechliche Person, ein Behinderter oder auch ein Kind überqueren will. Von beiden Seiten rasen Autos vorbei, und es erfordert ein scharfes Auge sowie flinke Beine, eine Lücke zu nutzen. Als jüngerer Mensch tut man sich da leichter, und man sollte seine Hilfe anbieten. Aber bitte den Betroffenen nicht einfach am Arm packen und mitziehen! Sprechen Sie die Person freundlich an – zum Beispiel so: "Schlimm ist der Verkehr hier. Am besten, wir gehen zusammen hinüber." Oder: "Es ist ziemlich gefährlich hier. Wenn es Ihnen Recht ist, begleite ich Sie hinüber."

Pfadfinder, die bekanntlich jeden Tag eine gute Tat vollbringen sollen (warum eigentlich nur die?), trugen früher gern einer alten Dame die schwere Einkaufstasche nach Hause. Dieses gut gemeinte Ansinnen einer Fremden gegenüber ist heute wenig ratsam, könnte doch der gute Wille als getarnte Diebstahlabsicht ausgelegt werden. So etwas liest man schließlich bald täglich in der Zeitung. Alles spricht jedoch dafür, der schwer bepackten Nachbarin bzw. dem Nachbarn im Treppenhaus zu helfen. Nicht nur fragen "Geht's?", sondern zugreifen!

In voll besetzten öffentlichen Verkehrsmitteln ist jeder glücklich, der noch einen Platz ergattert. Früher war das etwas einfacher, denn Herren hatten für Damen, Kinder für Erwachsene aufzustehen. So ausschließlich wird das heute nicht mehr gehandhabt – zu Recht, wie ich meine. Ein Mann, der von der Nachtschicht heimfährt, ist wahrscheinlich mehr geschafft als die ausgeruhte junge Frau auf dem Weg zur Arbeit. Und so manches Kind fühlt sich nach fünf Schulstunden völlig abgeschlafft, während der Rentner einen gemütlichen Vormittag hinter sich hat. Doch dann steht da plötzlich jemand in der S-Bahn, dessen Füße ihn sichtlich kaum noch tragen. Die meisten Fahrgäste ignorieren das. Andere blikken verstohlen um sich, denn jetzt müsste ja eigentlich jemand aufstehen. Hoffentlich tut's der Nachbar, dann brauche ich nicht... Wenn Sie nicht selbst gebrechlich sind, dann handeln Sie - mit ein paar freundlichen Worten: "Bitte schön, setzen Sie sich auf meinen Platz."

Auf Bahnhöfen gab es früher den Gepäckträger, doch dieser Berufstand ist ausgestorben. Man kann froh sein, einen fahrbaren "Kofferkuli" zu finden, um das Hab und Gut zum Zug zu befördern. Schwere Koffer, sperrige Taschen – so mancher tut sich hart, das alles in den Wagon zu wuchten und dann im Abteil zu verstauen. Auf dem Sitz hat Gepäck logischerweise nichts verloren, es muss hinauf auf die Ablage. Wie nett also, wenn jemand höflich fragt "Darf ich behilflich sein?" und zupackt. Die Herren der Schöpfung sind hier besonders gefordert, doch auch Frauen springen ein, wenn Not am Mann ist.

Diese wenigen Beispiele ließen sich beliebig fortsetzen. Wer aufmerksam durch den Alltag geht, erkennt Situationen, wo Hilfsbereitschaft wichtig ist. Der trügerischen Hoffnung, dass schon ein anderer eingreifen wird, darf man sich nicht hingeben. Auch sollte niemand von vornherein sein Alter vorschützen oder gar das Argument, eine "schwache" Frau zu sein. Wer in der momentanen Situation stärker oder besser dran ist, hilft ohne Wenn und Aber.

Natürlich kann das Problem auch von der anderen Seite betrachtet werden: Was spricht dagegen, jemanden um Unterstützung zu bitten? Wenn die Mutter mit Kinderwagen den nächstbesten Mann anspricht "Würden Sie bitte kurz mit anfassen?", wird er das selbstverständlich tun. Die meisten Menschen sind nämlich im Grunde ihres Herzens hilfsbereit - man muss ihnen nur eine Brücke bauen.

Wenn andere anders sind

Bei einer Umfrage wären die Antworten wohl eindeutig: Die Mehrheit der Deutschen würde sagen, es komme nicht auf Hautfarbe und Nationalität an, sondern auf den Menschen. Im Alltag jedoch haben sich viele Leute noch nicht an unsere multikulturelle Gesellschaft gewöhnt. Ich will hier gar nicht von jenen obskuren Zeitgenossen reden, die ihre Abneigung gegen alles Fremde auf beschämendste Weise zum Ausdruck bringen. Mir geht es um gedankenloses Benehmen: Hat jemand eine andere Hautfarbe, wird er verhohlen oder auch ganz offen angestarrt. Auch unübersehbare körperliche Gebrechen – eine Hakennase, weit abstehende Ohren, ein Buckel usw. – sind häufig Anlass für Geflüster oder gar Gekicher. Erwachsene sollten es wirklich besser wissen. Kinder denken sich nichts dabei, doch sie können gar nicht früh genug darauf hingewiesen werden, dass sich so etwas nicht gehört.

Zu den Schwächsten in unserer Gesellschaft zählen Behinderte, und gerade sie verdienen unsere Solidarität. Wohlgemerkt – Behinderte wollen kein Mitleid, und sie möchten auch nicht mit Samthandschuhen angefasst werden. Erwünscht sind völlig normale zwischenmenschliche Kontakte, wobei die Gesunden selbstverständlich Rücksicht nehmen und bei Bedarf Hilfestellung leisten - aber ohne viel Aufgebens zu machen. Wenn Sie einem Blinden über die Treppe helfen wollen, dann packen Sie ihn nicht einfach am Handgelenk, sondern fragen Sie: "Darf ich Ihnen meinen Arm anbieten." Und sollte im Supermarkt ein Rollstuhlfahrer im engen Kassendurchgang hängen bleiben, dann helfen Sie beispielsweise mit den Worten: "Moment, ich räume das weg, dann geht's besser." Es fehlt uns allen an der Routine im Umgang mit Behinderten. Doch wir sollten die eigene Scheu und Unsicherheit überwinden, damit wir uns den Mitmenschen gegenüber absolut natürlich verhalten können.

Der gute Ton am Steuer

Das Auto ist nach wie vor der Deutschen liebstes "Kind". Es wird gepflegt und gepäppelt und gilt als Statussymbol Nummer eins. Doch so vornehm die Karossen auch glänzen, ihren Fahrern fehlt es häufig am notwendigen Schliff. Mit manchem geht der Gaul durch angesichts der Pferdestärken unter der Haube. Wo Geschwindigkeit keine Hexerei mehr ist, und man in der Anonymität verduften kann, bleiben Umgangsformen gar zu gern auf der Strecke.

Miteinander statt gegeneinander

Fehler am Steuer

Am übelsten, weil auch gefährlich, sind die gewohnheitsmäßigen Drängler. Sie fahren mit Vorliebe Respekt einflößende Nobelmarken oder haben am Heck die schnellen Buchstaben "GTI" etc. Vor allem auf Autobahnen sind die Drängler in ihrem Element: Von Weitem schon die Lichthupe rein, dann ran an die Stoßstange des lahmen Vordermanns. Und sollte der noch immer nicht die Bahn räumen, führt ja rechts ein Weg vorbei. 180 Sachen oder mehr hindern nicht daran, den "Vogel" zu zeigen oder andere eindeutige Handzeichen aus der Autofahrersprache anzubringen.

Eigentlich überflüssig auf der Straße sind auch die "Oberlehrer". Sie halten sich für die besten Autofahrer der Welt und betrachten es als ihre Aufgabe, alle anderen Banausen zu schulmeistern. Da wird stur mit haargenau 60 km/h auf der linken Spur gefahren, weil die Geschwindigkeitsbegrenzung das so will. Der Hintermann kann nicht vorbei, und das geschieht ihm Recht. Soll er lernen, anständig zu fahren. Muss das sein? Wenn der andere einen Strafzettel bekommt, dann trifft das doch nicht Ihren Geldbeutel.

Im Straßenverkehr sind tolerante, umsichtige Autofahrer gefragt, die nicht auf ihr Recht pochen, sondern mitdenken. Wenn alle Rücksicht nehmen und mit- anstatt gegeneinander fahren, rollt die Blechlawine viel zügiger. Blickkontakt kann Missverständnisse verhindern. Handzeichen dienen zum Beispiel dazu, einen anderen vor oder einscheren zu lassen. Ein Lächeln entschuldigt vieles und entkrampft so manche Situation. Denken Sie daran: Jeder hat mal "Mattscheibe" und ist dann froh, wenn der andere aufpasst. Im Laufe eines langen Autofahrerlebens gleicht sich dieses "Konto" immer wieder aus. Und wenn's doch mal kracht, seien Sie froh, dass nur Ihr Auto "zum Bügeln" muss. Schlucke Sie Schimpfworte hinunter, und regeln Sie die leidige Angelegenheit sachlich und höflich.

So manchem scheint das Auto einen Hauch von der großen Freiheit zu vermitteln. Welch ein Gefühl, sich im Cabrio den Wind um die Nase wehen zu lassen! Musik macht den Spaß perfekt, doch leider wird sie von anderen oft als störend empfunden. Wer unbedacht durch Wohngebiete fährt, sollte an die Lautstärke denken und vor allem nachts das Radio leiser drehen. Oder jener "starke Typ", der seine Ankunft vor dem Haus der Freundin grundsätzlich allen Nachbarn mit einem lautstarken Hupen kund tut. Steigt er aus, dann knallen die Autotüren. Auch dieser Zeitgenosse lässt es an Rücksicht fehlen. Und dann sind da noch jene, die den Motor nur höchst ungern abschalten. Er läuft, während sie Zigaretten aus dem Automaten ziehen, sich mit Freunden unterhalten, im Winter die Scheiben vom Schnee befreien usw. Dass dieses Verhalten ins Geld geht, interessiert hier nicht. Wohl aber, dass die Umwelt geschädigt, und die Lungen von Passanten und Anwohnern belastet werden.

Autoflirt

Von Auto zu Auto lässt sich's prächtig flirten. Mann und Frau fahren vielleicht längere Zeit hintereinander oder überholen sich immer wieder. Ein freundliches Lächeln hinüber und herüber, ein Winken beim Abschied – das kann eine öde Fahrt ganz unterhaltsam machen. Vor intensiverem "Anbandeln" jedoch sei gewarnt. Es gibt Männer, die verstehen es, eine Frau im Auto verkehrsgefährdend zu bedrängen – durch riskante Überholmanöver, Schneiden beim Einscheren, Nebenherfahren, dichtes Auffahren usw. Dieses Verhalten, meine Herren, raubt Ihnen garantiert jede Chance. Frauen können in solchen Fällen nur eines tun: Bei Gelegenheit abbiegen bzw. die nächste Autobahnausfahrt benutzen. Das kostet zwar Zeit, aber wenigstens nicht die Gesundheit oder gar das Leben.

Radfahrer und Fußgänger

Diese Verkehrsteilnehmer sind immer die Schwächeren. Deshalb verhält sich der Autofahrer gegenüber Fußgängern und Radfahrern besonders achtsam und rücksichtsvoll. Bevor Ihnen jemand ins Auto läuft, bremsen Sie lieber auch dann, wenn Sie Vorfahrt haben. Eine freundliche Handbewegung, der oder die andere kann die Straße ungefährdet überqueren. Nehmen Sie nach Möglichkeit Blickkontakt mit Fußgängern und Radfahrern auf, dann ist das Risiko von Missverständnissen geringer. Sind Kinder in der Nähe, müssen Sie mit allem rechnen. Sie sollten das Tempo reduzieren und stets bremsbereit sein. Fahren Sie langsam an Zebrastreifen heran, damit Fußgänger nicht in Panik geraten, und vermindern Sie die Geschwindigkeit stark, wenn Sie durch große Pfützen fahren müssen. Denn niemand dankt Ihnen eine Gratis-Dusche.

Fahrgäste im Auto

Wer sitzt wo?

Millionäre, die sich einen livrierten Fahrer leisten, sitzen selbstverständlich im Fond des Wagens. Wenn Sie sich dagegen als "Otto-Normalfahrer" selbst hinters Steuer klemmen, gilt der Platz rechts neben Ihnen als der beste. Im Klartext heißt das: Ihr Fahrgast lebt zwar vorn gefährlicher als auf dem Rücksitz, kann aber den Blick aus dem Fenster ungestört genießen. Falls Sie also den Chef, die Schwiegermutter oder sonst eine wichtige Person befördern, dann bitte vorn. Auch alte Leute, für die es selbst beim Viertürer beschwerlich ist, sich auf der Rückbank zu platzieren, sollten nach vorn gebeten werden. Lediglich bei Kindern unter zwölf Jahren geht Sicherheit über alles, und deshalb werden sie grundsätzlich nach hinten verbannt.

Die Ehefrau hat ihren angestammten Platz neben dem Fahrer. Sie weicht lediglich einem ausgesprochenen Ehren-Fahrgast oder dem betagten Onkel etc. Alle anderen Fahrgäste werden hinten verstaut. Fährt dagegen die Frau, darf der Mann weit weniger auf seinem Nebensitz "kleben". Er wird beispielsweise als höflicher Mensch diesen bequemen Platz nicht nur seiner Schwiegermutter, sondern auch jeder anderen mitfahrenden Dame anbieten.

Ein- und aussteigen

Wir Frauen haben ein Faible für Kavaliere. Und als Kavalier beweist sich ein Mann zum Beispiel dann, wenn er beim Ein- und Aussteigen ins Auto behilflich ist. So mancher Mann öffnet zwar einladend die Wagentür so weit wie möglich, eilt dann aber sofort auf seine Seite hinüber. Das ist selbstverständlich nur "die halbe Miete". Er soll, bitteschön, stehen bleiben, bis die Dame ihren Platz eingenommen hat und dann die Autotür gefühlvoll schließen. Nun gut, keine Frau muss darauf warten, so zuvorkommend behandelt zu werden. Sie darf auch eigenhändig die Autotür öffnen und einsteigen, ohne einen „faux pas“, also Fehler zu begehen.

Wenn das Auto hält, bleibt die Frau von Welt sitzen und rührt keinen Finger. Er springt heraus, sprintet um den Wagen herum und öffnet die Tür. Sie steigt aus in dem Bemühen, den Minirock nicht bis zum "Anschlag" hoch rutschen zu lassen. Anstatt die Beine anzustarren, reicht er ihr hilfreich die Hand und schließt, wenn die Damen endlich sicher steht, die Tür. Ganz ehrlich – dieses Zeremoniell halte ich vielleicht vor der Oper für angebracht, oder wenn der Bundespräsident zum Empfang lädt. Dass der Mann einer gebrechlichen Person - ob weiblich oder männlich - aus dem Fahrzeug hilft, versteht sich wohl von selbst (tue ich ja auch). Im Normalfall jedoch bin ich als Frau in der Lage, mich ohne männliche Unterstützung aus dem Auto zu befreien und die Tür wieder zu schließen. Das gilt für alle anderen gesunden Fahrgäste ebenso.

Generell sollte, wer Fahrgäste mitnimmt, zuvorkommend sein. Ob Fahrer oder Fahrerin, man öffnet den Gästen die Tür(en) des Wagens, wartet zumindest bei älteren Fahrgästen, bis sie bequem sitzen und hilft, falls nötig, beim Anschnallen und Schließen der Türen. Erst dann steigt man selbst ein. Zu den Unsitten zählt es, den Motor anzulassen, bevor die letzte Tür richtig geschlossen ist, und alle Fahrgäste angeschnallt sind.

Sicherheitsgurt

In Deutschland und vielen anderen Ländern herrscht Anschnallpflicht - nicht nur für den Fahrer bzw. die Fahrerin, sondern auch für die Fahrgäste vorn und hinten. Also achten Sie unbedingt darauf, dass diese gurten, bevor Sie spurten. In der Regel wird der freundliche Hinweis "Bitte, alle anschnallen" befolgt.

Taxi

Sie können es telefonisch vor Ihre Haustür bestellen, dann werden Sie (hoffentlich) pünktlich abgeholt. Sollte es erforderlich sein, dürfen Sie aber auch jederzeit ein Taxi auf offener Straße anhalten. Das Heben der Hand genügt, denn die Fahrer reagieren auf kleinste Gesten und bremsen oft für einen Fahrgast selbst dann, wenn hinten der gesamte Verkehr stockt.

Ob Sie als Einzelperson vorn oder im Fond einsteigen, bleibt Ihnen überlassen. Falls Sie sich gern mit dem Fahrer unterhalten, nehmen Sie den Beifahrersitz ein. Wenn Sie Ihre Ruhe wollen, wählen Sie den hinteren Platz. Ihr Hund, so Sie ihn dabei haben, bleibt auf jeden Fall im Fußraum. Hier hat selbst ein großer Vierbeiner Platz, wenn er sich vorübergehend ein wenig klein macht - ich habe das mit meinem Golden Retriever vielfach erprobt. Ihr Gepäck verstaut der Fahrer im Kofferraum und holt es später wieder heraus.

Während der Fahrt rauchen Sie niemals ungefragt. Andererseits brauchen auch Sie einen qualmenden Fahrer nicht zu ertragen. Ersuchen Sie ihn höflich, das Rauchen während Ihrer Anwesenheit einzustellen. Wird Ihnen unterwegs heiß (was nicht unbedingt am Fahrstil liegen muss), fragen Sie, ob Sie das Fenster öffnen dürfen. Sämtliche Knöpfe und

Schalter im Auto, also auch die des Radios, bleiben unangetastet. Missfällt Ihnen die Musik, dann bitten Sie wiederum freundlich, diese abzustellen. Denken Sie immer daran, dass Taxifahrer gute Ohren haben. Wenn Sie sich mit einem weiteren Fahrgast lautstark über Privates unterhalten, ist der Fahrer zum Mithören gezwungen. Und er empfindet das nicht unbedingt als angenehm.

War der Fahrer nett und behilflich, geben Sie ihm beim Bezahlen ein Trinkgeld. Meist rundet man den geforderten Betrag auf.

Was uns an anderen stört (und umgekehrt)

Feuchte Aussprache

Gelegentlich sprüht im Eifer des Gesprächs wohl jeder ein wenig um sich. Wer's selber merkt, entschuldigt sich beim Gegenüber, und die Sache ist erledigt. Manche Leute jedoch haben leider grundsätzlich eine feuchte Aussprache und können offensichtlich nichts dagegen tun. Dieser Umstand ist ihnen peinlich, und deshalb sollte man sie nicht immer wieder darauf aufmerksam machen. Es genügt, einige Zentimeter mehr Abstand zuhalten, schon ist man außer "Spuckweite".

Gähnen

Ein herzhaftes Gähnen mit knackendem Kiefer, vielleicht noch durch wolfsähnliches Geheul untermalt - wie gut tut das!

Allerdings sollten Sie sich diesen Luxus nur daheim im stillen Kämmerlein gönnen und niemals unter Menschen. Der aufgerissene Rachen mit Tiefblick ist nämlich alles andere als ein erfreulicher Anblick. Wenn Sie also den nicht unterdrückbaren Drang zum Gähnen verspüren, dann bitte lautlos und hinter vorgehaltener Hand. Und Sie wissen ja: Weil Gähnen bekanntlich ansteckt, lösen Sie in Gesellschaft wahrscheinlich eine Kettenreaktion aus.

Gähnen in der Öffentlichkeit sollten Sie vermeiden, auch wenn es schwer fällt. Es sei denn, Sie wollen bei Ihren Bekannten einen animalischen Eindruck hinterlassen.

Husten

Echten Hustenreiz zu unterdrücken, ist meist ein vergebliches Unterfangen. Versuchen Sie aber, in Gesellschaft so verhalten wie möglich zu husten. Dabei wenden Sie sich von Ihren Mitmenschen ab und halten die linke Hand vor den Mund.
Warum gerade die?
Es könnte ja sein, dass Sie kurz darauf jemanden begrüßen wollen, und dazu brauchen Sie eine "unverseuchte" rechte Hand.

Kratzen

Manche Leute kratzen sich ungeniert vor aller Augen an den unmöglichsten Körperstellen. Das fällt in unserem Kulturkreis äußerst unangenehm auf. Beliebt ist aber vor allem ausgiebiges Kopfkratzen, was von Beobachtern als äußerst unappetitlich empfunden wird. Sie sehen quasi die Flöhe springen...

Magenknurren

Vielleicht ist Ihnen das auch schon passiert: Sie sitzen in der Kirche, ringsum ist es andächtig still. Da plötzlich rumpelt laut und vernehmlich Ihr Magen. Das Gleiche geschieht ausgerechnet dann, wenn der Chef neben Ihnen am Schreibtisch steht und etwas erklärt. Sie versuchen durch Luftanhalten, heimliche Bauchgymnastik und ähnliche Tricks, den Unhold zum Schweigen zu bringen - vergeblich. Doch weil so etwas wirklich jedem gelegentlich passiert, hören die unfreiwilligen Zeugen hoffentlich taktvoll darüber hinweg. Tun Sie, als ob nichts wäre, oder gehen Sie - zum Beispiel gegenüber dem Chef - in die Offensive: "Mein Magen beschwert sich. Wird Zeit, dass es Mittagessen gibt."

Mundgeruch

Wer ihn hat, bemerkt ihn meistens nicht, doch die Umwelt reagiert ausweichend. Mundgeruch kann, so nicht Knoblauch oder Alkohol konsumiert wurden, viele Ursachen haben. Sie reichen von schlecht gepflegten Zähnen bis zum Magenleiden. Zumindest im Familien-, Freundes- und Kollegenkreis sollte man das Problem nicht totschweigen, sondern gelegentlich unter vier Augen zur Sprache bringen.

Nägelkauen

Auch Erwachsene tun das - und zwar meist dann, wenn sie nervös oder unter Anspannung sind. Langeweile und Desinteresse können ebenfalls Anlass zum Nägelkauen sein. Egal - es wirkt immer unappetitlich auf andere. Vielleicht wird das Abgewöhnen durch die Tatsache erleichtert, dass abgeknabberte Nägel kein schöner Anblick sind.

Nasebohren

Ob Kind oder Greis, dieser Beschäftigung scheinen alle Altersklassen zu frönen. Unbeobachtet kann jeder seine Finger nach eigenem Gutdünken benutzen, nicht jedoch in der Öffentlichkeit. "Öffentlich" ist man beispielsweise auch im Auto, denn durch die Fenster sehen andere Verkehrsteilnehmer zu. Es soll sogar Leute geben, die sich am Tisch oder im trauten Zwiegespräch als "Höhlenforscher" betätigen. Falls Ihnen solches in der Familie oder unter Freunden begegnet, kann eine anzügliche Bemerkung nicht schaden: "Schick mir eine Ansichtskarte, wenn du oben bist."

Schnäuzen, Niesen

Ein Schnupfen ist unangenehm, für den Leidenden und für die Mit-Leidenden. Um die tropfende Nase zu stoppen, ist Schnäuzen unerlässlich - aber bitte nicht wie ein Elefant trompeten. Am liebsten flüchten möchte man, wenn ein Verschnupfter das Stofftaschentuch herauszieht und es erst einmal ausschüttelt - da fliegen die Bakterien! Wirklich hygienisch sind nur Papiertaschentücher, die für jedes Schnäuzen frisch entfaltet werden. Ein gebrauchtes Taschentuch gehört nicht hinters Sofakissen, und man setzt sich auch nicht drauf. Der einzig wahre Platz ist in der eigenen Hosen-, Jacken- oder Handtasche.

Auch Niesen gehört zum Schnupfen. Manchmal kann man es durch rechtzeitiges Naseputzen abfangen, aber eben nicht immer. Kräftiges Niesen hat eine befreiende Wirkung, sagen manche. In Gesellschaft sollte es jedoch immer so leise wie möglich sein. Man wendet sich von anderen ab und vermeidet es tunlichst, über den Tisch oder in Richtung von Lebensmitteln zu niesen. Und natürlich hält man sich die linke Hand (siehe Husten), besser das Taschentuch vor. Verbreitet ist der Glaube, man müsse dem Schnupfengeplagten nach jedem Niesen "Gesundheit" wünschen. Weil das aber nichts nützt, kann diese Art der Aufmerksamkeit eher lästig wirken. Einmal ein fröhliches "Prosit" oder "Wohl bekomm's" sollte genügen, weitere Nieser registriert ein taktvoller Mensch nicht mehr.

Schweißnasse Hände

Aufregung, große Nervosität, Angst aber auch Freude und sonstige starke Gemütsbewegungen können bei jedem Menschen vorübergehend dazu führen, dass Handflächen urplötzlich stark schwitzen. Manchmal jedoch werden schweißnasse Hände durch eine psychische oder organische Störung verursacht.

Wie auch immer, der feuchte Händedruck ist für beide Beteiligten äußerst unangenehm. Wer sein Problem kennt, kann manchmal vorbeugen - zum Beispiel noch schnell die Hände waschen oder im letzten Moment unauffällig an der Kleidung abtrocknen, bevor man jemanden begrüßt. Vielleicht gelingt es aber auch, dem Händeschütteln mit einem herzlichen "Hallo" völlig aus dem Weg zu gehen. Unhöflich wäre es allerdings, eine entgegengestreckte Hand einfach zu übersehen.

Der "Empfänger" einer schweißnassen Hand lässt diese keinesfalls erschrocken los, sondern tut, als ob nichts wäre. Fürs nächste Treffen ist er vorgewarnt und verzichtet zumindest von sich aus auf das Begrüßungsritual. Doch selbstverständlich darf eine dargebotene Hand - und sei sein och so nass - nicht zurückgewiesen werden. Unter einander nahe stehenden Personen sollte es möglich sein, das Problem gelegentlich anzusprechen.

Schwitzen

Jeder Mensch schwitzt zum Beispiel bei Hitze oder ungewöhnlicher Belastung, das ist völlig normal. Unnormal ist es dagegen, wenn sich jemand nicht wäscht, offensichtlich einen Bogen um Seife und Deo macht und tagelang verschwitzte Kleidung trägt (siehe Seite 180). Das ergibt Körpergeruch, der andere die Nase rümpfen lässt. Sprechen Sie im Fall des Falles Familienmitglieder, Freunde und Kollegen auf dieses Problem an, aber natürlich unter vier Augen und auf einfühlsame Weise.

Spucken

Es gab eine Zeit, da stand in jeder guten Stube ein Spucknapf. Hatte der Herr des Hauses genügend Saft im Mund, zielte er in die betreffende Ecke - und traf, - oder auch nicht. Damit brauchen wir uns – Gott sei's gedankt - nicht mehr herumzuärgern. Wohl aber mit jenen Unverbesserlichen, die allüberall auf die Straße spucken. Das sieht nicht nur ekelhaft aus, sondern ist auch äußerst unhygienisch.

Lügen haben kurze Beine

Ganz ehrlich: Haben Sie noch nie gelogen? Wollen wir Ihre Antwort lieber nicht auf die Goldwaage legen. Allerdings warnt schon die Bibel davor, Unwahrheiten in den Mund zu nehmen. Doch gewisse Situationen des Lebens zwingen manchmal geradezu zu kleinen Schwindeleien. Also unterscheiden wir - Moral hin oder her - zwischen Lüge und Notlüge.

Es gibt notorische Lügner, denen man am besten nichts glaubt. Schon gar nicht das Versprechen, künftig nur noch die Wahrheit zu sagen. Für eine Freundschaft oder gar eine engere Bindung sind solche Menschen ungeeignet, da unerträglich.

Das Schwindeln ist eine deutlich abgemilderte Form des Lügens und soll als Mittel zum Zweck im äußersten Notfall gestattet sein. Nicht um die eigene Haut zu retten, sondern in erster Linie, um andere nicht in Verlegenheit zu bringen oder zu verletzen. Stellen Sie sich vor, Sie haben den Geburtstag Ihrer Mutter vergessen, und das fällt Ihnen am Morgen danach siedend heiß ein. Die Gedankenlosigkeit zuzugeben, würde der Mutter wehtun. Deshalb ist eine kleine Notlüge vorzuziehen: "Wann immer ich gestern versucht habe, dich anzurufen, war belegt." Oder: Eine Bekannte zeigt Ihnen überglücklich ein neues Kleidungsstück und fragt, ob es ihr stehe. Wenn Sie ehrlich verneinen, verderben Sie Ihrer Bekannten die Freude. Also sagen Sie lieber so etwas wie "Aha, gar nicht schlecht".

Der langen Rede kurzer Sinn: Ehrlichkeit ist ein feiner Zug, aber durchaus nicht immer und überall angebracht. Doch wenn Sie gelegentlich schwindeln, dann so, dass es niemand merkt. Sollten Sie erfahrungsgemäß bei der kleinsten Unwahrheit erröten, dann lassen Sie es besser. Auch darf eine Notlüge nicht widerlegbar sein. Wenn Sie beispielsweise eine Einladung ins Kino ablehnen, weil Sie angeblich todmüde sind, lassen Sie sich nicht am selben Abend putzmunter in einer Disco blicken.

Die Sache mit dem Taktgefühl

Takt - was ist das eigentlich? Das Lexikon spricht von „Feingefühl“ und „Rücksichtnahme“. Und genau das gilt es, im täglichen Umgang miteinander immer wieder zu beweisen. Taktvolles Benehmen bedeutet immer, dass man sich in andere hineinversetzt und Situationen richtig einschätzt. Meistens ist Taktlosigkeit nämlich gar keine böse Absicht, sondern Gedankenlosigkeit.

Wenn Sie also erkennen, dass eine Reaktion Ihrerseits - wie auch immer - eine andere Person in Verlegenheit bringen oder gar verletzen würde, dann halten Sie sich zurück. Ein taktvoller Mensch übersieht beispielsweise bei einer Einladung den Fleck auf dem Tischtuch oder im Theater die Laufmasche am Strumpf der Partnerin. Denn eine Bemerkung würde in diesem Moment nichts ändern, sondern lediglich der betroffenen Person die Unbefangenheit nehmen.

Manchmal jedoch bleibt nichts anderes übrig, als aktiv zu werden. Ich denke beispielsweise an jene Dame, deren Rocksaum hinten im Bund des Slips steckt, wenn sie von der Restauranttoilette kommt. Hier ist natürlich ein sachter Hinweis angebracht, aber unauffällig und eben mit dem nötigen Taktgefühl: „Entschuldigen Sie, ihr Rock...“ Mehr sollte es nicht sein, und man tut schnell so, als sei nichts gewesen.

Auch jene Missgeschicke, die so „unendlich“ peinlich sind, werden in keiner Weise hoch gespielt. Wenn ich beispielsweise in der Bar versehentlich das Bierglas meines Nachbarn umwerfe, wird dieser hoffentlich nicht mit Geschrei die Aufmerksamkeit des ganzen Lokals auf mich lenken, sondern die Angelegenheit taktvoll und in Ruhe mit mir regeln. Von Takt in seiner schönsten Form erzählt auch jene kleine Geschichte: Ein Mann öffnet im Hotel versehentlich die falsche Zimmertür, sieht sich einer splitternackten Frau gegenüber. Was sagt er? „Pardon, mein Herr" - und schließt die Tür.

Schadenfreude ist bekanntlich die schönste aller Freuden - und manchmal gewaltig taktlos. Wer auf der berüchtigten Bananenschale ausrutscht, verdient nicht auch noch hämisches Gelächter.

Gelegentlich kann es taktvoll sein, eine Notlüge zu gebrauchen, weil sie schonender ist als die reine Wahrheit (siehe Seite 61). Das gilt auch in Partnerschaften. Hier bleibt ohnehin das Taktgefühl im Laufe der Jahre nicht selten auf der Strecke. Da werden in Gesellschaft kleine Schwächen des Partners bzw. der Partnerin lächerlich gemacht oder einer kritisiert den anderen in aller Öffentlichkeit. Beliebt ist auch das Unterbrechen, um eine Erzählung zu verbessern oder auf Fehler hinzuweisen. Obwohl - hat das alles mit mangelndem Takt zu tun oder eher mit Unverschämtheit? Ich überlasse es Ihnen.

Gäste empfangen - Gast sein

Manchmal schneien Gäste aus heiterem Himmel ins Haus. Sie dann ohne triftigen Grund auf ein andermal zu vertrösten, wäre eine unverzeihliche Beleidigung. Außerdem: So jung kommt man nie mehr zusammen. Also ist Improvisationstalent gefragt, denn auch der Überraschungsgast ist König.

Einladung in aller Form

Wenn Sie ganz geplant Gastgeber/in spielen wollen, dann laden Sie Ihre Gäste zu einem bestimmten Zeitpunkt ein. Das kann persönlich bei einem Zusammentreffen oder auch telefonisch erfolgen: "Habt ihr (haben Sie) Lust, am Samstagabend bei uns vorbeizukommen?" So formlos werden die meisten privaten wie auch geschäftlichen Einladungen ausgesprochen.

Bei Ehepaaren gilt die Einladung grundsätzlich für beide Partner. Mit Unverheirateten ist das etwas schwieriger. Gehört beispielsweise zu Herrn Fröhlich ganz offiziell Frau Sommer, muss diese ebenfalls ausdrücklich eingeladen werden. Die Formulierung lautet dann etwa so: "Wir würden Sie gern zusammen mit Frau Sommer zum Abendessen einladen." Sind Herrn Fröhlichs Lebensumstände nicht bekannt, sagt man beispielsweise: "Sie können gern in Begleitung kommen."

Zu einem großen Fest wird am besten schriftlich eingeladen, mit der Bitte um Rückantwort (schriftlich oder telefonisch) innerhalb einer gesetzten Frist. Dafür hat jeder Verständnis, denn schließlich muss bei den Vorbereitungen die Zahl der Gäste berücksichtigt werden. Manche Gastgeber versehen die Einladungen mit geheimnisvollen Abkürzungen und stellen damit das Kombinationsvermögen ihrer künftigen Gäste auf eine harte Probe. Beliebt ist beispielsweise "u.A.w.g." Das bedeutet: um Antwort wird gebeten. "U.A.w.g. bis spätestens 1. Juni" ist noch exakter. Wer gern auf seine Lateinkenntnisse hinweist, schreibt "c.t." (cum tempore = mit Zeit). Das bedeutet für den kundigen Empfänger, dass er sich gern verspäten darf. Dagegen besagt "s.t." (sine tempore = ohne Zeit), dass pünktliches Erscheinen erwartet wird.

Da niemand gern falsch gekleidet zu einem Fest etc. kommt, sollte dem von Seiten des Gastgebers vorgebeugt werden. In der Einladung heißt es dann zum Beispiel "Abendkleidung erwünscht" oder im Karneval "Bitte maskiert erscheinen".

Einladungskarten gibt es vorgedruckt im Handel, doch am hübschesten sind natürlich die originell in Handarbeit oder am PC gestalteten aus eigener "Werkstatt". Ein Tipp zur Geburtstags- oder Faschingsparty:

einen Luftballon aufblasen, die Einladung mit wischfestem Filzschreiber drauf formulieren, die Luft aus dem Ballon lassen und ihn im Kuvert an die künftigen Gäste verschicken.

Wer möchte, dass möglichst alle Angesprochenen bzw. Angeschriebenen kommen, sollte rechtzeitig einladen. Heutzutage sind die Wochenenden oft auf lange Sicht verplant. Deshalb wendet man sich je nach Anlass zwischen drei und sechs Wochen vorher an die Leute. Liegt eine mündliche Einladung zum Tag X relativ weit zurück, rufen Sie besser ein oder zwei Tage vorher noch mal an: "Alles klar für morgen? Wir freuen uns." Denn es soll passieren, dass Einladungen "verschwitzt" werden, und die Gastgeber auf ihrem Menü für vier Personen sitzen bleiben.

Der Gastgeber rechnet damit, dass zum genannten Termin nur jene Personen erscheinen, die ausdrücklich eingeladen sind. Das heißt: Ohne vorher anzufragen, darf man als Gast nicht eigenmächtig andere Leute mitbringen. Einzige Ausnahme ist die Open-House-Party (siehe Seite 67). Selbst wenn Bekannte unangemeldet auftauchen, löst das nicht unbedingt helle Freude aus. Wer beispielsweise von einer Geburtstagsfeier erfährt und nicht eingeladen ist, hält sich selbstverständlich fern. Nur wirklich sehr enge Freunde dürfen davon ausgehen, dass ihr unverhofftes "Hereinschneien" eine freudige Überraschung bedeutet.

Wenn ein geladener Gast kurzfristig ausfällt, entsteht u.U. eine Lücke am Tisch, die sich nicht durch eine großzügigere Verteilung der Stühle schließen lässt. Vielleicht hat eine Dame plötzlich keinen Tischherrn mehr und sitzt allein unter lauter Paaren. Oder das Essen ist genau für vier Personen berechnet. Sollten Sie in eine solche Verlegenheit geraten, überlegen Sie schnell, wen Sie ersatzweise dazu bitten könnten. Fällt Ihnen jemand ein, dann machen Sie nicht den Fehler, Ihre Notlage zu verschweigen. Stellen Sie sich die Peinlichkeit vor, wenn Ihr Ersatzgast freudig auftaucht und dann erst vor Ort feststellt, dass er nur der "Lückenbüßer" ist. Geben Sie also lieber gleich zu: "Mir ist heute Abend ein Gast ausgefallen. Würdest du einspringen?"

Dazu wird eingeladen

Cocktailparty

Sie beginnt üblicherweise zwischen 17 und 18 Uhr, und das Ende ist meist festgesetzt – nämlich etwa zwei Stunden später. Die Gäste lassen sich Drinks und Cocktails schmecken und dürfen nicht auf mehr als kleine Häppchen hoffen. Im vornehmen Rahmen gibt es beispielsweise Kanapees, für ein zwangloses Beisammensein unter Freunden genügt auch ein Berg belegter Brote.

Empfang

Ob am späten Vormittag oder am Abend, der Empfang dauert "über den Daumen" nicht viel mehr als zwei Stunden. Die Gäste unterhalten sich meist stehend, denn es gibt – wenn überhaupt – nur wenig Sitzgelegenheiten. Man spricht deshalb auch vom "Stehempfang". Das Wichtigste sind die Getränke, darüber hinaus werden höchstens kleine Häppchen gereicht. In seltenen Fällen steht ein Buffet zur Verfügung.

Festakt

Zu dieser offiziellen Veranstaltung treffen sich viele geladene Gäste aus einem bestimmten Anlass. Vielleicht gilt es, ein Denkmal einzuweihen, einen Preis zu verleihen, die besonderen Verdienste einer Person oder Institution zu würdigen usw. Beim Festakt werden Reden geschwungen, und oft gibt es musikalische Darbietungen. Und weil das niemand durchstehen könnte, dürfen die Gäste sitzen. Dafür müssen sie meist auf Essen und Trinken verzichten.

Galadiner

Es wird immer aus gutem Grund zelebriert. Manche Hotels verwöhnen ihre Gäste einmal wöchentlich mit einem Galadiner, weil Sonntag ist. Ein gegebener Anlass kann auch ein Firmenjubiläum sein, eine goldene Hochzeit usw. In jedem Fall sollten die Geladenen vorher drei Tage fasten, denn das Menü besteht aus vielen Gängen (siehe Seite 101) sowie den passenden Getränken. Die Tische sind stilvoll gedeckt, und der gesamte Rahmen hat einen festlichen Charakter.

Jour fixe

Dieser "feste Tag" findet beispielsweise einmal pro Woche oder pro Monat statt, und die Teilnehmer wissen, was sie erwartet: nicht Essen und Trinken, aber vielleicht Klaviermusik, ein Tarot-Abend etc.

Party

Dieses zwanglose private Fest, oft mit Musik und Tanz, kann im Haus oder im Freien (Gartenparty – Grillparty) stattfinden. Fürs leibliche Wohl der Gäste wird mit Speisen und Getränken bestens gesorgt – und das ist nötig, denn eine Party endet oft erst sehr spät bzw. früh.

Wenn junge Leute knapp bei Kasse sind, laden sie zur Bottleparty ein. Das bedeutet, dass jeder Gast bzw. jedes Paar einen Naturalienbeitrag leistet. Die einen bringen Krautsalat, die anderen das Dessert usw. Allerdings ist eine exakte Absprache nötig, damit nicht fünf Schüsseln Kartoffelsalat auf dem Tisch stehen. Auch die Open-House-Party ist eher ein Fall für die Jugend. Der Begriff bedeutet: Jeder darf Leute mitbringen, denn auch ungeladene Gäste sind willkommen.

Feiern macht Spaß, das Aufräumen hinterher weniger. Wenn Freunde ihre Hilfe anbieten, dürfen sie beim Wort genommen werden. Wer sich später dann doch drückt, hat allen Grund zum Schämen.

Souper

Dabei handelt es sich um ein festliches Abendessen. Es muss durchaus nicht viele Gänge haben, aber die Speisen sind erlesen, und den Gästen wird ein perfekt gedeckter Tisch mit Kerzen, Blumen usw. präsentiert.

Zum Essen oder nur so?

"Kommt gleich nach dem Kaffeetrinken, damit ihr bis zum Abendessen wieder zu Hause seid", so lautet die schwäbische Einladung. In Wirklichkeit wird den sparsamen Schwaben damit Unrecht getan, denn sie sind genauso gastfreundlich wie andere Volksstämme auch. Man lernt jedoch daraus, dass der Hinweis aufs Kulinarische ausdrücklich erfolgen sollte. Denn andernfalls trudeln die Gäste sehr wahrscheinlich bereits ausreichend gesättigt ein und bringen kaum noch etwas runter. Wird in der Einladung das Essen nicht erwähnt, beschränkt sich die Bewirtung normalerweise auf Getränke und Knabbergebäck. Spezialisten jedoch können zwischen den Zeilen lesen und erkennen an der genannten Uhrzeit, ob voraussichtlich fürs leibliche Wohl gesorgt wird:

Pünktlichkeit

Was in dieser Beziehung erwartet wird, verrät oft schon die Formulierung der Einladung. Heißt es "Wir laden Sie herzlich zum Mittagessen um 12 Uhr ein", sollte der Gast unbedingt pünktlich sein. Wird er "ab 12 Uhr" eingeladen, kann er sich verspäten. Möglich ist auch eine Einladung, die Beginn und Ende der Festivität festlegt: "Wir würden uns freuen, Sie bei unserem Empfang von 11 bis 13 Uhr begrüßen zu dürfen." Wann der Gast innerhalb dieser Zeitspanne auftaucht, bleibt ihm überlassen. Hauptsache, er geht nicht viel später als 13 Uhr.

Für das Zuspätkommen wird allgemein die "akademische Viertelstunde" toleriert - mehr sollte es selbst dann nicht sein, wenn kein Essen in Aussicht steht. Wer aus irgend

tipp

- Eine Einladung zur Mittagszeit lässt selbstverständlich auf ein Mittagessen hofen.
- Eine Einladung für 15 oder 16 Uhr wird mit Kaffee und Kuchen in Verbindung gebracht. Um 17 Uhr gibt's meist Tee. Der Gastgeber muss allerding damit rechnen, seine Gäste nicht so schnell wieder los zu werden. Für diesen Fall ist es ratsam, vorsichtshalber einen gemeinsamen abendlichen Imbiss ins Auge zu fassen.
- Eine Einladung zwischen 18 Uhr und 19.30 Uhr bedeutet: Es gibt Abendessen. Ein späterer Zeit punkt lässt auf einen eher feucht fröhlichen Abend schließen.

welchen Gründen noch länger auf sich warten lässt, ruft zumindest kurz an und sagt Bescheid. Zu früh sollte der Gast allerdings auch nicht an der Haustür klingeln - die Gastgeberin steht womöglich noch unter der Dusche. Dann ist es schon besser, ein paar Minuten zu überziehen.

Möchten Sie ihre Gastgeber im Bad oder unter der Dusche erleben? Dann kommen Sie einfach zu früh. Das ist aber nicht immer gerne gesehen und bringt möglicherweise die Gastgeber in Verlegenheit.

Ablehnen - aber wie?

Nicht immer kommt eine Einladung gelegen. Einfach keine Lust zu haben, ist ein schlechtes Argument für eine Absage. Aber vielleicht hat man just am selben Abend schon etwas anderes vor. Jetzt muss abgelehnt werden – und zwar so, dass keine Verstimmung entsteht. Wenn Sie in diese Lage kommen, dann drücken Sie Ihr Bedauern aus, und begründen Sie Ihre negative Reaktion plausibel. Peinlich ist das Absagen einer bereits angenommenen Einladung, womöglich im letzten Moment. Um das zu tun, muss schon ein schwer wiegender Anlass vorliegen. Krankheit beispielsweise wird von jedem Gastgeber akzeptiert. Solche Absagen sollten immer mündlich und nur im äußersten Notfall schriftlich vorgenommen werden.

Bleiben noch jene hoffentlich seltenen Fälle zu klären, wo der Gastgeber so unsympathisch ist, dass man ihm nicht die Ehre erweisen will. Eine knallharte Ablehnung "Ich habe keine Lust" erhöht die Chance, für immer und ewig von der Gästeliste gestrichen zu werden. Weniger Porzellan zerschlägt eine Ausrede, die allerdings zügig und glaubhaft über die Lippen kommen muss. Ungeübte Schwindler verschaffen sich am besten einen zeitlichen Aufschub: "Ich muss erst meinen Mann fragen, ob er an diesem Abend frei ist." Ist er natürlich nicht. Die Gefahr besteht allerdings dann, dass die Einladung wiederholt wird. Unsensible Leute bemerken erst nach mehreren Ablehnungen, dass ihre Offerten unerwünscht sind.

Der Gastgeber selbst kann seine Einladung nur widerrufen, wenn quasi die Welt untergeht. Das heißt, es muss ein wirklich zwingender Grund (unvorhersehbare Geschäftsreise, Krankheit, Todesfall in der Familie etc.) vorliegen, um alles abzublasen. Wer lediglich eine einzelne Person auslädt, beleidigt diese normalerweise so sehr, dass der Kontakt für alle Zeiten beendet ist.

Wie du mir, so ich dir

Normalerweise verlangt jede Einladung eine Gegeneinladung auf gleichem Niveau. Denn natürlich geht es nicht an, den Abend mit Sekt und Kaviar durch Wiener Würstchen auszugleichen. Wer zu einer Party gebeten wird, berücksichtigt die Gastgeber demnächst bei einer eigenen Fete. Auch die Einladung zum Essen, zum Kaffee oder nur zum Wein am Abend erfordert eine entsprechende Revanche. Haben Sie dagegen jemandem einen Gefallen getan und werden als Dank eingeladen, sind Sie und Ihr Gastgeber quitt. Wenn der Chef seinen Angestellten, der Auftraggeber seinen Lieferanten etc. zum Abendessen bittet, müssen diese Gäste den Spieß nicht wenig später umdrehen. Man kann sagen: Eine Einladung sollte dann die Gegeneinladung nach sich ziehen, wenn beide Parteien das Gleiche Interesse aneinander haben.

"Das nächste Mal treffen wir uns dann bei uns zu Hause." Diese Worte dürfen beim Abschied nicht einfach dahingesagt werden, sondern verpflichten. Die Gegeneinladung muss erfolgen und zwar in einem angemessenen zeitlichen Abstand. Gleich das nächste Wochenende vorzuschlagen, wäre übertrieben. Schließlich hat man sich gerade einen Abend lang alles erzählt und braucht nun etwas Zeit, um neuen Gesprächsstoff zu sammeln. Doch länger als ein halbes Jahr sollte die Gegeneinladung normalerweise nicht auf sich warten lassen. Notfalls empfiehlt es sich, bei Gelegenheit kurz auf das Thema zu sprechen zu kommen und eine eventuelle Verzögerung zu begründen – frei nach dem Motto: Aufgeschoben ist nicht aufgehoben.

Besuche und Besuchszeiten

Gäste sind geladen, Besucher kommen unaufgefordert und bringen normalerweise weder Blumen noch ein Geschenk mit. Ob willkommen oder manchmal auch nicht, Besucher werden mit der üblichen Gastfreundschaft behandelt. Man bittet sie herein und bietet eine Kleinigkeit zu trinken an. Nicht erforderlich ist eine Einladung zum Essen. Allerdings verwandelte sich schon so mancher geplante Kurz-Besuch zum urgemütlichen Beisammensein, das improvisierte Mahlzeiten mit einbezieht. Meist haben Besucher einen triftigen Grund für ihr an- oder unangemeldetes Auftauchen, und demzufolge gibt es verschiedene Arten von Besuchen. Hier die gängigsten:

- Der Anstandsbesuch ist mehr oder weniger aus der Mode gekommen. Früher machte ihn beispielsweise ein junger Mann bei den Eltern sei ner Angebeteten, bevor er diese zum ersten Mal ausführte. Heute lernt man sich weitaus zwangloser kennen. Der Anstandsbesuch ist immer ein Akt der Höflichkeit.

- Der Übergang vom Anstands- zum Antrittsbesuch ist fließend. Es gehört sich beispielsweise, die direkten Nachbarn kurz aufzusuchen, wenn man eine neue Wohnung oder ein Haus bezieht.

- Der Beileidsbesuch nach einem Todesfall kostet etwas Überwindung, denn man empfindet eine gewisse Scheu, dem Trauernden gegenü ber zu treten. Doch sollte ein Beileidsbesuch ohnehin nur in Ausnah mefällen erfolgen (siehe Seite 51).

- Der Krankenbesuch ist eine Pflicht unter Verwandten und Freunden, denn jeder Kranke freut sich über Anteilnahme, Unterhaltung und Abwechslung. Ein Mitbringsel sollte sein – Blumen, Obst, Lektüre usw.

Vom richtigen Zeitpunkt

Wer jemanden besuchen möchte, sollte seinen "Überfall" zeitlich günstig legen. Unangemeldet steht man nur dann vor der Tür, wenn die Betroffenen mit größter Wahrscheinlichkeit nicht gerade beim Essen sitzen, den Mittagsschlaf halten oder sonst wie vorhersehbar beschäftigt sind. Als ideale Zeit für einen Besuch wird am Wochenende allgemein die Stunde zwischen 11 und 12 Uhr genannt. Ansonsten bietet sich der Abend gegen 18 Uhr oder 18.30 Uhr an.

Seitdem jeder Haushalt über ein Telefon verfügt, fehlt allerdings den unangemeldeten Besuchen die Notwendigkeit. Schließlich lässt sich niemand gern am verdienten Feierabend oder am Wochenende stören. Deshalb sollte nach Möglichkeit zumindest versucht werden, den Besuch vorher anzukündigen.

Manche Besucher entwickeln ein gewaltiges "Sitzfleisch" und strapazieren damit die Gastfreundschaft über alle Maßen. Ein Besuch sollte normalerweise nicht länger als eine halbe, höchstens eine Stunde dauern. Nur wer ausdrücklich zum Bleiben aufgefordert wird, darf seinen Aufenthalt ausdehnen. Es gilt, den "goldenen Mittelweg" zu finden zwischen dem Wunsch, möglichst schnell wieder zu verschwinden (Beileidsbesuch oder Krankenbesuch) und sich häuslich nieder zu lassen.

Geschenke erhalten die Freundschaft

Ein Gast kommt ungern mit leeren Händen, und überhaupt gibt es zahllose Anlässe, zu denen ein Geschenk fällig ist: Geburtstag, Namenstag, Muttertag, bestandene Prüfung usw. Zu den unverbindlichen Aufmerksamkeiten gehören Blumen für die Dame und eine "geistreiche" Flasche für den Herrn des Hauses. Dabei ist auch die umgekehrte Handhabung inzwischen möglich. Herren fühlen sich längst nicht mehr "auf den Schlips getreten", wenn ihnen ein Strauß überreicht wird. Und so manche Dame gibt einem edlen Tröpfchen gern den Vorzug vor Blühendem. Geeignet als Gastgeschenk sind des Weiteren Pralinen und andere hochwertige Süßigkeiten.

Geld und Gutschein

Geldgeschenke gelten allgemein als unpersönlich und einfallslos. Außerdem: Eine dekorative Glasschale beispielsweise kann äußerst kostbar wirken, und niemand sieht ihr an, dass sie nur zehn Euro gekostet hat. Dieselbe Summe in bar dagegen wird u.U. vom Empfänger als mager empfunden.

Vielleicht ist es trotzdem eine Überlegung wert, ob ein Geldbetrag in gewissen Fällen nicht doch sinnvoller wäre als ein x-beliebiger Gegenstand, den in Wirklichkeit niemand braucht. Der Enkel spart auf ein neues Fahrrad, die Nichte braucht "Kohle" für den Urlaub usw. Es müssen keineswegs immer 50-Euro-Scheine sein, auch kleineres Papiergeld kommt an - wenn man es originell verpackt. Dafür gibt es zahllose Möglichkeiten, und der eigenen Kreativität sind keine Grenzen gesetzt.

Das Gleiche gilt für einen Geschenkgutschein. Man kann ihn selbst phantasievoll gestalten, aus dem Internet beziehen oder notfalls auch vorgedruckt kaufen. Ausgestellt wird er entweder für ein bestimmtes Geschenk – für einen Theaterbesuch, eine Reise usw. – oder für eine Sache zum selber Aussuchen – ein Buch, ein Kaffeeservice, eine CD etc. Natürlich muss sich der Beschenkte darauf verlassen können, dass der Gutschein später auch tatsächlich eingelöst wird.

Wer gar nicht weiß, was man schenken soll, verschickt einfach einen Glückwunsch mit Gutschein von ausgewählten Anbietern im Internet. Der Beschenkte kann sich dann für den festgelegten Betrag beispielsweise ein Buch oder eine CD aussuchen.

Geliebte und ungeliebte Präsente

Eigentlich sollten Geschenke von Herzen kommen. Das wiederum setzt voraus, sich Gedanken über den Empfänger zu machen. Was könnte ihm gefallen oder schmecken? Hilfreich ist es, eine Geschenkliste anzulegen, in der festgehalten wird, was man bisher wem wann geschenkt hat. So lässt es sich vermeiden, dass eine Person drei Mal mit demselben Buch beglückt wird.

Grundsätzlich müssen Geschenke angemessen sein und dürfen zumindest vordergründig keine Gegenleistung erwarten lassen. Mit einem zu kostbaren Gegenstand kann man den anderen brüskieren. Beispiel: An einem Diamantarmband zum ersten Rendezvous hat die Angebetete u.U. schwer zu kauen, und sie lehnt es wahrscheinlich ab. Andererseits darf ein Geschenk auch nicht auf den ersten Blick als billiger Plunder zu erkennen sein. Obwohl vom ehemaligen Stuttgarter Oberbürgermeister Rommel folgender Satz überliefert ist: "Lieber zehn Minuten geschämt, als zu viel bezahlt."

Sinn und Zweck eines Geschenks ist es, Freude zu bereiten. Wenn das gelingt, macht Schenken richtig Spaß. Dass freilich nicht alle Gaben ein Volltreffer sind, weiß jeder aus leidvoller Erfahrung. Die Sammeltasse von Tante Agathe, der röhrende Hirsch von Onkel Fritz – solch geschmackvolle Gegenstände bewahrt man im Keller auf und findet sie hoffentlich wieder, wenn der edle Spender seinen Besuch ankündigt. Denn Geschenke verpflichten nun mal zum Freuen. Unmöglich, die Schachtel "Cognac-Bohnen" abzulehnen, bloß weil man sie nicht mag. Ein fröhliches "Dankeschön" ist fällig, alles andere wäre eine Beleidigung. Sehen Sie einfach in jedem noch so kitschigen Geschenk den guten Willen.

Wer still und heimlich plant, das ungeliebte Präsent bei Gelegenheit anderweitig an den Mann bzw. die Frau zu bringen, sollte vorsichtig sein. Ein ungeschriebenes Gesetz lautet, dass ein Geschenk niemals weitergegeben werden darf. Trotzdem gehen natürlich manche Gegenstände im Freundes- und Familienkreis von Hand zu Hand und landen gelegentlich auf wunderbare Weise wieder beim einstigen Urheber der Wandergabe.

Verpackung - ja bitte!

Ein "nacktes" Geschenk ist schön und gut, doch das Drumherum macht neugierig und weckt Vorfreude. Was verbirgt das Papier? Was steckt in der Schachtel? Zugegeben: Blumen in Klarsichtfolie müssen nicht sein. Ansonsten jedoch lege ich – in völliger Missachtung der Unkenrufe fanatischer Umweltschützer – nach wie vor Wert auf Papier und Band. Wie viel Spaß bringt doch das Auspacken! Und sparsame Naturen können ja alles Wiederverwertbare noch mal aufbügeln.

: ... was haben die Gäste alles an Geschenken mitgebracht? Nur Banausen reißen das Papier hastig ab. Machen Sie aus dem Auspacken ein Zeremoniell. Das Papier wird anschließend sorgfältig zusammengefaltet.

Wer ein verpacktes Geschenk überreicht bekommt, würde es natürlich am liebsten sofort öffnen. Die Ungeduld sollte jedoch noch etwas gezügelt werden, zumindest bis nach der Begrüßung. Wenn mehrere Gäste gleichzeitig erscheinen, werden die Geschenke gebührend beachtet und dann auf einem Tisch etc. in Sichtweite deponiert. Die Sachen einfach irgendwo abzulegen oder gleich verschwinden zu lassen, wäre unhöflich. In einer ruhigen Minute geht's dann ans Auspacken – vor den Augen der Gäste. Denn der schönste Dank für den, der schenkt, ist die Freude des Beschenkten. Lediglich bei großen Festen wie zum Beispiel Hochzeiten widmet man sich erst den Geschenken, wenn der Trubel vorbei ist (siehe Seite 49f.).

Nur gefühllose Banausen reißen das Papier hastig vom Geschenk, denn das Auspacken sollte eher einem Zeremoniell gleichen: Selbst auf die Gefahr hin, dass die Fingernägel brechen, wird zunächst das Band sorgsam aufgeknüpft. Eine Schere ist höchstens bei geknoteten Ringelbändern erlaubt. Man zieht schließlich die unvermeidlichen Klebestreifen vorsichtig ab und wickelt den Gegenstand aus. Das Papier wird nicht zerknüllt, sondern sorgfältig zusammengelegt – selbst dann, wenn es später doch im Papierkorb landet.

Blumen für die Dame

Mit Blumen kann man (fast) nichts falsch machen. Sie passen immer – von der Taufe bis zur Beerdigung. Meist bedeuten sie einfach eine nette Aufmerksamkeit, sie können aber auch Dank oder Entschuldigung ausdrücken, "gut' Wetter" machen, eine Liebeserklärung sein und vieles mehr.

Der "Blumenkavalier" (hier fehlt die entsprechende weibliche Form) sollte natürlich den richtigen Strauß zum jeweiligen Zweck wählen.

Papier-Problem

Blumen kann man von einem entsprechenden Dienstleistungsunternehmen (zusammen mit einer Grußkarte) überbringen lassen oder selbst überreichen. Im letzteren Fall stellt sich die Papier-Frage. Klarsichtfolie bleibt unangetastet, doch jede andere Umhüllung muss entfernt werden, bevor man die Blumen überreicht. Aber wohin mit dem Papier? Manche deponieren es im Briefkasten des Nachbarn, andere stecken das Überbleibsel in die Hosentasche. Warum so kompliziert? Sind die Blumen übergeben, fragt man höflich: "Wo ist denn bitte der Papierkorb?"

Schnittblumen haben immer Durst und brauchen schleunigst Wasser. Achtlos zur Seite gelegt, lassen sie bald die Köpfe hängen, und die

Schönheit ist dahin. Das wiederum verstimmt nicht zuletzt den Schenkenden, denn er hat den Strauß teuer bezahlt. Wer Blumen erhält, sollte sie möglichst umgehend in eine Vase stellen. Man entschuldigt sich mit diesem Hinweis kurz beim Gast oder beauftragt einen der anderen Anwesenden. Aufgestellt wird der Strauß dann nicht etwa irgendwo im Hinterzimmer, sondern so, dass ihn alle Gäste sehen und bewundern können.

Kommen - bleiben - gehen

Begrüßung

Der oder die Gastgeber bilden das Empfangskomitee, und das sieht in der Praxis so aus: Es klingelt, man öffnet die Eingangstür und bittet die Gäste sofort freudig herein. Rücksichtsvolle Gäste vergessen nicht, an Schlechtwettertagen den Schuhabstreifer zu benutzen. Für übertrieben halte ich es, die normalen Straßenschuhe im Flur auszuziehen. Ein Gast in Socken sieht irgendwie armselig aus und verursacht nicht selten allgemeines Naserümpfen.

Die Gäste werden aufs Herzlichste begrüßt man nimmt ihnen die Mäntel ab und freut sich über eventuelle Geschenke. Dann werden die Neuankömmlinge weiter komplimentiert und - falls erforderlich - mit bereits Anwesenden bekannt gemacht (siehe Seite 19f.).

tipp

- Rote Rosen beispielsweise - das weiß jedes Kind - haben etwas mit Liebe zu tun. Man schenkt sie der eigenen Frau, der Freundin, einer sehr guten Bekannten, vielleicht noch der Oma oder der Erbtante. Unpassend sind diese Blumen unteranderem für den Nach barn oder die Ehefrau des Chefs. Wenn Rosen in solchen Fällen, dann am besten weiße.

- Grundsätzlich gilt: Je ausgefallener der Blumenstrauß, desto besser kommt er an. Rosa Nelken reißen selbst Tante Hilda nicht mehr vom Hocker. Eine einzige exotische Blüte dagegen, von üppigem Grün umgeben, schin det Eindruck.

- Vorsicht geboten ist mit einigen stark duftenden Blumensorten. Im Wohnzimmer aufge stellt, verursachen sie leicht Kopfschmerzen beim Beschenkten und landen deshalb womöglich vorzeitig auf dem Kompost. Astern und Chrysanthemen sind zwar attraktiv, doch nicht für jeden Adressaten geeignet. Sie wer den noch vielfach als "Friedhofsblumen" angesehen und deshalb wenig geliebt.

- Auch die Größe des Straußes sollte wohl bedacht werden. Ins Krankenzimmer passt kein voluminöses Gebinde. Das macht viel eher als Gastgeschenk etwas her. Ein kleiner Veilchenstrauß im richtigen Moment zeigt oft mehr Wirkung als eine kostbare Orchideenrispe. Nichts spricht dagegen, eine einzige Blume zu verschenken. Wenn's mehr sind, dann mindestens drei, denn die lassen sich in einer Vase dekorativ arrangieren. Weiter aufwärts ist jede Zahl erlaubt und letztendlich nur eine Frage des Geldbeutels.

- Es müssen nicht immer Schnittblumen sein, auch grüne oder blühende Toppflanzen eignen sich als Gastgeschenk - nicht grundsätz lich, aber zum Beispiel bei der Wohnungsein weihung, oder wenn der Empfänger als Lieb haber solcher Gewächse bekannt ist. Kakteen sollte man nur bedingt mit bringen, etwa einem ausgesprochenen Sammler oder als gezielten Gag. Allzu leicht könnte die oder der Beglückte die Stacheln als Anspielung emp finden und ihrer- bzw. seinerseits die eigenen ausfahren.

Der Gast weiß, was sich gehört, und hält für die Begrüßung ein paar Dankesworte parat: "Wir haben uns sehr gefreut über Ihre Einladung/auf diesen Abend." Oder weniger konventionell: "Schön, dass wir uns endlich wieder sehen." Ebenso üblich wie überflüssig ist der Satz: "Du hast dir doch hoffentlich nicht zu viel Umstände gemacht.

Organisation

Bei einer Fete unter Jugendlichen wird viel improvisiert und meist wenig Aufwand betrieben. Man taucht irgendwann auf, trinkt, isst und tanzt nach Lust und Laune und verschwindet ohne viel Tamtam wieder von der Bildfläche. Bei gesetzteren Semestern verbindet sich eine Einladung jedoch mit gewissen Erwartungen. Um denen zu entsprechen, sind umfangreiche Vorbereitungen unumgänglich. Sie betreffen einfach alles – vom Begrüßungstrunk (siehe Seite 103) über den dekorativ gedeckten Tisch (siehe Seite 88f.), Speisen, Getränke und die musikalische Untermalung bis hin zu den frischen Gästehandtüchern auf der Toilette.

Wenn die Gäste klingeln, ist die Wohnung sauber und aufgeräumt und alles fix und fertig. Die Gastgeber haben hoffentlich noch Zeit gefunden, sich selbst in Schale zu werfen und stehen stressfrei an der Tür. Nach der Begrüßung wird die Gastgeberin häufig mit der gängigen Frage konfrontiert: "Kann ich dir etwas helfen?" Sie hat jedoch höchstens unter sehr guten Freunden ihre Berechtigung und wird ansonsten dankend abgelehnt – selbst dann, wenn die Dame des Hauses noch mal in die Küche muss, um letzte Hand anzulegen.

Verhalten als Gast

Der Gast ist bekanntlich König, doch das gibt ihm kein Recht zu Majestätsallüren. Wer wieder eingeladen werden möchte, zeigt Bescheidenheit, benimmt sich einwandfrei und ist diskret. Ein angenehmer Gast guckt nicht in Schubladen und respektiert geschlossene Türen – die zur Küche ebenso wie die zum Schlafzimmer der Gastgeber. Fahren Sie niemals prüfend mit dem Finger über ein oberes Bücherregal und untersagen Sie es Ihrem Hund, hinter einem Sofa zu schlafen. Mein Cocker tat das brav, wie es sich gehört – und kam Stunden später mit dicken "Staubmäusen" in den langen Ohren wieder zum Vorschein. Die Peinlichkeit ging zum Glück in herzlichem Gelächter unter.

Heikel aber wichtig: Das Toiletten-Thema. Eigentlich sollte es selbstverständlich sein, dass man ein "gewisses Örtchen" so ordentlich verlässt, wie man es vorgefunden hat. Trotzdem scheinen sich Sinn und Zweck einer Klobürste noch nicht überall herumgesprochen zu haben. Und dann die Männer: Viele sind nach wie vor der Meinung, ein gewisses Geschäft nur im Stehen verrichten zu können. Dass dabei immer etwas daneben geht, kritisieren Frauen seit eh und je ebenso wie männliche Singles, die selber putzen müssen. Die diesbezügliche Umerziehung der Männer ist in vollem Gange, wobei diskrete Hinweise guten Erfolg versprechen. Ich empfehle einen Aufkleber mit eindeutiger Grafik oder ein kleines Schild in der Toilette mit folgendem Text:

> **tipp**
>
> Liebe Männer!
> Im Sitzen
> tät's weniger spritzen.
> Was wär' der Nutzen?
> Ich müsst' weniger putzen.
> Drum bitte ich sehr:
> Setzt euch her.

Gäste über Nacht

Früher gebot es die Gastfreundschaft, den Gästen die Ehebetten zu überlassen. Diese großzügige Geste hat sich überholt. Steht ein Gästezimmer zur Verfügung, ist die Unterbringung ohnehin gesichert, doch kann man es den Gästen - je nach Alter - auch auf Sofas, Liegen oder Luftmatratzen bequem machen. Selbstverständlich werden frische Bettwäsche und frische Handtücher zur Verfügung gestellt. Einen täglichen Wechsel wie im Hotel erwartet dagegen niemand.

Gern gesehene Übernachtungsgäste bemühen sich, den normalen Lebensrhythmus ihrer Gastgeber so wenig wie möglich zu stören. Man spricht sich ab über die Benutzung des Badezimmers, wischt nach dem Duschen die Fliesen trocken, erscheint wie ausgemacht zum Frühstück usw. Gehen Gäste abends allein aus, braucht der Gastgeber nicht auf deren Rückkehr zu warten. Er stellt einen Hausschlüssel zur Verfügung und kann dann selbst der wohlverdienten Ruhe frönen.

Verabschiedung

Gehen, wenn's am schönsten ist – so sollte man es auch bei Einladungen halten. Ungeachtet dessen gibt es wunderbare Feste, die bis zum Morgengrauen dauern. Andererseits fällt es unendlich schwer, ein recht steifes Zusammensein nicht schon zu früh abzubrechen. Zumindest am Abend muss man je nach Art der Einladung zwischen drei und vier Stunden durchhalten. So wäre es beispielsweise unhöflich, gleich nach dem Essen zu gehen. Mittags ist das eher möglich, und auch der Kaffeebesuch darf kürzer ausfallen.

Für den Aufbruch gab es einst eine praktische Orientierung: Wenn sich der Älteste aus dem Kreis erhob, konnten es ihm die anderen nachtun. Heute darf sich auch der Jüngste zuerst verabschieden. Eine Faustregel gilt allerdings: Ist ein Ehrengast anwesend, sollte man warten, bis er das Signal zum Aufbruch gibt. Doch wer auch immer es tut, er oder sie sprengt meist die Runde. Denn macht jemand den Anfang, schließen sich andere an.

Das umgekehrte Problem bilden die ewigen "Hocker". Dem Gastgeber fallen längst die Augen zu, doch alle anderen sind quietschfidel. Wen würde es wundern, wenn der Hausherr zu fortgeschrittener Stunde ein Tuch über den Vogelkäfig breitet und wie folgt zum Wellensittich spricht: "du hast es gut, Hansi, du kannst schlafen, und wir haben noch so liebe Gäste." Nur selten wird ein solch zarter Hinweis verstanden. Auch der Erfolg des Mannes, der seine Frau aufforderte "Komm, Emma, lass uns zu Bett gehen, unsere Gäste sind müde" ist nicht dokumentiert. Bleiben im Grunde nur zwei praktikable Lösungen des Problems:

tipp

1. Man hält eisern die Augenlider offen und hofft, dass die Gäste ein gelegentliches Gähnen hinter vorgehaltener Hand richtig deuten. Möglich ist es auch, das Gespräch unauffällig auf Heimweg oder frühes Aufstehen zu lenken. Weniger bewährt hat sich das Öffnen von Fenstern und Türen, da hartnäckige Gäste lediglich enger zusammenrücken.

2. Unter guten Freunden und Verwandten führt Ehrlichkeit am schnellsten ins Bett: "Wir sollten demnächst Schluss machen, ich muss morgen schon um sechs Uhr aus den Federn."

Der Abschied sollte herzlich sein und wird immer begleitet von beiderseitigem Dank. Der Gastgeber würdigt noch mal das eventuelle Mitbringsel, bedankt sich für den Besuch und hofft (falls dem so ist!) auf ein baldiges Wiedersehen. Der Gast dankt für den schönen Abend, lobt Essen und/oder Getränke und stellt gegebenenfalls einen Gegeneinladung in Aussicht. Eine Verabschiedung zu später Stunde sollte besser hinter geschlossener Haustür stattfinden. Sind die Gäste noch hellwach und lustig, ist ein sanfter Hinweis auf die Nachtruhe der Nachbarn gestattet, bevor man die Leute hinaus begleitet. Die Gastgeber bleiben so lange draußen stehen, bis die Gäste außer Sicht sind.

Als nette Geste wird gewertet, wenn sich ein Gast am nächsten Tag telefonisch meldet: "Ich bin gut heim gekommen, und ich wollte mich noch mal für den gelungenen Abend bedanken."

Kinder, Kinder...

Höchste Zeit, wieder einmal Frau und Herrn Mustermann einzuladen. Sie haben zwei Kinder – eines geht in den Kindergarten, das andere in die erste Klasse – und keine Oma zum Babysitten. Also sind die Kinder mit von der Partie, und dies bedarf keiner extra Erwähnung, wenn es sich um ein Mittagessen oder ums Kaffeetrinken handelt. Gilt die Einladung für den Abend, sollten Sie über die Kinder sprechen oder – noch besser – die Mustermanns tun das von sich aus. Vielleicht kommen die

Kleinen mit und legen sich bei Ihnen im Gästezimmer aufs Ohr. Ältere Kinder, die bereits problemlos allein daheim bleiben können oder schon fast erwachsen sind, werden gegebenenfalls ausdrücklich mit eingeladen. Unterbleibt dies, erscheinen die Eltern zumindest zum Essen allein. Denn die Gastgeber haben sonst womöglich zwei Steaks zu wenig. Durchaus erlaubt ist aber die Frage im Vorfeld: "Dürfen wir unseren Marco mitbringen?" Das kann nie abgelehnt werden.

Oft gestehen Eltern ihren Kindern absolute "Narrenfreiheit" zu und sind Anhänger der antiautoritären Erziehung. In den eigenen vier Wänden interessiert das niemanden, wohl aber in einem fremden Haus. Früher hieß es in vornehmen Kreisen, dass man Kinder nur sehen und nicht hören sollte. Sie hatten am Tisch zu schweigen und auch dann, wenn Erwachsene redeten. Solch extreme Maßstäbe legt zum Glück längst niemand mehr an. Jeder Gastgeber freut sich, wenn Kinder aufgeschlossen sind und ihren Teil zur Unterhaltung beitragen. Wenn sie jedoch das große Wort führen, ist das ein anderes Kapitel.

Ich meine, Kinder nehmen keinen seelischen Schaden, wenn sie zu etwas Zurückhaltung aufgefordert werden. Dazu gehört unter anderem, dass in einer fremden Wohnung nicht herumgebrüllt und -getobt wird. Auch sollte Respekt vor der Intimsphäre gezeigt werden und ein Kind zum Spielen in jenem Bereich bleiben, der ihm zugewiesen wird – zum Beispiel im Wohnzimmer, im Flur oder im Garten. Schubladen und Schränke sind für Kinder ebenso tabu wie herumstehende, womöglich wertvolle Dekorationsgegenstände. Außerdem ist es nicht zu viel verlangt, dass Kinder ruhig am Tisch sitzen und - ihrem Alter entsprechend - appetitlich essen. Wohlgemerkt – für all das müssen die Erwachsenen sorgen, denn kein Kind kommt erzogen zur Welt.

Perfekte Gastgeber bemühen sich nicht nur um das Wohl der erwachsenen, sondern auch um das der kleinen Gäste. Man sorgt für Getränke und Speisen, die Kindern schmecken und bereitet alles für deren Beschäftigung vor: Spiele, Malutensilien, Lesestoff usw. Ein kleines Geschenk kommt bei Kindern immer an.

Mutter-Stress:

Gelegentlich unerträglich sind jene Mütter, die sich von ihren Kleinkindern tyrannisieren lassen - auch und gerade in Anwesenheit von Gästen. Kaum hat sich die Mama zum gemütlichen Plausch mit der Freundin niedergelassen, da brüllt der Sprössling aus Leibeskräften. Er schafft es mühelos, dass sich die Mutter ihm zuwendet, und für die Frauen wird eine Unterhaltung unmöglich. Jeder Gast versteht es, wenn sich eine Mutter gelegentlich um ihr Baby kümmern muss. Stört jedoch ein größeres Kind aus nichtigem Anlass ständig die Gesellschaft, dann gibt es dafür kaum eine Entschuldigung. Ich frage mich: Warum lassen sich Mütter das gefallen?

Dem Hunde, wenn er wohlerzogen...

...ist selbst ein weiser Mann gewogen. Das erkannte schon weiland Geheimrat Goethe. Deshalb ist Bello als Familienmitglied im Prinzip mit von der Partie, wenn Frauchen und Herrchen eingeladen sind. Man wird den Vierbeiner allerdings nicht ausgerechnet einem bekannten Hundefeind ins Haus bringen und auch dann daheim lassen, wenn der Gastgeber beispielsweise unter Allergien leidet.

Wenn ich eingeladen bin und meinen Hund mitnehmen möchte, frage ich selbstverständlich vorher an. Das kann ich guten Gewissens tun, denn ich schätze meinen Vierbeiner richtig ein und weiß, er benimmt sich einwandfrei. Ein Hund, der stiehlt, kläfft, den Leuten ständig zwischen den Beinen herumwuselt, bei Tisch bettelt, sich ins Bett oder aufs Sofa des Gastgebers legt, krank oder nicht stubenrein ist oder gar beißt, erhält Gesellschaftsverbot. Bello hat sich in fremder Wohnung oder auch im Restaurant auf den zugewiesenen Platz zu legen und erst dann wieder zu erheben, wenn es ans Verabschieden geht.

Hundehalter sollten beachten, dass man einen Rüden nicht ohne weiteres ins Revier eines anderen Rüden bringen darf. Auch bei Hündinnen ist Vorsicht geboten. Komplikationen sind unter einander fremden Tieren vorprogrammiert. Hält der Gastgeber selbst Katzen oder Kleintiere wie Hasen und Meerschweinchen, könnte das ein Grund sein, Bello besser zu Hause zu lassen. Wie unangenehm, wenn das Jagdfieber mit ihm durchginge...

Ein Gastgeber mit Hund sollte nicht davon ausgesehen, dass alle Gäste ebenfalls hundeerfahren sind. Wenn Bello am Gartentor oder hinter der Haustür tobt, würde wahrscheinlich so mancher Besucher am liebsten gleich Fersengeld geben. Gäste dürfen sich vom Hund des Hauses in keiner Weise belästigt fühlen. Natürlich wird Bello normalerweise die Begrüßung erlaubt - aber freundlich, leise und zurückhaltend. Überschwängliche Begeisterung, die sich gelegentlich in Hundepfoten auf den Schultern und einer nassen Schnauze im Gesicht ausdrückt, findet selten Gegenliebe. Zeigt der Gast gar Angst, muss der Hund auf Abstand bleiben. Auf dem Sofa hat Bello nichts zu suchen, denn dort sitzt der Gast und findet wahrscheinlich Hundehaare auf dem Anzug unerfreulich. Und wenn's zum Essen geht, bleibt der brave Hund auf seinem Platz. Der Gast wiederum widersteht eisern dem traurigsten Spanielblick und verkneift es sich, die gute Erziehung zu untergraben und das Tier vom Teller zu füttern.

Grundsätzlich meine ich: Wer eine Einladung in ein Haus mit Tieren annimmt, muss diese auch akzeptieren. Im Rahmen seiner Möglichkeiten wird der Gastgeber jede Rücksicht walten lassen. Sie kann jedoch nicht so weit gehen, dass ein gut erzogener Hund oder die Katze in den

Keller gesperrt werden, nur weil die Tiere dem Gast vielleicht ein Dorn im Auge sind.

Vierbeinige Begleitung erwünscht

Darf ein Hund mit ins Restaurant oder ins Hotel? Ich frage dagegen: Warum denn nicht? Der Manager eines großen, erstklassigen Hotels in Südtirol erklärte mir kürzlich: "Hunde sind uns herzlich willkommen. Sie klauen keine Messer, bemalen nicht die Zimmerwände, brennen keine Löcher in Tischdecken, verwenden Badetücher nicht zum Schuheputzen usw."

Mein Hund ist mein Begleiter. Seine Erziehung erlaubt es, ihn in jeder Situation an meiner Seite zu haben. Ich kann mich absolut auf seine Freundlichkeit gegenüber anderen Menschen verlassen, und er wird niemanden belästigen oder sonst irgendwie unangenehm auffallen. Zugegeben - nicht alle Hunde sind so. Es gibt Vertreter der bellenden Art, die kläffen im Restaurant herum, sitzen auf die Bank, schnappen nach dem Kellner und nächtigen im Hotelbett. Das prangere ich an, denn unter solchen Unarten haben anständige Hundehalter – und das ist die Mehrheit - zu leiden. Ich wehre mich aber gegen Sippenhaft. Soll ein Wirt oder ein Hotelier doch jenen die Tür weisen, die sich daneben benehmen.

Keinerlei Verständnis habe ich für jene Menschen, die sich am bloßen Anblick eines braven Hundes stören und dumme Bemerkungen parat halten. Hunde haben ihren Platz und eine wichtige Funktion in unserer naturfernen Gesellschaft. Wer das nicht so sieht, sollte zumindest Toleranz üben.

Verewigung im Gästebuch

„Was des einen sein Uhl (= Eule), ist des anderen sein Nachtigall“, sagt ein altes Sprichwort, und es lässt sich voll und ganz auf das Gästebuch anwenden. Das nämlich versetzt nahezu jeden Gast in Panik, denn ihm wird schier Unmögliches abverlangt: Nach einem gelungenen Abend soll er quasi im Handumdrehen etwas Intelligentes von bleibendem Wert niederschreiben. Der Gastgeber wiederum betrachtet das Gästebuch als wertvolles Dokument, das die Erinnerung an schöne Stunden ein Leben lang wach hält, immer wieder mit Vergnügen durchgeblättert und natürlich auch stolz vorgezeigt werden kann. Ist der heutige Gastgeber allerdings morgen selbst irgendwo Gast, wandelt sich auch seine Verhältnis zum Gästebuch schlagartig.

Trotzdem: Gästebücher scheinen zeitlos und unausrottbar zu sein. Also lernen wir, damit umzugehen. Wer dichten kann, der schüttle einen Zwei- oder Mehrzeiler aus dem Ärmel und schinde damit Eindruck.

Künstlerisch Begabte dürfen auch eine schnelle Zeichnung beisteuern.

Wem die Fantasie versagt, der schreibe schlicht und ergreifend: "Es war schön - wie immer - und ich komme wieder." So oder so ähnlich, mit Datum und Unterschrift. Routinierte Partygänger legen sich ohnehin einen gewissen Fundus an Gästebuch-Sprüchen zurecht (z.B. aus einem Humboldt Taschenbuch, ISBN 3-89994-831-9). Wie auch immer: Erledigen Sie die leidige Angelegenheit sofort, und versuchen Sie besser nicht, das Buch "bis zum nächsten Mal" zu entführen. Erstens wird erfahrungsgemäß sowieso nichts aus dem versprochenen Eintrag. Zweitens weiß das der Gastgeber und rückt seinen Schatz deshalb nicht heraus.

Ringt sich ein Gast mehr oder weniger freudig zum Eintrag durch, sollte man dem Schreiberling wenigstens nicht über die Schulter blicken. Das hemmt jeden Geistesblitz. Klappt der Gast das Buch nach getaner Arbeit zu und gibt es so zurück, wird an die Diskretion des Gastgebers appelliert. Er unterdrückt alle Neugier und liest erst nach, wenn der Gast gegangen ist.

Weit unproblematischer ist die Gästeliste. Sie liegt bei großen Gesellschaften am Ein- bzw. Ausgang parat, und es genügt, wenn jeder Anwesende seinen Namen einträgt. Dies erleichtert dem Gastgeber später eventuelle Danksagungen.

Wir bitten zu Tisch

Wann essen wir was?

Frau Huber isst drei Mal täglich: Um neun gibt's Frühstück, um zwölf Uhr Mittagessen und um 18 Uhr Abendessen. Und weil sich dieser Rhythmus über Jahre hinweg eingespielt hat, knurrt Frau Hubers Magen pünktlich wie die Uhr. Ein hoher Prozentsatz der Deutschen setzt sich täglich drei- bis vier Mal (einschließlich Nachmittagskaffee) an den gedeckten Tisch. Doch neben den Standard-Mahlzeiten gibt es weitere Gelegenheiten, sich's schmecken zu lassen.

Frühstück mit Variationen

Die Zeiten fürs Frühstück sind variabel, doch meist wird es nach dem Aufstehen eingenommen. Manche Leute allerdings frühstücken schon vorher im Bett. Wer sehr früh aus den Federn muss, also beispielsweise um fünf oder sechs Uhr morgens, belässt es nicht bei diesem einzigen Frühstück. Es folgt gegen neun oder halb zehn das Zweite, etwas deftigere, für das manche Firmen sogar extra eine Arbeitspause bewilligen. Die Bayern machen Brotzeit, bei den Schwaben wird gevespert.

Auch das sog. Gabelfrühstück wird um diese Zeit eingenommen. Und während man zum normalen Frühstück u.U. nur ein Messer für die Butter etc. braucht, ist beim Gabelfrühstück grundsätzlich auch die Gabel erforderlich. Es kommen nämlich unter anderem kleine, warme Speisen auf den Tisch - Schinken mit Ei, überbackener Käsetoast usw.

Das Katerfrühstück findet nach einer durchzechten Nacht statt - und zwar dann, wenn man endlich mit bleiernen Gliedern und womöglich schwerem Kopf aus dem Bett gekrochen ist. Ein komplettes Katerfrühstück beinhaltet unter anderem starken Kaffee, frischen Orangensaft, Rollmöpse, Essiggurken, andere saure Kleinigkeiten und eventuell eine Aspirin-Tablette.

Das Sektfrühstück ist - genau genommen - ein vorgezogenes Mittagessen, bei dem es nach dem Sekt nur das Feinste vom Feinen an Speisen gibt. Zum Sektfrühstück laden beispielsweise Brautpaare ein zwischen elf und zwölf Uhr.

Ein Frühstücksbuffet vereinfacht das den Service und lässt den Gästen schon am Morgen die angenehme Qual der Wahl, denn ein erstklassiges Buffet ist immer ein "lukullischer Donnerschlag". Von der Konfitüre über Wurst, Käse und Eiern mit Speck bis hin zu diversen Müslis und frisch zu mahlenden Getreidesorten, Joghurt, Quark und Obst bleibt kein Wunsch unerfüllt. Eine umfangreiche Auswahl an Brot und süßem Gebäck ist selbstverständlich. Neben den traditionellen Getränken (Kaffee, Tee, Milch und Kakao) dürfen Fruchtsäfte (in erster Linie Orange und Grapefruit) nicht fehlen. Der Gast kann sich guten Gewissens "durchfuttern" und den Teller auch mehrmals füllen. Nicht gern sieht es dagegen der Gastronom, wenn Proviant für den ganzen Tag eingepackt wird.

Frühschoppen

Er findet meist im Gasthaus statt und beginnt zwischen zehn und elf Uhr vormittags. Das traditionelle Getränk ist Bier, dazu gibt es bei Bedarf eine deftige "Brotzeit" und weltverbessernde Gespräche. Die Bayern haben den Vorzug, den Frühschoppen an schönen Sommertagen in einen Biergarten verlegen zu können.

Brunch

Dieses Wort ist ein künstliches Gebilde, das sich aus dem englischen breakfast (Frühstück) und lunch (Mittagessen) zusammensetzt. Und wirklich bedeutet es, dass diese beiden Mahlzeiten zusammengelegt und entsprechend üppig eingenommen werden. Ein Brunch beginnt normalerweise um elf Uhr vormittags und zieht sich hin bis etwa 14 Uhr. Geboten wird alles, was Herz und Gaumen begehren, also kalte und warme Speisen. Man hat Zeit und isst sich genießerisch durch bis zu dem Moment, wo der Schwabe sagt: "Jetzt wär's halt gut, wenn der Buckel auch noch Bauch wäre." Ideal für den ausgedehnten Brunch im größeren Kreis ist ein Buffet, an dem sich die Teilnehmer selbst bedienen oder bedient werden.

Mittagessen

In unseren Breiten ist es die Hauptmahlzeit des Tages. Gegessen wird üblicherweise in der Zeit von zwölf bis 13 Uhr. Restaurant-Küchen machen meist um 14 Uhr dicht.

Kaffee- und Teezeit

Sie beginnt um 15 Uhr, man kann aber auch um 16 Uhr noch einladen. Später wird zumindest Kaffee oft nicht mehr so sehr geschätzt, da der Muntermacher womöglich zu lange wirkt und die Nachtruhe stört. Die Sitte des Fünf-Uhr-Tees stammt von den Briten und wird auch hier zu Lande gelegentlich praktiziert.

Abendessen

„Frühstücke wie ein König, iss mittags wie ein Bauer und abends wie ein Bettelmann.“ Dieser Rat unserer Altvorderen hat einen tieferen Sinn, denn tatsächlich kann uns ein opulentes Mahl am Abend um den Schlaf bringen. Die Speisen belasten den Magen und drücken erbärmlich. Deshalb wird normalerweise zu Hause schon zwischen 17 und 19 Uhr gegessen. Anders im Restaurant. Hier beginnt zwar der Service vielfach auch um 18 Uhr, doch das Gros der Gäste erscheint erst zwischen 19 und 21 Uhr. Man will sich kulinarisch verwöhnen lassen, schätzt die Geselligkeit und dehnt den Abend gerne aus. Üblich ist es, dass Restaurant-Küchen nur bis 22 Uhr warme Speisen zubereiten.

Buffet

Die Schlacht an demselben ist sprichwörtlich und aus dem Leben gegriffen. Da steht mittags oder abends das kalte (oder auch warme) Buffet wie ein Miniatur-Schlaraffenland und steigert den Appetit der Betrachter ins Unermessliche. Doch wehe dem, der auch nur ein Gürkchen nascht, bevor offiziell zur Eröffnung geblasen wurde. Kaum fallen die unsichtbaren Schranken, stürzen alle gleichzeitig los – und in wenigen Minuten ist die Pracht dahin. Da wird das Unterste nach oben gezogen, und die Teller quellen über, als gäbe es anschließend drei Wochen nur noch trocken Brot. Die Ur-Angst, nicht die besten Stücke zu erwischen, gewinnt bei vielen die Oberhand.

Muss erst noch betont werden, dass man sich anstellt und nicht vor- oder von hinten nachdrängt? Die Köstlichkeiten aller Art sollten so achtsam von Platten und aus Schüsseln genommen werden, dass sich auch dem Nachfolgenden noch ein appetitliches Bild bietet. Randvolle Teller zeichnen weniger den Gourmet als vielmehr den Gourmand, den maßlosen Vielfraß, aus. Also lieber zwei oder drei Buffet-Gänge, dagegen ist nichts zu sagen. Jeder Gastgeber schätzt sich nämlich glücklich, wenn möglichst wenig übrig bleibt.

Imbiss

Er ist weitgehend zeitlos, und das heißt: Zum Imbiss kann vormittags, am frühen oder am späten Abend geladen werden. Falls Ihnen das widerfährt, werden Sie kein mehrgängiges Menü erwarten, sondern ein kleines kaltes oder warmes Essen. Meist ist es von eher deftiger Natur – Erbsensuppe, Würstchen mit Kartoffelsalat, Pizza, belegte Brötchen usw. Wenn Sie Glück haben, können Sie den Imbiss im Sitzen einnehmen. Andernfalls essen Sie im Stehen und hoffen, dass zumindest Servietten sowie Abstellmöglichkeiten fürs leere Geschirr vorhanden sind. Darauf sollten Gastgeber unbedingt achten.

Picknick

Dieses Vergnügen findet im Freien statt und lässt sich deshalb nur in der warmen Jahreszeit veranstalten. Bewaffnet mit Körben und Taschen voll kulinarischer Leckerbissen und Getränke geht es hinaus an den Waldrand, auf eine Wiese oder an einen See. Dass bei einem Picknick die üblichen Tischsitten weitgehend "unter den Tisch" fallen dürfen, ergibt sich aus den Umständen. Manche Leute jedoch zelebrieren nach dem Motto "Vornehm geht die Welt zu Grunde" ein Edel-Picknick mit Damast-Decke, feinem Porzellan und Bleikristallgläsern. Das andere Extrem - Pappteller und -becher - sollten Sie erst gar nicht in Erwägung ziehen, denn damit wird unnötig Müll produziert. Schaffen Sie sich für solche Gelegenheiten billiges Geschirr an, bei dem auch mal etwas zerbrechen darf.

Wes Geistes Kinder auf der grünen Wiese schmausten, wird allerdings erst beim Verlassen des Platzes klar: Rücksichtsvolle Menschen packe ihren Abfall restlos ein und nehmen ihn mit nach Hause.

Der Tisch - geschmackvoll gestaltet

“Wo sich Mund und Magen laben, soll das Auge auch was haben“ -und das am besten schon, bevor die Speisen aufgetragen werden. Ein geschmackvoll gedeckter Tisch weckt Vorfreude und macht Appetit. Dabei kommt es gar nicht in erster Linie darauf an, ob Geschirr und Gläser vom Nobel-Anbieter stammen oder preisgünstig irgendwo im Schlussverkauf erstanden wurden. Wichtig ist der Gesamteindruck des Arrangements, das zu einem wesentlichen Teil von der richtigen Platzierung der zahlreichen Einzelteile sowie von dekorativen Elementen wie Servietten, Kerzen und Blumen bestimmt wird.

Service - Bestecke - Gläser

Tafelservice

Zur Grundausstattung (aus Porzellan oder Keramik) gehören Suppenteller bzw. Suppentassen mit Unterteller, große flache Teller, kleine flache Teller (Abendbrotteller), Salatschüsselchen, Suppenterrine, Sauciere, Fleischplatte, Schüsseln für Beilagen sowie eventuell Salz- und Pfefferstreuer. Ein komplettes Service umfasst noch einige Teile mehr (siehe Grafik Seite 90). Wer zumindest gelegentlich ganz nobel decken will, schafft sich zum Stil passende Platzteller (aus versilbertem oder vergoldetem Metall, Porzellan oder Glas) an, auf denen die Speiseteller besonders gut zur Geltung kommen.

Kaffee- und Teeservice

Zur Grundausstattung gehören Tassen mit Untertassen, Kuchenteller (ca. 16 cm Durchmesser), Kaffee- bzw. Teekanne, Milchkännchen und Zuckerdose (alles in Porzellan oder Keramik). Empfehlenswert ist außerdem eine passende Kuchen- oder Tortenplatte. Natürlich kann man Kaffee und Tee aus denselben Tassen trinken, doch wer's genau nimmt, weiß: Kaffeetassen sind höher und schmäler als die eher schalenartigen Teetassen. Entsprechend unterscheiden sich auch die Kannen: für Kaffee hoch, für Tee niedriger und breiter. Kenner werden für die beiden Getränke auf jeden Fall unterschiedliche Kannen verwenden. In einer richtigen Teekanne setzt sich nämlich sog. Patina ab, die beim Spülen nicht entfernt werden sollte, weil sie den Geschmack des Tees positiv beeinflusst. Empfehlenswert für Kaffee- und Teetrinker ist ein Stövchen. Es sieht hübsch aus und hält die Getränke auf dem Tisch über längere Zeit ausreichend warm. Dass auch Kaffee- und Teeservice weiter ausbaufähig sind, zeigt die Grafik Seite 91.

Bestecke

Das "Werkzeug"-Sortiment ist enorm umfangreich, wobei die Spezialbestecke den Ton angeben (siehe Seite 91/92). Für den Alltag und gelegentliche Gäste genügt jedoch nach meiner Erfahrung eine begrenzte Auswahl: Suppenlöffel, Gabeln, Messer, Kaffeelöffel, Kuchengabeln, Suppenschöpfer, Gemüselöffel, Saucenlöffel, Salatbesteck, Fleischgabeln und Tortenheber. Gute Dienste in allen möglichen Fällen leistet eine Servierzange. Fischfreunde werden sich Fischbestecke samt praktischem Fisch-Vorlegebesteck zulegen. Überhaupt sollte, wer häufig ausgefallene Spezialitäten isst, dafür besteckmäßig ausgerüstet sein.

Fragen Sie Ihren Geldbeutel, welchem Material er bei der Besteck-Anschaffung den Vorzug gibt. Natürlich erheben versilberte, echtsilberne oder gar vergoldete Bestecke jeden Tisch zur Tafel. Aber sie kosten eine Stange Geld und sind zudem ziemlich unpraktisch. Mit der Zeit laufen sie nach wie vor an und müssen somit geputzt werden. Bestecke aus Edelstahl dagegen brauchen keine besondere Pflege. Sie sind längst in den besten Häusern eingeführt, spülmaschinentauglich und zudem preisgünstiger.

Foto: © WMF

Tafelservice

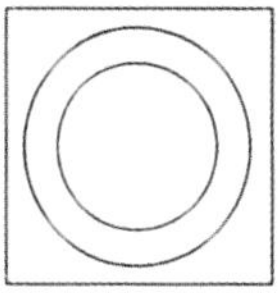

Gourmetteller, flach, 29 cm

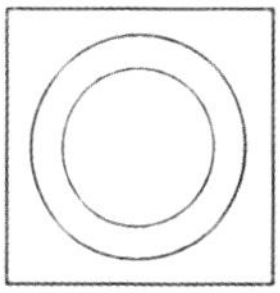

Teller, flach, 16/20/26 cm

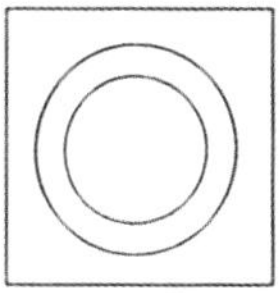

Teller, tief, 24 cm

Suppentasse

Terrine

Ragout-schüssel

Sauciere

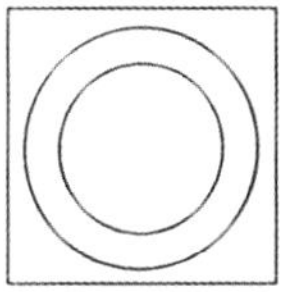

Platte, flach, rund, 32 cm

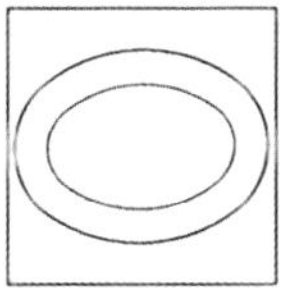

Platte, oval

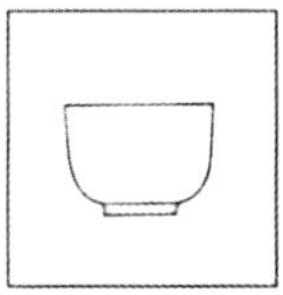

Salatschüssel

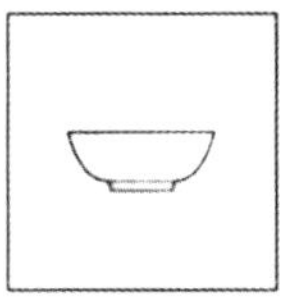

Beilagenschale

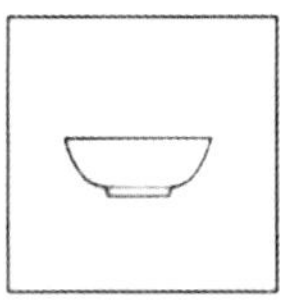

Salatschälchen

Quelle: Hutschenreuther, Selb

Kaffee- und Teeservice

Kaffeekanne

Teekanne

Zuckerdose

Milchgießer

Kaffeetasse

Teetasse

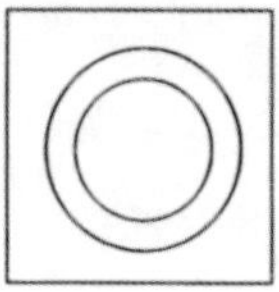

Teller, flach, 16 cm

Espressotasse

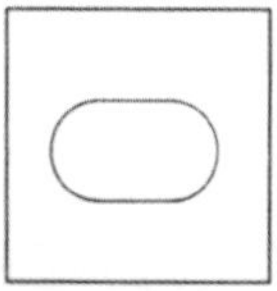

Tablett für Zucker und Sahne

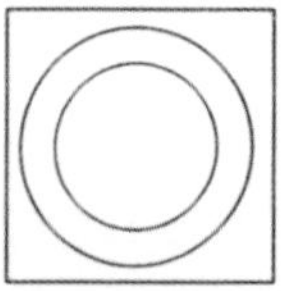

Kuchenteller, 29 cm

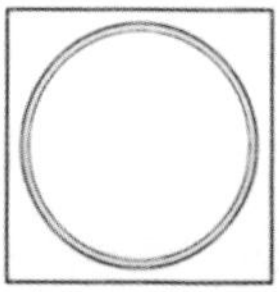

Tortenplatte, 32 cm

Königskuchen-platte

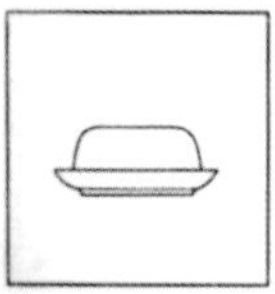

Butterdose

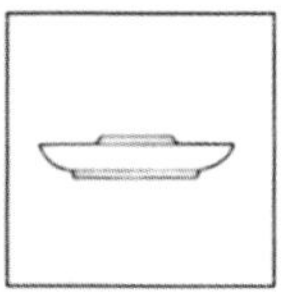

Eierbecher mit Unterteil

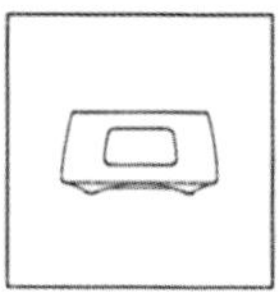

Stövchen

Quelle: Hutschenreuther, Selb

Bestecksortiment I

Quelle: Württembergische Metallwarenfabrik, Geislingen

Besteckssortiment II

Bowlenlöffel
Gebäckzange
Grapefruitlöffel
Nußknacker
Sardinenheber
Schneckenzange
Schneckengabel
Servierzange
Spargelheber
Tomatenmesser
Dessertlöffel
Dessertgabel
Dessertmesser
Bratenbesteck
Butter- und Käsebesteck
Eierlöffel
Eiszange
Fischbesteck
Geflügelschere
Tortenmesser
Salatbesteck
Zuckerzange

Gläser

Sie bringen funkelnden Glanz auf den Tisch, und natürlich verlangt nahezu jedes Getränk nach einer speziellen Glasform. Wer da kein Vermögen los werden will (vor allem Kristallgläser sind sündhaft teuer), beschränkt sich auf ein Grundsortiment: Wassergläser, Biergläser, am besten farblose Gläser für Rot- und Weißwein, Sektgläser, Schnapsgläser, Cognacschwenker, eventuell Likör- und Sherrygläser – damit ist so ziemlich jeder Eventualfall abgedeckt.

Gläser-Sortiment

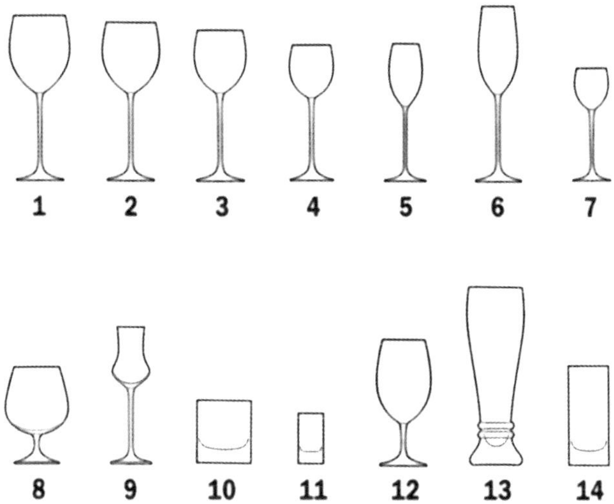

1 Wasser
2 Rotwein
3 Weißwein
4 Südwein
5 Sherry
6 Sekt
7 Likör
8 Cognac
9 Grappa
10 Whisky
11 Schnaps
12 Pils
13 Weißbier
14 Bier

Quelle: Schott-Zwiesel-Glaswerke

So wird perfekt gedeckt

Einerseits gilt es, beim Tischdecken feste Regeln einzuhalten. Sie betreffen in erster Linie die notwendigen Utensilien sowie deren Anordnung und haben sich vielfach über Jahrzehnte in der Praxis bewährt. Andererseits darf der Tisch sehr individuell gestaltet werden, wobei vor allem die Dekoration eine Rolle spielt.

Tischdecke

Sie kann, muss aber nicht sein. Ein schöner, roher Holztisch ist manchmal Unterlage genug, um rustikales Geschirr zur Geltung zu bringen. Praktisch sind Platz-Sets, auf denen Teller & Co. arrangiert werden. Leider entpuppen sich die kaufbaren Standardgrößen oft als etwas zu klein für ein komplettes Gedeck inkl. Gläser. Bleibt somit die Tischdecke, die immer einen Hauch von Eleganz vermittelt. Man kann eine zusätzliche, farblich abgestimmte Mitteldecke auflegen oder attraktive Tischbänder verwenden. Allerdings müssen Tücher jeder Art frisch gebügelt (ohne Faltknicke), absolut fleckenfrei und ohne Löcher sein. Leider scheitert an diesen Voraussetzungen nicht selten der gute Eindruck.

Gedeck

Sämtliche Gedecke am Tisch werden einheitlich gestaltet und so angeordnet, dass keine Person zum „Außenseiter" wird. Die Gedeck-Regeln sind für Rechtshänder ausgelegt. Früher erwartete man von Linkshändern, dass sie sich gefälligst der Norm anpassten. Inzwischen wird auch der "Linksdrall" akzeptiert. Ein aufmerksamer Gastgeber, der seine Gäste gut kennt, deckt bei Bedarf auch Linkshänder-gerecht.

Und so sieht der Aufbau eines Gedecks aus: Sofern vorhanden, bildet der Platzteller die Basis für alles Kommende. Ein Deckchen aus Stoff oder Papier auf dem Platzteller dient weniger der Zierde, sondern soll das Verkratzen der Oberfläche verhindern. Auf diese Unterlage werden nun die Teller für sämtliche Gänge gestellt. Sollten Salatschüsselchen nötig sein, stehen diese links oben neben dem Teller bzw. dem Platzteller.

Das Besteck wird für alle Menü-Gänge aufgelegt und zwar von außen nach innen zum Teller hin in jener Reihenfolge, wie die Gänge zu erwarten sind. Als Faustregel gilt: Die Besteckteile liegen so, wie sie benötigt werden - links die Gabeln (mit den Zinkenspitzen nach oben) für die linke, rechts die Messer (mit der Schneide zum Teller) sowie die Löffel für die rechte Hand. Hier einige Beispiele:

Aufteilung der Gedecke an verschiedenen Tischen

4 Personen

4 Personen

4 Personen

3 Personen

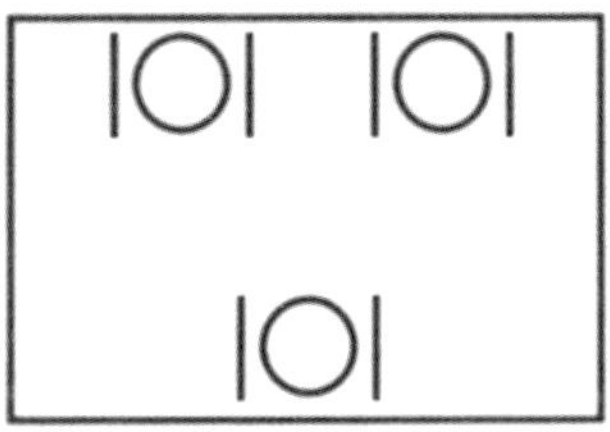

6 Personen

Plazierung der Bestecke

Version A

Version B

Version für
1. Vorspeise,
Fischgang,
Hauptgang

Spaghetti-Gedeck

tipp

- Stehen Suppe, Hauptgericht und Dessert in Aussicht, gibt es a) eine rechtslastige und b) eine symmetrische Aufdeck-Möglichkeit:

  Version a) Man platziert rechts neben dem Teller von innen nach außen zuerst die Gabel, dann das Messer, dann den Suppenlöffel. Dessertlöffel bzw. Dessertgabel können sich anschließen, obwohl beide erst zum Schluss benötigt werden. Oder man legt diese Teile oberhalb des Tellers quer. Der Stiel zeigt jeweils nach rechts.

  Version b) Die Gabel wird links, das Messer rechts neben den Teller gelegt. Rechts neben dem Messer hat der Suppenlöffel seinen Platz. Der Dessertlöf fel oder die Dessertgabel werden quer oberhalb des Tellers mit dem Stiel nach rechts platziert.

- Gibt es lediglich eine Suppe, genügt der Löffel rechts neben dem Teller bzw. der Suppentasse. Erfordert ein kleines Gericht – zum Beispiel ein gemischter Salat - kein Messer, liegt die Gabel statt links diesmal rechts neben dem Teller. Logisch, denn man benützt sie auch mit der rechten Hand. Wer den Umgang mit langen Spaghetti perfekt beherrscht, kommt mit einer Gabel aus. Weniger geübte brauchen zusätzlich einen Löffel (siehe Seite 116f.), und der liegt dann rechts neben der Gabel.

- Werden mehrere Gänge serviert, so müssen normalerweise zumindest die Bestecke für die erste Vorspeise und den eventuellen Fischgang von vornherein aufliegen. Die rechtslastige Version scheidet dann aus praktischen und optischen Gründen aus, also finden links die diversen Gabeln, rechts die Messer ihren Platz. Auch der Suppenlöffel kommt nach rechts. Falls jedoch die Suppe gleich in der Tasse serviert wird, kann der Löffel auf dem Unterteller liegen. Das Dessertbesteck wird erst zum Dessertgang auf gelegt.

Kaffee-Gedeck

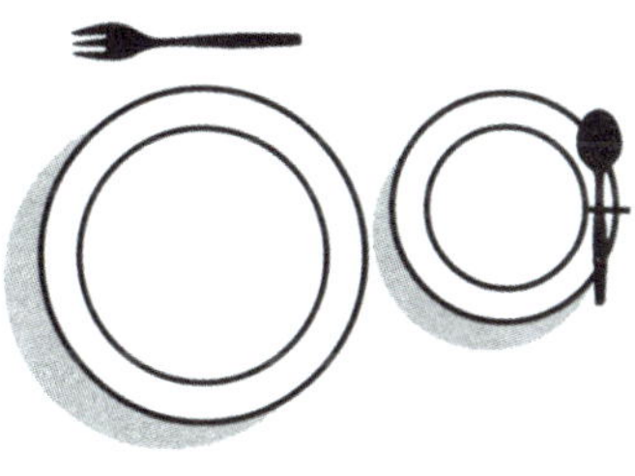

Servietten

Ohne sie wäre ein Gedeck nicht komplett. Am edelsten wirken natürlich Stoffservietten, farblich abgestimmt auf die Tischdecke. Wegen des Wasch- und Bügelaufwands sind Papierservietten inzwischen weit gebräuchlicher, wobei es von dieser Kategorie stoffähnliche aber relativ teure sowie dünne und dafür billige gibt. Stoff- und dicke Papierservietten lassen sich dekorativ falten. Man stellt die kleinen Kunstwerke dann zum Beispiel auf oder neben den Teller. Festlich wirkt es, wenn Servietten in Weingläser oder dekorative Ringe drapiert werden. Und wem zu diesem Thema gar nichts einfällt bzw. wer es schlicht und sachlich liebt, der falte die Serviette zu einem Dreieck und lege sie über den Teller oder rechts daneben unter das Besteck.

Papierservietten werden grundsätzlich nur für ein Essen bzw. nur für einen Gang verwendet und dann erneuert. Stoffservietten halten mindestens ein ganzes Menü durch. Wenn in einer Familie jeder seine eigene Stoffserviette hat, kann diese auch länger zum Einsatz kommen. Zur Unterbringung zwischen den Mahlzeiten bietet sich eine Serviettentasche an. Eine derartige Lösung ist u.U. auch für Gäste interessant, wenn diese mehrere Tage bleiben. Die Tasche wird jeweils rechts neben dem Gedeck platziert. Dass stark angeschmutzte Servietten auszutauschen sind, leuchtet jedem ein.

Tischdekoration

Sie erfordert Fingerspitzengefühl und ein sicheres Gespür für Farbharmonie. Eine Faustregel lautet: lieber weniger schmückendes Beiwerk als zu viel.Verständlich, dass eine zusätzliche Dekoration über das

tipp

- Blumen machen sich immer gut, aber: Der voluminöse Strauß hat auf dem Tisch nichts verloren. Schließlich wollen sich die Essensteilnehmer nicht ständig "durch die Blume" unterhalten. Ideal sind niedrige Gestecke oder wenige Blüten in kleinen Väschen. Blumen sollten der Jahreszeit entsprechen und einen erfreulichen Farbtupfer bilden. Topfpflanzen sind für die Tischdekoration weitgehend ungeeignet.

- Kerzen bringen Stimmung und zaubern ein warmes Licht. Ausladende Leuchter eignen sich freilich nur für große Tafeln. Ansonsten wird man kleinere Kerzen oder auch hübsche Öllampen wählen. Es muss ohne Verbrennungsgefahr möglich sein, Schüsseln mit Speisen herumzureichen. Bitte keine Duftkerzen bzw. -öle verwenden, denn sie erfreuen nicht alle Nasen und vertragen sich u.U. schlecht mit dem Geruch der Speisen.

Genannte hinaus dem Gesamteindruck eher schadet. Ausnahmen gibt es natürlich bei bestimmten Anlässen wie Kinderparty, Silvesterfeier,

Faschingsfete usw. Da heiligt der Zweck die Mittel: Ob Konfetti, Papierschlangen oder Luftballons – alles ist erlaubt.

Essen und Trinken mit Genuss

Speisefolge im Menü

Ein normales Menü besteht aus Suppe, Hauptgericht und Dessert und ist in relativ kurzer Zeit zu bewältigen. Zu besonderen Gelegenheiten werden jedoch umfangreichere Menüs aufgetischt, und das Essen kann sich über Stunden hinziehen. Wie viel Gänge ein Menü hat und wie es aufgebaut ist, bleibt der Kreativität des Kochs bzw. der Köchin überlassen, doch mehr als acht bis zehn sprengen jegliches Aufnahmevermögen. Ein sog. Galadiner wird meist mit sechs bis acht Gängen zelebriert, wobei natürlich jedes einzelnes Gericht eine Mini-Portion darstellt. Das wird oft mit Bedauern vermerkt, wenn die kleine Köstlichkeit gar zu gut schmeckt.

Wichtig ist, die Gänge nicht Schlag auf Schlag einander folgen zu lassen. Jede Speise soll für sich gewürdigt werden, und dazu bedarf es einer gewissen Muße zwischendurch. Das Tüpfelchen auf dem i ist der exakt auf jeden Gang abgestimmte Wein. Freilich brauchen Sie nicht Glas für Glas zu leeren, doch es fällt oft schwer, der Verführung zu widerstehen.

Den Auftakt zu einem mehrgängigen Essen bildet der Aperitif. Dabei handelt es sich normalerweise um ein "geistreiches", wenn auch nicht allzu hochprozentiges Getränk: ein Martini, ein Sherry, ein Campari etc. Wer möchte, kann natürlich auch alkoholfrei bleiben. Sinn und Zweck des Aperitifs ist es, den Magen und den Gaumen auf die kommenden lukullischen Genüsse einzu-

tipp

Ein großes Menü ist wie ein perfekt komponiertes Musikstück: Es fängt leise an, steigert sich zum Höhepunkt und klingt dann angenehm aus:

1. Das Essen beginnt mit einer Kleinigkeit, die den Gaumen kitzelt und neugierig macht auf das, was nachkommt. Dieses Appetithäppchen, im Fachjargon Amuse-gueule genannt, braucht nicht mehr zu sein als ein winziges Stück Pastete, eine halbe gefüllte Tomate, eine Weißbrot-Dreieck mit raffiniertem Aufstrich o.ä.

2. Wer sich amüsiert Appetit geholt hat, darf die kalte(n) Vorspeise(n) erwarten. Von der Melone mit Schinken bis zum Krabbencocktail liegt alles im Bereich des Möglichen.

3. Im Anschluss folgt die Suppe. Als Bestandteil eines umfangreichen Menüs sollte sie von leichter Art, also klar sein.

4. Als Nächstes sind die warmen Vorspeisen dran (es kann sich auch nur um ein kleines Gericht handeln). In der anschließenden Pause wird gern ein Sorbet serviert, um dem Magen wieder Mut zu machen.

5. Nun ist der Hauptgang mit Beilagen zu bewältigen.

6. Den krönenden Abschluss bilden schließlich das Dessert, Obst und eine Käse-Auswahl. Denn bekanntlich schließt Käse den Magen.

stimmen. Außerdem hebt das gemeinsame Anstoßen die Stimmung und bringt die Gäste miteinander in Kontakt. Gern wird der Aperitif im Stehen eingenommen, bevor man sich zu Tisch begibt.
Nach einem solch opulenten Mahl ist eine Verdauungshilfe angesagt. Sie besteht aus dem Digestif, der nur dann wirkt, wenn er mindestens 38 % vol. aufweist. Ob Cognac, Armagnac, Obstwasser, Aquavit, Korn etc., hier entscheidet der persönliche Geschmack. Der Gastgeber sollte einiges zur Auswahl anbieten. Gern wird auch Kaffee oder - noch besser - Espresso getrunken. Der kleine Schwarze aus Italien unterstützt den Magen bei seiner Schwerarbeit: er regt an, aber nicht auf. Deshalb trinken Kenner ihren Espresso auch mitten in der Nacht.

Was in südlichen Ländern gang und gäbe ist, sollte auch bei uns Schule machen: Zum Essen gehört Brot in beliebiger Menge. Das heißt, der Brotkorb steht jederzeit wohlgefüllt zur Verfügung. In einem Restaurant die Frage des Obers "Wie viel Brot?" zu beantworten, betrachte ich als Zumutung.

Getränke zur Wahl

Nicht nur Essen, sondern auch Trinken hält bekanntlich Leib und Seele zusammen. Doch um es gleich vorweg zu nehmen: Es muss nicht unbedingt Alkohol sein. Lange Zeit wurde in unserer Gesellschaft nachsichtig belächelt, wer den Wein ablehnte und einem "geistlosen" Getränk den Vorzug gab. Bei Einladungen und offiziellen Anlässen, wo alle mit dem Glas in der Hand herumstehen, landete so mancher Whisky heimlich im Blumentopf. Doch die Einstellung zum Alkohol hat eine gründliche Wandlung erfahren. Wer ihn dankend von sich weist, erhält ganz selbstverständlich ein Getränk "ohne". Sogar Barmixer in Hotels zaubern die raffiniertesten Drinks frei von jeglichen Prozenten. Also: Wenn Sie nicht wollen, brauchen Sie keinen Alkohol zu trinken

Was passt wozu?

Welches Getränk zu welcher Speise gehört, kann nicht allgemein gültig festgelegt werden, denn letztendlich entscheidet der persönliche Geschmack. Mit Mineralwasser beispielsweise macht man garantiert nie etwas falsch, denn es verhält sich den Speisen gegenüber völlig neutral. Süße Getränke wie Fruchtsäfte oder Limonaden sind - genau genommen - nicht die idealen Essensbegleiter, denn sie konkurrieren mit dem Aroma der Speisen.

Ein guter Gastgeber macht seinen Gästen keine Trink-Vorschriften sondern lediglich Vorschläge. Zu Herzhaftem empfiehlt er beispielsweise Bier oder auch einen kräftigen Landwein. Viele trinken Bier zu jedem Essen. Trotzdem kann man beobachten: Je feiner die Gerichte, desto mehr geht der Trend zum Wein. Kenner wählen dann einen edlen Tropfen, der exakt zum jeweiligen Gericht passt.

Zum Essen wird man generell einen trockenen oder doch zumindest halbtrockenen Wein wählen. Eine Faustregel besagt, dass zu dunklem Fleisch (Rind, Lamm, Wild etc.) ein Rotwein gehört, zu hellem Fleisch (Kalb, Geflügel) und Fisch ein Weißwein oder Roséwein. Ein Muss ist das nicht, denn auch hier zählt in erster Linie der persönliche Geschmack. Halten sollte man sich jedoch an folgende Grundregel, sofern verschiedene Rebsäfte auf den Tisch kommen: Ein leichter Wein wird vor dem schweren, ein junger vor dem alten, weißer möglichst vor dem roten und ein süßer Wein nach dem trockenen serviert. Was die Bekömmlichkeit betrifft, weiß der Volksmund zudem aus Erfahrung: „Wein auf Bier, das rat' ich dir. Bier auf Wein lass lieber sein."

Trink-Gelegenheiten

Der stille Genießer nimmt auch mal allein daheim einen Schluck zur Brust. Doch in erster Linie wird Trinken als Gemeinschaftserlebnis geschätzt. Deshalb gibt es zahlreiche Anlässe, um mit anderen zusammen ein Glas zu heben.

- Der Begrüßungsschluck ist dazu da, um Gäste nach ihrer Ankunft will kommen zu heißen. Gern wird zum Auftakt schöner Stunden ein Glas Sekt, Sekt-Orange, Kir (Weißwein mit Cassis = Johannisbeerlikör) oder Kir Royal (Champagner mit Cassis) gereicht. Aber auch Campari,

Sherry, Martini, diverse Cocktails und ähnlich leichte Getränke stehen hoch im Kurs. Normalerweise bleibt es bei einem Glas, wird doch im Anschluss meist zu Tisch gebeten.

- Der Sektempfang hat einen weit offizielleren Anstrich und findet meist entweder am späten Vormittag oder am frühen Abend statt. Jeder Gast bekommt ein Glas Sekt oder Champagner in die Hand und steht zwanglos mit anderen Gästen zusammen. Gelegentlich werden kleine Häppchen gereicht. Nichts spricht dagegen, mehr als ein Glas zu trin ken.

- Der Schlummertrunk (Absacker, Schlürschluck – je nach Region) ist das Letzte, was den Gästen vor dem Verlassen des Hauses angeboten wird. Dabei handelt es sich meist um Hochprozentiges wie Cognac, Whisky etc. Es kann aber auch - der Fahrtüchtigkeit zuliebe - Kaffee statt Alkohol sein

Weinprobe

Sie ist ein Fest für Weinkenner oder solche, die es werden wollen. Mehrere Weine werden verkostet, wobei allerdings Maßhalten angesagt ist. Man beginnt mit dem leichtesten Wein, dient sich langsam hoch zum gehaltvollsten. Dabei ist die Verkostung ein wahrhaft sinnliches Zeremoniell, das sich über Stunden hinzieht: Das Auge prüft Farbe und Klarheit des edlen Tropfens, die Nase atmet tief die "Blume" ein, Zunge und Gaumen testen Aroma und Fülle („Körper").

Ausgeschenkt wird bei der Weinprobe entweder in spezielle, sehr kleine, farblose Gläser, oder man füllt nur zwei, drei Schluck in ein normales Weinglas. Freilich - Kenner werden den Wein nicht hinunterstürzen, sondern ihn Schluck für Schluck mit Bedacht aufnehmen. Zuerst hält man das Glas gegen das Licht und schwenkt dann den Inhalt etwas, damit sich das Bukett entfalten kann. Jetzt folgt der erste Schluck, der zunächst Zunge und Gaumen umspülen soll, bevor er in die Kehle rinnt. Fachleute sagen, der Wein wird "gekaut", und man lässt zu guter Letzt den Nachgeschmack wirken.

Unsinnig wäre es, einen Wein nach dem anderen zu probieren. Dabei gingen die feinen Geschmacksunterschiede völlig verloren. Zwischen den einzelnen Weinen werden zur Neutralisierung kleine Brotstücke gegessen. Rauchen verbietet sich bei der Probe ohnehin, denn nur einem völlig unbeeinflussten Gaumen ist eine objektive Beurteilung der edlen Tröpfchen möglich. Und noch etwas: Bei offiziellen Weinproben "beißen" Prüfer jeden Schluck gründlich und spucken ihn dann in bereitgestellt Kübel. Das ist im privaten Rahmen keineswegs üblich, und es wäre ja auch wirklich schade um die herrlichen Weine. Bleibt also nur, aufs anschließende Autofahren zu verzichten. (Ein Gastgeber hat die Pflicht, seine Gäste davon zu überzeugen und bestellt nötigenfalls ein Taxi.)

Die Trink-Zeremonien

Einschenken

Im Restaurant werden Getränke gelegentlich gleich im Glas auf den Tisch gebracht - der Schoppen Wein, die Halbe Bier, die Limonade usw. Daheim schenkt man Getränke normalerweise erst ein, wenn alle am Tisch sitzen. Genauer gesagt:

Bier aus der Flasche darf sich der Gast auch selbst ins Glas gießen, wobei er ein Überschäumen mit Rücksicht auf die Tischdecke tunlichst vermeiden sollte. Leere Flaschen werden sofort weggeräumt. Flaschen mit Restinhalt können auf dem Tisch bleiben, obwohl mir persönlich das zumindest auf einer festlichen Tafel ein Dorn im Auge ist. Mit einem kleinen Beistelltischchen lässt sich das Problem eventuell lösen. Darauf können auch Saft-, Limonade- und Mineralwasserflaschen abgestellt werden.

Bei Wein ist alles etwas stilvoller. Die Flasche wird normalerweise in der Küche geöffnet - Weißwein kurz vor dem Servieren, Rotwein mindestens eine Stunde früher, denn er soll noch "atmen" können. Der Gastgeber (oder die Gastgeberin) bringt die Flasche zum Tisch und gießt zuerst einen Schluck ins eigene Glas. Eventuell schwimmen darin "Korkfischchen", die man natürlich den Gästen nicht zumutet.

Der Hausherr bzw. die Dame des Hauses nimmt einen kurzen Probeschluck und vergewissert sich, dass der Wein nicht korkig schmeckt und die richtige Temperatur hat. Für gut befunden, wird den Gästen eingeschenkt und jedes Glas etwa zu zwei Dritteln gefüllt. Dadurch entwickel sich im Kelch die herrliche "Blume". Beim Einschenken kann zumindest am kleinen Tisch eine Rangfolge eingehalten werden: zuerst der Ehrengast, das Geburtstagskind etc., dann die älteren Damen vor den jüngeren, im Anschluss die älteren Herren vor den jüngeren. An der großen Tafel darf ein Glas nach dem anderen gefüllt werden.

Die Weinflasche bleibt auf dem Tisch, wobei Weiß- und Rosweiné nach einem Kühler verlangen. Leichte Weißweine und Roséweine schmecken bei 10 bis 12∞ C am besten, hochwertige Weißweine vertragen 15 bis 17°C. Die meisten Rotweine brauchen zwischen 16 und 18°C (ehemals Zimmertemperatur), um ihr Bukett zu entfalten und können auch in einer Karaffe serviert werden. Manche Weinkenner dekantieren* ältere Weine, vor

> **tipp**
> Abfiltern von eventuellen Trübstoffen im Rotwein beim Umfüllen aus der Flasche in die Karaffe. Durch den Kontakt mit der Luft kann sich der Wein besser entfalten.

allem Bordeaux-Weine, schon eine Zeit lang vor dem Eintreffen der Gäste.

Viele meinen, zum Öffnen einer Sektflasche gehöre der Knall. Aus der schräg von sich weg gehaltenen Flasche lässt man den Korken fliegen, aber bitte in die Luft und nie in Richtung eines Menschen. Denn dies könnte ins Auge gehen. Beim Einschenken der Sektgläser (nur zu zwei Drittel füllen) ist darauf zu achten, dass nichts überschäumt. Wird das Glas etwas schräg gehalten und langsam gefüllt, entweicht weniger Kohlensäure.

Ist es nötig, den Sektquirl zu erwähnen? Ich halte ihn für einen Anachronismus, denn wer Sekt oder Champagner genießen will, freut sich auf ein prickelndes Getränk. Der Sektquirl jedoch soll dazu beitragen, die Kohlensäure zu verringern. Wäre es da nicht besser, von vornherein Wein zu trinken?

Nachschenken

Hier scheiden sich die Geister an den regional unterschiedlichen Sitten. Alkoholische Getränke schenke ich meinen Gästen nach, wenn das Glas leer ist. Auf diese Weise wird nicht warmer Wein mit kühlem oder abgestandenes Bier mit frischem vermischt. Außerdem behält der Gast einen besseren Überblick über das, was er bereits intus hat.

Allerdings erfordert dieses Verfahren einen aufmerksamen Gastgeber, denn Gäste sollen keinesfalls unfreiwillig vor leeren Gläsern dürsten. Meinem Besuch aus dem Rheinland passierte das, wobei er nicht über den letzten Schluck hinaus kam. Der blieb im Glas – und die Gäste erwarteten, dass ich nachschenken würde. Es gehörte für sie zur Gastfreundschaft, dass ein Glas nie leer wird.

In jedem Fall vergewissere man sich vor dem Nachschenken, dass es auch gewünscht ist. Lehnt ein Gast ab, sollte er nicht überredet werden. Wer Nein sagt und ja meint, ist selbst schuld. Es empfiehlt sich aber grundsätzlich ein nochmaliges Nachfragen zu einem späteren Zeitpunkt. Im vertrauten Kreis tun Gäste ganz offen kund, ob und was sie möchten, oder sie bedienen sich gleich selbst.

Gerade bei alkoholfreien Getränken empfinden es viele Gäste als angenehm, wenn ihnen die ganze Flasche zur Verfügung gestellt wird. Schenkt der Gastgeber nach, dann nie ohne die obligatorische Frage "Darf ich?". Die Unsitte, von vornherein Eiswürfel oder eine Zitronenscheibe ins Glas zu geben, sollte endlich ausgemerzt werden. Schließlich möchte nicht jeder einen verwässerten Saft oder ein Mineralwasser mit dem Bittergeschmack der Zitronenschale.

Zuprosten

In Gesellschaft werden alkoholische Getränke nicht einfach stillschweigend in die Kehle geschüttet. Vor dem ersten Schluck steht vielmehr das gegenseitige Zuprosten. Man hebt das Glas, schenkt seinem Gegenüber ein Lächeln bzw. blickt freundlich in die Runde und sagt die in solchen Situationen üblichen Worte: zum Wohl, Prost, Prosit, Prösterchen usw. Erst dann setzt man das Glas an die Lippen.

Ein leichtes Heben des Glases und ein gegenseitiges Zunicken beenden das Ritual. Anschließend wird das Glas abgestellt. Fortan darf jeder trinken, wann er mag. Erneutes gemeinsames Zuprosten ist nicht erforderlich, dient aber manchmal zwischendurch zur Kontaktaufnahme.

Nicht immer aber gelegentlich wird mit den Gläsern angestoßen. Im kleinen Kreis macht das jeder mit jedem. In größeren Gesellschaften lassen lediglich die nächsten Nachbarn die Gläser klingen. Genau genommen, wird nur mit solchen Gläsern angestoßen, die tatsächlich einen schwingenden Ton erzeugen. Ausschlaggebend dafür sind die Form sowie die Glasstärke des Kelches, und auch der Inhalt spielt eine Rolle. Getränke mit Kohlensäure verhindern den zarten Glockenklang, und auch gerade bzw. dickwandige Gläser bleiben mehr oder weniger stumm. Deshalb wird – genau genommen – weder mit Sekt noch mit Whisky angestoßen, wohl aber mit Wein- und großvolumigen Cognacgläsern, die anhaltend nachklingen. Letztendlich soll es aber jeder halten, wie er will und – Klang in oder her – anstoßen, wenn es Spaß macht. Übrigens fasst man Gläser mit Stiel oder Henkel an denselben und nie am Kelch.

Trinksprüche

Sie sind zum Glück etwas aus der Mode. Bei Einladungen und offiziellen Anlässen werden noch gern mehr oder weniger intelligente Trinksprüche, auch Toast genannt, ausgebracht. Nichts gegen ein paar passende Worte, doch peinlich endet womöglich der Versuch, originell zu sein. In Männerrunden stammt so mancher Toast aus der "untersten Schublade". Wenn schon ein Trinkspruch, dann am besten kurz und bündig etwa so: "Auf Ihre Gesundheit" oder "Auf unsere Gastgeber" oder "So jung kommen wir nie mehr zusammen" oder "Auf das Glück des Geburtstagskindes".

Brüderschaft trinken

Diese Sitte ist offensichtlich nicht umzubringen. Meist wird sie in feucht-fröhlicher Runde und etwas angeheiterter Stimmung praktiziert, was die Sache leicht erschwert. Schließlich muss man mit eingehakten Armen trinken und schüttet sich dabei den Rotwein etc. hoffentlich nicht übers Hemd. Ist der "Knoten" ohne größeres Malheur glücklich wieder gelöst, drücken sich Männer ergriffen die Hand. Zwischen Frau und Mann folgt der unvermeidliche Bruderschaftskuss auf die Wange oder auf den Mund. Frauen umarmen sich meist kurz.

Wie isst man was?

Ein Ehepaar sitzt zum ersten Mal im Feinschmeckerlokal und bestellt Hummer. Zum Gedeck gehört ein Schälchen mit Zitronenwasser, und nun wird gerätselt, was das soll. Die Frau meint, man müsse es trinken, doch der Mann besteht darauf den Ober zu fragen. Der antwortet höflich: "Es ist dafür gedacht, dass Sie sich die Finger abwaschen." Kaum ist der Ober weg, giftet die Frau: "Siehst du, wer dumm fragt, erhält eine dumme Antwort."

Tatsächlich gibt es Speisen, die stellen uns vor Probleme. Die meisten gehören zu den Delikatessen, die man manchmal nur vom Hörensagen kennt oder zumindest nicht jeden Tag auf den Teller bekommt. Doch selbst mit so profanen Nahrungsmitteln wie Butterbrot oder Spaghetti kann man sich tatsächlich blamieren. Damit Ihnen so etwas nicht passiert, hier eine "Gebrauchsanweisung" für Kritisches aus der Küche:

Artischocken

Auf dem Teller liegt ein dekorativer Blütenkopf, der eigentlich gar nicht essbar aussieht. Er kann roh oder gekocht sein, kalt, lauwarm oder heiß. Aber versuchen Sie bloß nicht, die Artischocke mit Messer und Gabel zu zerschneiden, denn hier dürfen sie wirklich Hand anlegen: Zupfen Sie mit Daumen und Zeigefinger Blatt für Blatt ab. Tauchen sie das fleischige untere Ende in eine der bereitstehenden Saucen und zuzeln Sie dann genüsslich das Fruchtfleisch aus seiner Hülle. Den Rest legen Sie auf den Tellerrand oder einen dafür vorgesehenen Extra-Teller. Auf die zartesten Blätter stoßen Sie in der Mitte, bevor Sie schließlich zum sog. Heu gelangen. Es schmeckt nicht, wird also mit der Gabel herausgehoben und bei Seite gelegt. Darunter kommt das Leckerste zum Vorschein, der Artischockenboden. Zerteilen Sie ihn mit Messer und Gabel, tauchen Sie die Stücke mit der Gabel in Sauce, und lassen Sie sich die Köstlichkeit schmecken.

Ob Artischocken als Vorspeise oder auch als kleines Hauptgericht gegessen werden, unentbehrliches Utensil ist eine Serviette. Ich stelle meinen Gästen außerdem Fingerschalen mit Zitronenwasser zur Verfügung.

Austern

Diese Muschelart muss so frisch wie möglich und daher lebend verspeist werden. Im Restaurant kommen Austern bereits geöffnet auf den Tisch. Diese mühevolle Arbeit Stück für Stück wurde zuvor in der Küche mit dem Austernbrecher erledigt, einem kurzen, stumpfen Messer. Meist wurde das Austernfleisch auch gleich von der Schale gelöst. Wenn nicht, schaffen Sie das mit Hilfe der Austerngabel, die eine Schneide besitzt.

Bevor Sie sich über das rohe Fleisch der Auster hermachen, träufeln Sie etwas Zitronensaft darüber. Nehmen Sie dann die Austernschale so in die linke Hand, dass der Saft nicht ausläuft. Und dann schlürfen Sie den Inhalt heraus. Sie haben richtig gelesen – schlürfen ist in diesem Fall ausnahmsweise der gute Ton. Sollte Ihnen die Methode trotzdem nicht zusagen, können Sie das Fleisch auch mit der Gabel herausholen und zum Mund führen.

Wenn Sie zum Austern-Essen daheim einladen, müssen Sie selbst das Aufbrechen übernehmen. Und das bei mindestens sechs Stück, besser jedoch einem Dutzend pro Person. Serviette und Fingerschale gehören unbedingt zu jedem Gedeck.

Baguette

Das beliebte französische Stangenweißbrot wird entweder in dicke Scheiben geschnitten serviert oder am Tisch gebrochen. Man isst es mit der Hand - auch dann, wenn die Scheiben belegt sind.

Brötchen

Sie werden - ob belegt oder nicht- mit der Hand gegessen.
Brot (ohne und mit Belag)
Brotscheiben ohne Belag werden nie geschnitten, sondern zum Essen gebrochen. Oder man beißt einfach ab, was allerdings arg rustikal aussieht. Auch dem Butterbrot bleiben Messer und Gabel erspart. Erlaubt ist höchstens, es in kleine Stücke zu schneiden und dann mit der Hand zu essen. Dasselbe gilt für Brot mit süßem Aufstrich wie Konfitüre, Honig, Nougatcreme usw. Besteht der Belag dagegen aus Wurst, Käse oder Fisch, isst man mit Messer und Gabel – zumindest in Gesellschaft.

Verpönt ist es unter feinen Leuten, Brot in Braten- oder Salatsauce zu tunken oder gar zum Schluss den Teller auszuwischen. Bei offiziellen Einladungen richte ich mich danach, doch im privaten Bereich ziehe ich es vor, in diesem Fall nicht der Form zu entsprechen.

Butter

Sie liegt normalerweise auf einem Butterteller bzw. auf dem Unterteil der Butterdose. Am Tisch kratzt man nun nicht etwa oben vom Butterstück herunter. Auch das Anschneiden von allen Seiten ist zu vermeiden. Wählen Sie für den Anfang am besten eine kurze Seite, und bleiben Sie dabei. Das Buttermesser ist etwas aus der Mode gekommen. Liegt es vor, wird damit ein Stück Butter abgetrennt und auf den eigenen Teller(rand) bugsiert – niemals direkt aufs Brot geschmiert! Wenn Sie Ihr Gedeck-Messer verwenden, dann streichen Sie die Klinge zuerst an einer Scheibe Brot sauber, und gehen Sie dann ran an die Butter.

Eier

Wenn Sie wollen, dürfen Sie Ihr weiches Frühstücksei guten Gewissens "köpfen. Allerdings bedarf dies einer gewissen Übung. Ein Schlag sollte genügen, wobei die Tischnachbarn nicht durch fliegendes Eigelb oder gar die ganze Kuppe gefährdet sein dürfen. Der sichere aber etwas langwierigere Weg zum Inneren des Hühnerprodukts: Klopfen Sie die Schale rund um die Kuppe vorsichtig kaputt, und pulen Sie dann die Stükkchen mit den Fingern ab. Essen Sie Ihr weiches Ei besser nicht mit einem versilberten Löffel, denn er läuft an. Geeignet sind Eierlöffel aus Edelstahl, Kunststoff oder Horn.

Omelett, Rührei und Spiegelei werden niemals mit Messer und Gabel, sondern nur mit der Gabel gegessen. Daran ändert auch die eventuelle Füllung (Pilze, Gemüse, Fleisch, Käse, Konfitüre usw.) nichts.

Ein hart gekochtes Ei wird mit den Fingern geschält, mit dem Messer geviertelt und Stück für Stück mit der Gabel gegessen.

Fisch

Wer Fisch mit dem Messer schneidet, begeht einen Stilbruch. Allerdings bestätigen hier Ausnahmen die Regel. Rollmops oder Räucherfische aller Art sind so fest, dass es nicht ohne scharfe Klinge geht. Gekochter, gedünsteter oder gebratener Fisch dagegen ist weich und lässt sich somit widerstandslos zerteilen. Beim Schneiden mit dem Messer würden womöglich die ohnehin schon lästigen Gräten unnötigerweise nochmals zerkleinert.
Mit einem Fischmesser ohne Schliff und der Fischgabel wird der Fisch

mehr oder weniger in mundgerechte Stücke auseinander gedrückt. Ist im eigenen Haushalt kein Fischbesteck vorrätig, kann man sich notfalls auch mit zwei normalen Gabeln behelfen.

Geraten Fischgräten in den Mund, dann bloß nicht schlucken! Legen Sie die spitzen Dinger mit der Zunge diskret auf die Gabel zurück, und platzieren Sie die Teile auf dem Tellerrand.

Fleisch

Klein geschnittenes Fleisch (Geschnetzeltes usw.) kann mit dem Messer auf die Gabel geschoben und so zum Mund transportiert werden. Von einem größeren Fleischstück (Steak, Schnitzel etc.) schneidet man den gewünschten Bissen ab, hält ihn dabei mit der Gabel fest und bringt ihn aufgespießt zum Mund.

Folienkartoffel

Köstlich - eine Kartoffel wird samt Schale in Alufolie gewickelt, so im Ofen oder auf dem Grill gegart, dann aufgeschnitten, mit Kräuter-Sauerrahm gefüllt und heiß serviert. Die Folie bleibt dran, und die weiche Kartoffel wird ausgelöffelt – am besten mit einem Kaffeelöffel.

Fondue

Kleine Fleischstücke werden auf eine lange, zweizinkige Fonduegabel gespießt und zum Garen in siedendes Fett oder kochende Fleischbrühe gehalten. Dabei ist es verpönt, fremde Gabeln im Topf abzudrängen! Das fertige Fleisch wird zurück auf den Teller befördert, abgestreift und dann mit der normalen Gabel gegessen – nicht ohne es vorher in eine delikate Sauce zu tunken. Beim Käsefondue steckt an Stelle des Fleisches ein Stück Weißbrot auf der Gabel und wird in den Fonduetopf gehalten, der mit einer Käsemasse gefüllt ist. Auch in diesem Fall führt man das Brotstück nicht direkt zum Mund, sondern isst es vom Teller mit der normalen Gabel, nachdem es gegebenenfalls zuvor mit dem Messer zerkleinert wurde.

Geflügel

Ob Hähnchen, Ente, Gans, Truthahn oder Wildgeflügel, zumindest im Restaurant sollten Sie diese Vögel mit Messer und Gabel bewältigen. Lediglich kleine "Flattermänner" wie Wachteln, Rebhühner und Tauben dürfen aus der Hand gegessen werden. Wenn Sie mal einen Hähnchenflügel abknabbern, fällt das bestimmt niemandem unangenehm auf. Bei einer ganzen Truthahnkeule ernten Sie jedoch erstaunte Blicke. Zuhause oder auch am Stehimbiss können die Finger durchaus das geeignete Esswerkzeug sein. Hoffentlich liegt dann ein feuchtes Reinigungstüchlein bereit, denn zumindest eine einzelne Papierserviette wäre überfordert. Geraten beim Schmausen kleine Knochenstückchen in den Mund, dann bitte nicht einfach ausspucken. Übernehmen Sie das corpus delicti vom Mund auf die Gabel, und legen Sie es auf dem Tellerrand ab.

Honig

Holen Sie ihn mit einem Löffel aus dem Glas, doch Vorsicht – Tropfgefahr! Wenn Sie den Löffel mehrmals drehen, "wickeln" Sie die Honigfäden quasi auf. Dann schnell zum Teller und über dem gebutterten Brot oder Toast abtropfen lassen.

Hummer (Lobster)

Im Restaurant macht er normalerweise wenig Kummer. Das Schalentier wird meist halbiert serviert, und aus den Hälften lässt sich das Fleisch mit der langen, zweizinkigen Hummergabel leicht herausschieben. Man hält das Hummerstück mit der linken Hand und führt die Gabel in der rechten. Größere Hummerstücke zerteilt und isst man mit dem Fischbesteck.

Oft sind die Scheren bereits geknackt. Wenn nicht, hält man mit der einen Hand den Panzer fest und fasst mit der anderen eine Schere: Ein kurzer Ruck, und schon bricht sie direkt am Kopf ab. Den dicken Scherenteil knackt man mit einer Hummerzange und schabt anschließend mit der Gabel das weiße Fleisch heraus. Die Beine werden mit den Fingern an den Gelenken auseinander gebrochen. Lässt sich mit der Gabel kein Fleisch mehr angeln, werden Scheren und Beine einfach ausgesaugt. In der Brustschale sitzt die besonders delikate rote Hummerbutter. Sie wird mit dem löffelartigen anderen Ende der Hummergabel herausgekratzt.

Merke: Zum Hummeressen gehören immer eine übergroße Serviette und ein Schälchen mit Zitronenwasser, um zum Schluss die Finger zu reinigen.

Käse

Kommt er am Stück auf den Tisch, muss man ihn schneiden. Das geht mit dem normalen Messer, doch praktischer sind Spezialgeräte: Das Käsemesser hat Löcher in der Klingenfläche, wodurch der Käse beim Abschneiden nicht so leicht kleben bleibt. Mit dem Käsehobel lassen sich dünne Streifen vom Hart- oder Schnittkäse abheben. Die Käseharfe mit ihrem feinen Draht eignet sich zum Zerteilen von Weichkäse. Grundsätzlich schneidet man den Käse auf seiner jeweiligen Unterlage (Brett, Platte etc.) und holt dann die Stücke mit der Gabelspitze des Käsemessers oder mit der eigenen Gabel auf den Teller.

Kanapees (Canapés)

Das sind kleine Brotstücke mit reichhaltigem Belag. Sie sollten unbedingt so gestaltet sein, dass sie sich problemlos auf einmal in den Mund schieben und ohne "Hamsterbacken" kauen lassen. Ein Stück abzubeißen, ist nämlich normalerweise unmöglich, weil dabei der Belag nach allen Seiten auseinander quillt oder abstürzt. Schließlich werden Kanapees selten am Tisch, sondern zum Beispiel bei Stehempfängen oder Partys gereicht, wo weder Teller noch Besteck zur Verfügung stehen.

Kartoffeln, Knödel, Klöße

Wenn Sie gelegentlich mit dem Messer an diese Beilagen gehen, wird Ihnen das niemand ankreiden, doch prinzipiell gilt nach wie vor: Kartoffeln, Knödel und Klöße werden mit der Gabel zerteilt.

Diese Methode hat ihren Vorteil, denn es entstehen unebene Flächen, an denen Sauce besser haften bleibt. Nicht die feine Art ist es allerdings, Kartoffel etc. zu Mus zu zerdrücken, denn das sieht auf dem Teller unappetitlich aus.

Pellkartoffeln müssen erst einmal "ausgezogen" werden. Dazu spießen wir sie auf die Gabel und ziehen die Schale mit dem Messer und unter Zuhilfenahme des Daumens (geht gar nicht anders) ab. Besonders praktisch zum Halten sind spezielle Kartoffel-Gabeln.

Kaugummi

Am liebsten würde ich sagen: Kaugummi sollte man ausschließlich für sich allein kauen und niemals in Gesellschaft. Denn für Zuschauer sind die mahlenden Kiefer alles andere als ein angenehmer Anblick, von akustischen Signalen ganz zu schweigen!. Wer glaubt, auch unter Menschen nur schwer auf den Kaugummi verzichten zu können, übe sich in geräuschlosem Kauen mit geschlossenem Mund. Knallen und Blasenschlagen sollte generell Kindern vorbehalten bleiben.

Und schließlich gilt es Folgendes zu beherzigen: niemals Kaugummi in Gegenwart von Vorgesetzten oder Kunden und auch nicht im Theater, Konzert oder in der Kirche.
Ob Kaugummi über Nacht sein Aroma behält, wenn er am Bettpfosten

(der eigenen Schlafstatt!) klebt, kann jeder selbst testen. Zum Entsorgen pappt man ihn jedoch weder unter Stühle und Tische, noch wird er heimlich in Blumentöpfen verbuddelt oder in Aschenbechern deponiert. Auch Ausspucken auf der Straße entfällt als Möglichkeit, denn die Städte müssen riesige Summen investieren, um die klebenden Rückstände vom Pflaster zu entfernen. Die einzig richtige Endstation für Kaugummi: ins Papierchen wickeln und im Mülleimer versenken.

Kaviar

Einmal mit dem Löffel aus der Dose essen, das wünscht sich so mancher. Wer das nötige Kleingeld dafür hat, sollte dann aber auch einen Hornlöffel verwenden. Die Klinge des Kaviarmessers besteht ebenfalls aus Horn. Mit dem Messer wird die Kostbarkeit möglichst dick auf einem warmen, mit Butter bestrichnen Toastbrot oder einem Blini (kleiner Pfannkuchen aus Buchweizenmehl) verteilt. Eventuell noch etwas Zitrone drüberträufeln, dann genussvoll abbeißen. Der Otto-Normal-Gourmet ist jedoch meist bescheidener und begnügt sich mit einer sparsamen Kaviar-Dekoration zum Beispiel auf harten Eiern oder kalten Platten. Sollte Kaviar zu Festtagen doch einmal in üppigen Mengen auf den Tisch kommen, dann füllt man die Delikatesse in eine gekühlte Schale und stellt diese wiederum in eine größere, mit Eis gefüllte Schüssel.

Konfitüre

Bloß nicht mit dem Messer aus dem Glas holen, wenn zuvor ein Brot mit Butter bestrichen wurde! Man befördert das süße Mus mit einem extra Löffel auf den eigenen Teller und kann dann nach Belieben verfahren.

Krabben (Shrimps, Crevetten)

Im Restaurant werden sie natur, mit einer Sauce oder als Cocktail serviert. Zum Essen verwendet man eine Cocktailgabel oder einen kleinen Löffel. Frisch gekaufte Krabben müssen eigenhändig ausgepult werden, und das geht so: Krabbe an beiden Enden fassen und diese gegeneinander drehen. Dabei bricht die Schale, und das Fleisch kann herausgezogen werden.

Krebse (Scampi)

Auf dem Teller liegt normalerweise das ganze Tier. Ein Handgriff genügt, um an das zarte Innenleben zu gelangen: Man fasst den Krebs mit beiden Händen, dreht das hintere Teil und biegt es dabei leicht nach oben. Es knackt, und jetzt rutscht das Fleisch meist schon heraus. Wenn nicht, wird der Panzer an der Unterseite mit dem Krebsmesser aufgeschnitten. Um Beine und Scherenspitzen zu brechen, schiebt man sie durch das

Loch im Krebsmesser und knickt sie ab.

Beim Krebsessen dürfen, ja, müssen Sie die Serviette in den Kragen schieben, denn es drohen Spritzer. Gourmets, die sich häufig Krebse gönnen, benutzen spezielle Lätzchen.

Kuchen

Blechkuchen, Kuchen in Tortenform, alle cremigen Kuchen bzw. Torten sowie Obstkuchen werden mit der Kuchengabel gegessen.

Für trockene Kuchen (zum Beispiel Marmorkuchen oder Stollen) nimmt man die Finger, ebenso für süßes Kleingebäck wie Krapfen, Schneckennudeln, Apfeltaschen usw.

Langusten

Sie werden wie Hummer gegessen, sind aber einfacher, weil sie keine Scheren haben.

Maiskolben

Man darf sie in die Hand nehmen und rundherum abknabbern. Wer sich dabei die Finger nicht schmutzig machen möchte, hält den Maiskolben mit zwei Gabeln fest.

Mehlspeisen

Je nach Art werden sie mit dem Löffel oder mit der Gabel gegessen. Das Messer hat hier nichts verloren.

Muscheln

Sie lassen sich fast ausschließlich mit den Fingern bewältigen. Aus der ersten Pfahl- oder Miesmuchel zieht man das Fleisch mit der Gabel heraus. Fortan wird diese Muschel wie eine Zange benutzt, mit der man das Fleisch aus den anderen Muscheln holt und gleich zum Mund führt. Die leeren Schalen kommen auf einen extra Teller, der Sud wird ausgelöffelt.

Obst

Im stillen Kämmerlein darf man einfach in einen Apfel, eine Birne oder einen Pfirsich beißen. Wen stört es, wenn der Saft dabei spritzt und trieft? Unter Menschen sollte man die Früchte dieser Welt so appetitlich wie möglich verspeisen. Hier nur einige Beispiele:

Für Kernobst (Äpfel, Birnen usw.) und großes Steinobst (Pfirsiche usw.)

nimmt man ein Obstmesser und zerteilt damit die Früchte so, dass sie bequem von Hand oder mit der Obstgabel in den Mund geschoben werden können. Orangenschalen werden rund um die Frucht vom oberen bis zum unteren Pol eingeschnitten und dann abgezogen, das Fleisch wird filetiert und Schnitz für Schnitz gegessen.

Eine Grapefruit wird quer halbiert. Dann zerteilt man das Fruchtfleisch mit einem spitzen Messer, zuckert es und löffelt es aus der Schale. Wer hat, verwendet dazu einen kleinen Löffel mit relativ spitz zulaufender Laffe. Kiwis kann man schälen und in Scheiben schneiden oder – genau wie Feigen – halbieren und auslöffeln. Bananen werden geschält und dann nicht nach Affenart, sondern mit dem Obstbesteck gegessen. Zwetschgen/Pflaumen bricht man mit der Hand auf und entfernt den Kern. Trauben werden abgezupft und Beere für Beere gegessen.

Wer Kirschen isst, spuckt die Steine nicht im hohen Bogen von sich, sondern diskret in die Hand und legt sie dann beispielsweise auf den Tellerrand. Für Kompotte steht ein Löffel bzw. ein spezieller Kompottlöffel mit runder Laffe zur Verfügung. Eventuell enthaltene Fruchtsteine werden mit den Lippen auf den Löffel befördert und auf dem Tellerrand abgelegt.

Salat

Genau genommen wird Salat aller Art nur mit der Gabel gegessen. Weil aber leider immer wieder einzelne Zutaten zu groß für den Mund sind – jeder kennt den Kampf mit einem überdimensionalen Salatblatt –, darf das Messer zu Hilfe genommen werden. Die köstliche Salatsauce bleibt, oft zu unserem heimlichen Bedauern, größtenteils in der Schüssel zurück. Ich traue mich dann durchaus, noch etwas zu löffeln. Als Gastgeberin bringe ich Blattsalate bereits mundgerecht zerteilt auf den Tisch.

Sauce

Von ihr möchte man sich so wenig wie möglich entgehen lassen. Während des Essens sind Beilagen wie Kartoffeln, Nudeln oder Reis dazu gedacht, Sauce "aufzugabeln". Im privaten Bereich dürfen Sie den Saucenrest auch mit einem Stück Brot aufdippen.

Schnecken

Der Schneckenfreund deckt sich mit den für dieses Mahl notwendigen Utensilien ein: Schneckenteller mit Vertiefungen für die Häuser, Schneckenzange, Schneckengabel und einen Löffel. Mit der Zange in der einen Hand greift man das heiße Schneckenhaus, holt mit der zweizinkigen Gabel in der anderen Hand die Schnecke heraus und steckt sie in den Mund. Die flüssige Knoblauchbutter im Haus wird auf den Löffel gegossen und der Schnecke nachgeschickt. Die Buttersauce darf auch mit einem Stück Weißbrot aufgesaugt werden.

Wer seine Gäste mit Schnecken verwöhnen will (Vorsicht, lieber vorher anfragen, denn diese Tierchen sind nicht jedermanns Geschmack), serviert pro Nase sechs bis zwölf Stück.

Spaghetti

Je länger, desto lieber - sagt der, der sich aufs Essen versteht. Denn eines ist klar: Der Import aus bella italia darf weder mit dem Messer geschnitten noch mit der Gabel zerteilt werden. Nach guter italienischer Sitte sind die Endlosnudeln um die Gabelzinken zu rollen. Das schaffen allerdings die meisten Deutschen nur mit Hilfe eines Löffels - und zwar so:

Man greife mit der Gabel (in der rechten Hand) wenige Spaghetti und ziehe sie hoch, um sie aus dem gesamten Nudelwirrwarr zu befreien. In die linke Hand nimmt man den Löffel so, dass die Laffe leicht schräg nach rechts zeigt. Nun positioniert man die Gabelzinken mit den dazwischenhängenden Nudeln senkrecht in die Laffe und dreht die Gabel, wodurch die Spaghetti aufgewickelt werden. Der "Kloß" darf aber nicht größer werden, als es der Mund erlaubt. Profis im Spaghetti-Essen verachten den Löffel und drehen die Gabel einfach auf dem Tellerrand. Mit etwas Übung gelingt auch das.

Foto: © WMF

Wichtig ist bei dieser Mahlzeit eine große Serviette, die - so finde ich - sehr wohl in den Kragen gesteckt werden darf. Andernfalls lässt es sich bei der Wickelei nämlich kaum vermeiden, Bluse, Hemd, Krawatte usw. mit Sauce zu verunzieren.(Illustration auf der nächsten Seite)

Spaghetti-Essen mit Löffel und Gabel

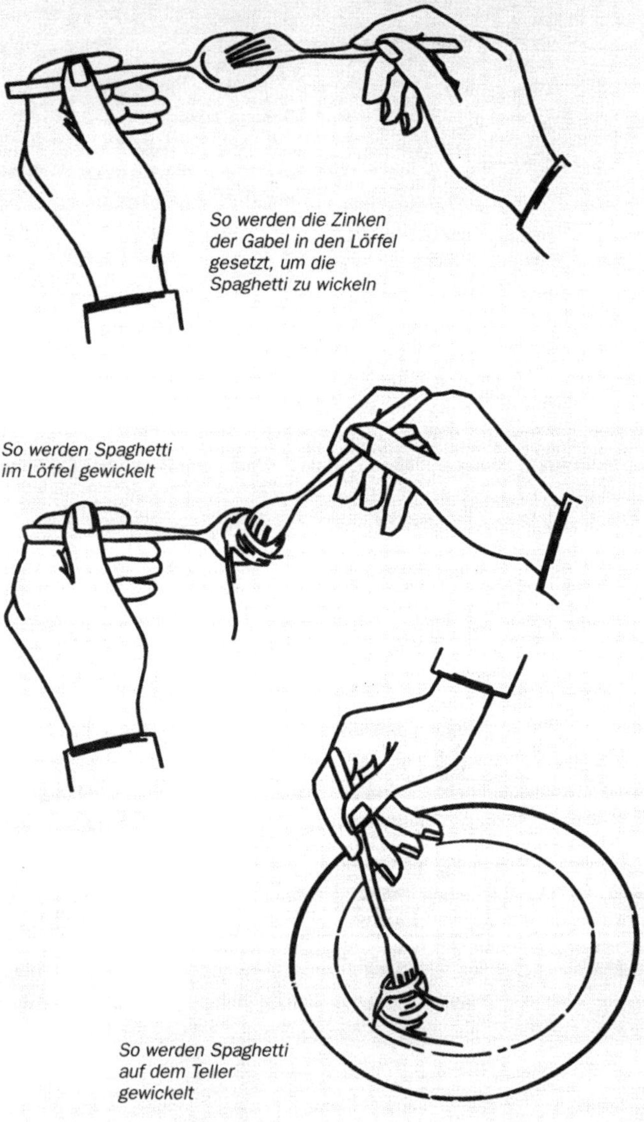

So werden die Zinken der Gabel in den Löffel gesetzt, um die Spaghetti zu wickeln

So werden Spaghetti im Löffel gewickelt

So werden Spaghetti auf dem Teller gewickelt

Spareribs

Bei dieser "Knochenmahlzeit" sind Messer und Gabel für die Katz', denn an den Rippen haftet nur wenig Fleisch. Es wird rundherum sorgfältig abgeknabbert, und gerade daran haben Spareribs-Freunde ihren Spaß. Ein aufmerksamer Gastgeber stellt große Servietten und Fingerschalen zur Verfügung.

Spargel

Ich habe noch niemanden gesehen, der Spargel "vorschriftsmäßig" gegessen hätte: Spargelstange mit zwei Fingern aufnehmen, die Gabel als Unterstützung benutzen, die Stange auf diese Weise mit der Spitze voran längs in den Mund schieben und sich bis zum Ende durchessen. Das eventuell holzige Endstück kann auf den Tellerrand zurückgelegt werden.

So kompliziert muss es aber nun wirklich nicht sein, denn Spargel darf heute ganz normal mit dem Messer geschnitten und mit der Gabel gegessen werden. Noch eine Methode bietet sich an: In der Mitte geknickt und auf die Gabelzinken gespießt, ist die Spargelstange ein mundgerechter Bissen.

Suppe

Sie wird logischerweise ausgelöffelt. Um auch noch den letzten Rest zu erwischen, darf der Teller zum Schluss leicht gekippt, die Suppentasse vollends ausgetrunken werden. Die Bockwurst in der Erbsensuppe oder eine ähnliche Einlage schneidet man mit Messer und Gabel im Teller klein und isst dann die Stücke mit dem Löffel.

Toast

Frischer Toast kann, damit er länger warm bleibt, in eine Serviette eingeschlagen und so zum Essen gereicht werden. Wollen Sie die Scheibe buttern, brechen Sie den Toast zuerst in der Mitte durch, und bestreichen Sie jedes Stück extra. Dann mit der Hand essen. Für belegten Toast verwenden Sie Messer und Gabel.

Weißwürste

Früher durfte diese bayerische Spezialität das Elfuhrläuten von der Kirche nicht hören. Einfach deshalb, weil das Kalbfleischbrät der Wurst nur begrenzt haltbar und schon nach wenigen Stunden nicht mehr bekömmlich war. Heute werden die Würste gekühlt bis kurz vor der Zubereitung, und somit können sie guten Gewissens zu jeder Tages- und Nachtzeit verspeist werden.

Das Weißwurst-Essen ist schon fast eine Wissenschaft. Ein echter Bayer wird die alte Methode praktizieren: Er schneidet die Weißwurst quer in der Mitte durch und "zuzelt" das Innere aus der Pelle. Appetitlicher für Nichtbayern ist die zweite Variante: Man schneidet die Wurst erst der Länge nach durch und teilt dann beide Hälften noch mal quer. Jedes Viertel lässt sich dann problemlos aus der Haut schälen. Ein Preuße wird die Weißwurst wahrscheinlich genauso essen, wie ein Wiener Würstchen: mit Messer und Gabel in Scheiben schneiden und samt der Haut verzehren.

Zu Weißwürsten, die man im Lokal übrigens stück- und nicht paarweise bestellt, gibt es traditionell süßen Senf, Brezeln (Brez'n) und Bier.

Gebrauch von Besteck

Obwohl uns die Natur mit Fingern als Esswerkzeuge ausgestattet hat, setzen wir diese zumindest in der Öffentlichkeit nur im Ausnahmefall ein. Normalerweise wird hier zu Lande mit Messer, Gabel und Löffel gegessen.

tipp

- Mit dem Messer werden Fleisch und andere feste Speisen geschnitten. Außerdem hilft das Messer schiebender Weise beim "Bela den" der Gabel. Als geradezu verwerflich gilt es, Speisen auf die Messerspitze zu spießen und zum Mund zu führen. Und wer die Messerklinge ableckt, ist viel leicht ein Genussmensch, hat aber keine Erziehung genossen.

- Alle Speisen, deren Konsistenz es zulässt, werden mit der Gabel zerteilt. Gerichte, die kein Messer erfordern, dürfen nur mit der Gabel (in der rechten Hand) gegessen werden.

- Der Löffel ist in erster Linie für die Suppe da, aber auch für andere Gerichte mit relativ viel Flüssigkeit (Eintöpfe, Aufläufe etc.). Kleine Löffel braucht man zum Dessert und zum Umrühren von Kaffee oder Tee. Das weiche Ei wird mit dem Kleinsten, dem Eierlöffel, ausgelöffelt.

Servieren wie ein Profi

Ein Ober lernt drei Jahre, bis ihm das perfekte Servieren von Speisen und Getränken in Fleisch und Blut übergegangen ist. Im Haushalt haben wir's leichter. Man stellt Teller und Schüsseln auf den Tisch, und die Familie bedient sich selbst. Doch zu manchen Gelegenheiten kann es erforderlich sein, Gäste nach allen Regeln der Kunst zu bedienen. Das macht beispielsweise dann einen guten Eindruck, wenn der Chef mit seiner Frau zu Besuch kommt, eine goldene Hochzeit im größeren Kreis gefeiert wird usw.

Mal von rechts, mal von links

Gäste setzten sich normalerweise an den gedeckten Tisch, doch im Laufe des Essens passiert eine Menge. Da werden Gedeckteile ab- und auf-

tipp

Treten Sie von rechts an den Gast heran, wenn Sie

- gebrauchte Teller und Gläser sowie Besteckteile auf der rechten Seite des Gedecks abräumen,
- frische Teller und Gläser sowie Besteckteile für die rechte Gedeckseite einsetzen,
- Teller mit Speisen auftragen,
- Schüsseln und Platten auf den Tisch stellen,
- Getränke ein- bzw. nachschenken.

Treten Sie von links an den Gast heran, wenn Sie

- Speisen von Platten oder aus Schüsseln anbieten,
- Speisen vorlegen,
- Besteckteile, Salatschüsseln und anderes Geschirr von der linken Seite des Gedecks wegräumen oder neu eindecken.

getragen, Schüsseln herumgereicht usw. Für das Servieren gibt es strenge Regeln, die sich im Laufe der Zeit aus der Praxis ergeben haben. Grundsätzlich gilt:
All die Handgriffe sind so angelegt, dass man beim Servieren nie vor dem Gesicht des Gastes herumhantiert. Doch wer sich sklavisch dran hält, kann trotzdem einiges falsch machen. Da sind beispielsweise zwei nebeneinander sitzende Gäste ins Gespräch vertieft. Sie wollen das Dessert bringen und müssten nun zumindest einmal zwischen den Gästen durchgreifen. Weil das stört, stellen Sie eben den Pudding von der falschen Seite auf den Tisch. Oder: Sollte es ein Gummibaum, ein schlummernder Hund etc. erschweren, Speisen von links anzubieten, dann tun Sie's eben von rechts. Niemand wird Ihnen daraus "einen Strick drehen".

Auch wenn Teller, Besteck und Gläser während eines Menüs mehrmals gewechselt werden, bleibt – falls vorhanden – der Platzteller unangetastet. Er bildet quasi den ruhenden Pol des Gedecks und die Grundlage für sämtliche anderen Teller. Vor dem Dessert räumt man alles vom Tisch, was ausgedient hat, nur der Platzteller wird bis zum Schluss gebraucht.

Wer und was zuerst?

Im kleinen Kreis ist das ganz einfach: Die Damen werden zuerst bedient, wobei Alter vor Jugend geht. In der gleichen Reihenfolge sind anschließend die Herren dran. Sollte am Tisch ein männlicher Ehrengast sitzen, muss der trotzdem warten, denn das Servieren beginnt bei der neben ihm sitzenden Dame. An einer großen Tafel lässt sich diese Hierarchie natürlich nicht einhalten. Das Servieren würde zu viel Zeit kosten, und das Essen inzwischen kalt. Deshalb bedient man einfach der Reihe nach. Der Gastgeber bzw. die Gastgeberin kommt allerdings immer ganz zum Schluss dran.

Werden Platten und Schüsseln von Gast zu Gast weiter gereicht, muss einer halten, während sich der andere bedient. Stehen zum Vorlegen ein Löffel und eine Gabel zur Verfügung, darf man mit der linken und der rechten Hand "arbeiten". Denn wer beherrscht schon, wenn alle zuschauen, das einhändige Hantieren mit der Gabel über dem Löffel? Ein Ober hat darin natürlich Routine. Er hält beispielsweise die Gemüseplatte auf der linken Hand, fasst mit der rechten geschickt Bohnen, Karotten und alles andere zwischen beide Servierbesteck-Teile und bringt das Gemüse unfallfrei auf den Teller des Gastes.

Beim zwanglosen "Essenfassen" schnappt sich jeder die nächstbeste Schüssel oder Platte, denn so sind die Teller am schnellsten gefüllt. Gastgeber halten sich natürlich zurück und überlassen den Gästen den Vortritt. Wo's vornehmer zugeht, werden die Speisen in bestimmter Reihenfolge angeboten: zuerst Fleisch und Sauce, dann Kartoffeln, Nudeln und sonstige Beilagen, zu guter Letzt Salat.

Dieses Vorgehen macht es zunächst unmöglich, Sauce über Kartoffeln zu gießen. Aber man darf ja zumindest teilweise nachfassen. Kurzgebratenes Fleisch (Steaks, Schnitzel etc.) wird zwar eher selten, Braten, Gulasch, Geschnetzeltes usw. dagegen meist mindestens zwei Mal nachgereicht, ebenso die Beilagen. Bei der Vorspeise und beim Dessert gibt es normalerweise (leider) keinen Nachschlag.

Vielleicht kennen Sie das: Da sitzt man an einem großen Tisch, und das Brot steht ganz am anderen Ende. Falsch wäre es nun, sich lang zu machen, über die Tafel zu legen und den Brotkorb zu angeln. Richtig ist es, den Wunsch nach Brot zu äußern: "Könnte ich bitte etwas Brot bekommen?" Sofort wird der dem Korb am nächsten Sitzende jenen ergreifen - und eben nicht quer über den Tisch herüberreichen. Der Korb wird vielmehr weitergegeben ("Würden Sie das bitte weiterreichen?"), bis er bei Ihnen landet. Sie bedanken sich.

Aus dieser Geschichte lernen wir: Am Tisch nimmt man sich nur das selbst, was in unmittelbarer Nähe steht. Schließlich kann nicht jeder jedem ständig über den Teller fassen. Weiter entfernte Gegenstände werden so gereicht, dass möglichst wenig Störung entsteht. Ein guter Gastgeber trägt dem Rechnung und stellt auf einer langen Tafel die wichtigsten Dinge mindestens doppelt bereit - Zucker, Salz und Pfeffer, Butter, Brot usw.

Verhalten am Tisch

Dass man sich mit gewaschenen Händen und sauberen Fingernägeln zum Essen setzt, hören Kinder regelmäßig. Doch auch manche Erwachsenen sollten gelegentlich den alten Spruch rekapitulieren: Nach dem Stuhlgang, vor dem Essen Händewaschen nicht vergessen.

Gemeinsame Mahlzeit

Sitzordnung

Im Alltag sitzen Mutter, Vater und die Kinder so um den Tisch herum, wie es am praktischsten erscheint: Klein-Susi nicht neben Klein-Mäxchen, weil beide sonst nur Blödsinn machen. Die Mutter in nächster Nähe zur Küchentür usw. Bei einem zwanglosen Essen mit Gästen dürfen sich diese ihren Platz selbst aussuchen, man macht ihnen bestenfalls Vorschläge. Doch größere Einladungen (Geburtstage, Hochzeiten, Taufen usw.) erfordern eine durchdachte Sitzordnung. Sie verhindert eine unerwünschte Cliquen-Bildung ebenso wie das streitverdächtige Zusammentreffen von Tante Erna und Tante Friedel. Bewährt hat es sich, weibliche und männliche Gäste im bunten Wechsel zu platzieren und Paare zu trennen (Ausnahmen: Verlobungs-, Hochzeits- und Jubiläumspaare). Das Gastgeber-Paar sitzt auf keinen Fall nebeneinander.

Schließlich gilt es, den Ehrenplatz zu besetzen und mit den passenden Nachbarn zu versehen. Der Platz rechts neben der Gastgeberin ist für den männlichen Ehrengast reserviert, also zum Beispiel für den Onkel aus Amerika. Die Erbtante als weiblicher Ehrengast dagegen wird dem Hausherrn rechts zur Seite gesetzt. Bei Familienfesten wie Verlobung, Hochzeit, Konfirmation, Kommunion usw. liegt der Ehrenplatz in der Mitte einer Längsseite. Eine Einzelperson kann man auch bitten, den "Vorsitz" am Kopfende einer Tafel zu übernehmen.

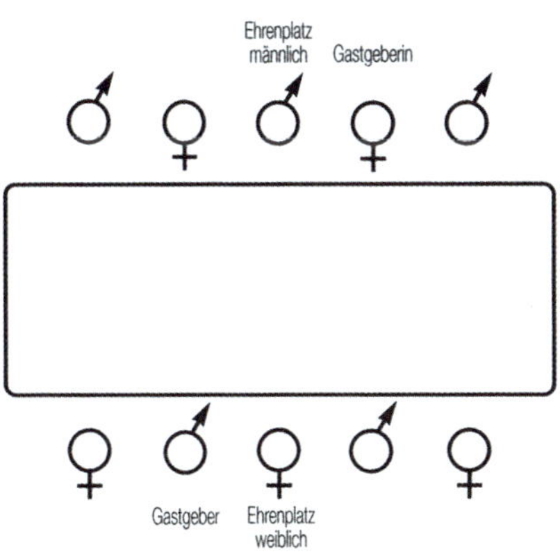

Anfang und Ende einer Mahlzeit

Haben sich alle um den gedeckten Tisch versammelt, wird auf "grünes Licht" zum Essen gewartet. Das gibt in der Familie normalerweise die Mutter oder der Vater. Werden Gäste bewirtet, kommt das Startzeichen vom Gastgeber bzw. von der Gastgeberin. Es kann schlicht lauten "Mahlzeit" oder "Guten Appetit" oder "Bitte, greifen Sie zu" oder auch "Fröhlich sei das Kaffeetrinken". In vielen Familien ist ein kurzes Tischgebet üblich. Es wird von einer Person laut gesprochen, während die übrigen Anwesenden still sind und einen Moment der Besinnung einlegen. Anschließend wünschen sich alle einen guten Appetit – und los geht's.

Bei Einladungen hält sich die Tischrunde mit dem Trinken so lange zurück, bis vor allem Wein und Bier offiziell freigegeben sind. Der Gastgeber hebt hoffentlich bald nach Beginn des Essens sein Glas und prostet den Gästen mit einem "Zum Wohle" oder "Lassen Sie uns auf das Geburtstagskind anstoßen" (siehe Seite 106f.) zu. Von da an darf jeder trinken, wann er mag.

Während der Mahlzeit verlässt niemand ohne triftigen Grund den Tisch. Lediglich jene, die mit dem Servieren von Speisen und Getränken befasst sind, stehen bei Bedarf auf. Sollte ein unaufschiebbares Bedürfnis zum Hinausgehen zwingen, erhebt sich der Betroffene mit einem kurzen "Entschuldigung, ich bin gleich wieder da".

Eine gemeinsam begonnene Mahlzeit wird auch gemeinsam beendet. So mancher sitzt wie auf Kohlen, bis endlich die erlösenden Worte kommen "Wollen wir die Tafel aufheben" oder "Ich hoffe, es hat euch geschmeckt". Wurde zu Anfang ein Tischgebet gesprochen, ist am Schluss ein kurzer Dank üblich. Kindern, die oft sehr zappelig werden, gestattet man am besten das vorzeitige Verschwinden. Es schadet jedoch nichts, wenn sie zu der Frage angehalten werden: "Darf ich aufstehen?"

Übung mit Messer und Gabel

Der Umgang mit dem Besteck ist leider nicht angeboren, sondern muss erlernt werden. Je früher, desto besser. Für Kinderhände gibt es deshalb kleine Kinderbestecke, die leichter zu handhaben sind. Und so geht man um mit Messer, Gabel und Löffel:

So werden Messer, Gabel, Löffel gehalten

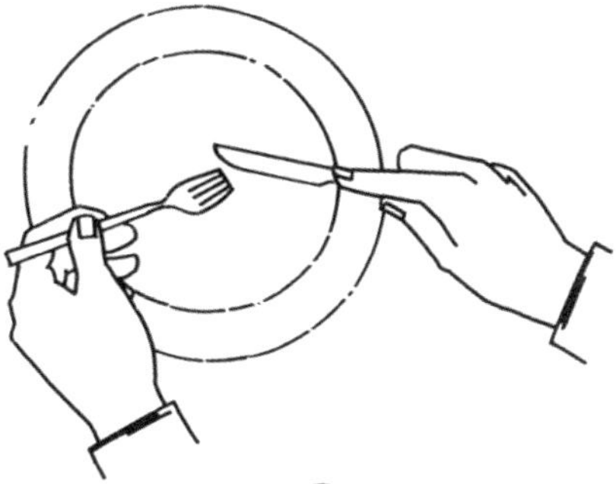

Haltung von Messer und Gabel

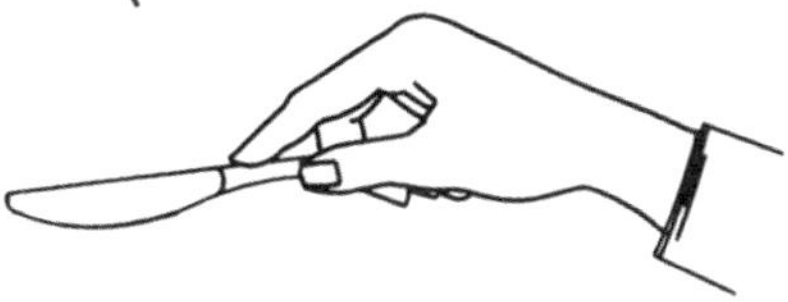

So wird das Messer gehalten

Hand von unten: So liegt der Messergriff in der hohlen Hand

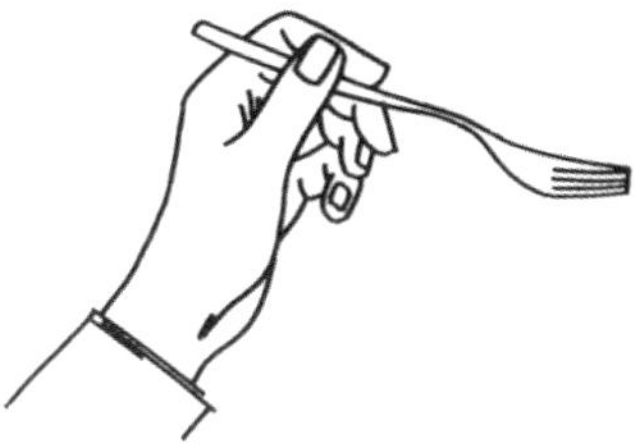

So wird die Gabel gehalten

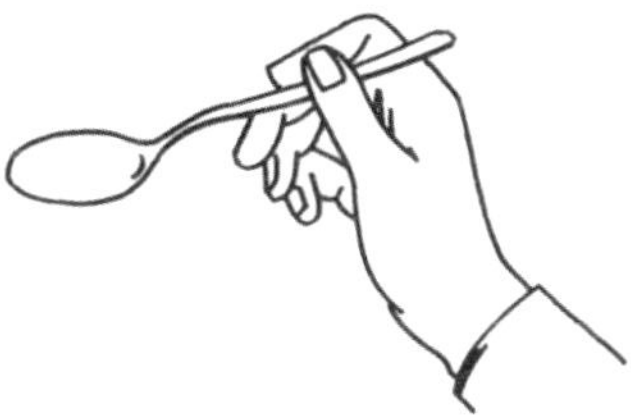

So wird der Löffel gehalten

tipp

- Das Messer gehört in die rechte Hand, zumindest beim Rechtshänder. Es wird vorwiegend zum Schneiden benutzt, deshalb zeigt die scharfe Seite der Klinge nach unten zum Teller. Der Griff wird so gefasst, dass er zwischen dem Daumen einerseits und Mittelfinger, Ringfinger und kleinem Finger andererseits Halt bekommt und mit seinem Ende in der hohlen Hand liegt. Der weitgehend gestreckte Zeigefinger hat seinen Platz auf dem Messerschaft, aber niemals auf, sondern kurz hinter der Klinge. So kann der Finger beim Schneiden den nötigen Druck ausüben. Benutzt wird das Messer auch unterstützend beim "Beladen" der Gabel. Auf keinen Fall jedoch darf die Klinge zum guten Schluss abgeleckt werden. Um sie etwas zu säubern, streift man sie an den Zinken der Gabel ab.

- Die Gabel wird mit der linken Hand gefasst – und zwar so, dass die Zinken nach oben zeigen. Der Gabelstiel ruht mit dem letzten Drittel auf dem Mittelfinger, wird mit dem Ringfinger seitlich gestützt und vom Daumen oben gehalten. Diese Position erleichtert es, die Gabel geschickt zu bewegen. Manchmal sieht man es, dass die Gabel genauso gehalten wird wie das Messer. Das behindert jedoch ihre Beweglichkeit, und außerdem sieht diese Haltung unelegant aus. Benutzt wird die Gabel unteranderem, um beispielsweise Fleisch beim Schneiden mit den Zinken festzuhalten. Für den Transport zum Mund werden die Speisen normalerweise nicht aufgespießt (mit Ausnahme von Fleisch), sondern auf die Gabel geladen. Man führt sie dann mit den Zinken voraus ins Ziel.

- Der Suppenlöffel gehört in die rechte Hand und wird genauso gehalten wie die Gabel. Die Rundung der Laffe zeigt nach unten, damit der Löffel gefüllt werden kann. Man schippt die Suppe nicht von der Spitze her drauf, sondern zieht den Löffel seitlich durch die Flüssigkeit. Nicht zu voll (denn wer hat schon eine völlig ruhige Hand?) wird der Löffel zum Mund und mit der Spitze voraus zwischen die Lippen geführt. Beim Abnehmen der Suppe ist Schlürfen völlig unerwünscht. Sollte sie zu heiß sein, verkneifen Sie sich zumindest in Gesellschaft das Pusten. Legen Sie den Löffel samt Inhalt diskret in den Teller zurück, und lassen Sie die Suppe eine Weile auskühlen. Ich denke dabei immer: Besser ist die Suppe zu heiß, denn dieser Zustand ändert sich von selbst. Eine zu kalte Suppe dagegen beleidigt die Geschmacksnerven.

Essstäbchen:

Die chinesische Küche erfreut sich wachsender Beliebtheit. Wenn Sie gern ins China-Restaurant gehen oder auch daheim hin und wieder den Wog einsetzen, dann versuchen Sie sich doch mal im Umgang mit Essstäbchen:

Falls Sie befürchten, sich mit dieser Methode hungrig zu essen, dann lassen Sie's bei dem Versuch und benutzen Sie wieder die gewohnte Gabel.

tipp

Sie legen ein Stäbchen mit seinem oberen Drittel in die Daumenbeuge, klemmen es fest und stützen den unteren Teil auf dem Ringfinger ab. Das zweite Stäbchen fassen Sie mit Daumen, Zeige- und Mittelfinger derselben Hand so, dass Sie es gut bewegen können. Jetzt müssen Sie nur noch üben, die Speisen mit den Stäbchen zu fassen.

Ein Messer erübrigt sich meist, denn chinesische Gerichte bestehen ohnehin vorwiegend aus Kleingeschnipseltem.

Eßstäbchen

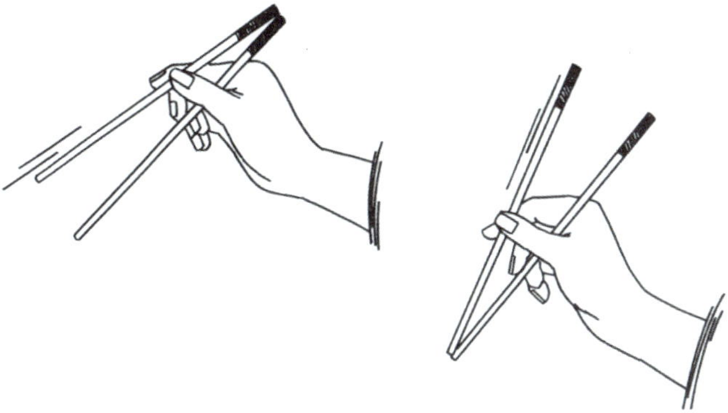

Besteck ablegen

Beim Essen kann das Besteck manche Worte ersetzen, und die "Bestk-ck-Sprache" wird auch in jedem Restaurant verstanden.

tipp

- Haben Sie aufgegessen und möchten einen Nachschlag, dann legen Sie Messer und Gabel (Zinkenspitzen nach oben) so auf den Teller, dass sich die Teile im unteren Bereich überkreuzen.

- Machen Sie während des Essens eine kleine Pause, deponieren Sie das Messer so, dass der Schaft auf dem Tisch und das Ende der Schneide auf dem rechten Tellerrand ruhen. Die Gabel gehört in gleicher Weise auf den linken Tellerrand, mit den Zinkenspitzen nach unten. Sie geben so zu erkennen, dass Sie gleich weiter essen.

- So signalisieren Sie, dass Sie mit dem Essen fertig sind: Legen Sie Messer und Gabel etwa in der Mitte des Tellers parallel nebeneinander ab. Beide Stiele ruhen auf dem rechten Tellerrand, die Gabel liegt links neben dem Messer mit den Zinkenspitzen nach oben, die Messerschneide zeigt zur Gabel. Der Suppenlöffel wird mit der Laffe so in den Teller gelegt, dass der Stiel nach rechts zeigt. Eine Suppentasse macht es erforderlich, den Löffel auf dem Unterteller zu deponieren.

Besteck-Sprache

Servietten-Zwang

Im Mittelalter band man sich Leintücher um den Hals, aß weitgehend mit den Fingern und warf die Knochen nach hinten. Unsere Tischsitten sind etwas gemäßigter, und deshalb kommen wir mit kleineren Servietten aus. Ob aus Stoff oder aus Papier, sie werden – von ganz wenigen Ausnahmen abgesehen – nicht in den Kragen gesteckt. Die Serviette mit einem zierlichen Serviettenhalter an der Krawatte oder am Blusenrevers zu befestigen, ist zwar nicht unbedingt eine elegante, zumindest aber eine praktikable Notlösung für passionierte Kleckerer. Normalerweise faltet man die Serviette zu Beginn der Mahlzeit auseinander und legt sie auf den Schoß, um wenigstens hier eventuelle Tropfen von der Kleidung fern zu halten.

Benutzt wird die Serviette, um sich bei Bedarf während des Essens – vor jedem Trinken beispielsweise ist das nötig – und auf jeden Fall nach der Mahlzeit den Mund abzuwischen und von eventuellen Saucenresten oder Krümeln zu befreien. Bartträger sind hier zu besonders sorgfältigem Vorgehen angehalten. Dass es sich weder gehört, in die Serviette zu schnäuzen noch mit ihr den Schweiß von der Stirn zu wischen oder die Brille zu putzen, versteht sich eigentlich von selbst. Wer zwischendurch aufsteht, faltet die Serviette locker und deponiert sie vorübergehend neben dem Gedeck.

Nach Beendigung des Essens zerknüllt man kleine Papierservietten und legt sie neben das Besteck auf den Teller. Größere Papierservietten können grob zusammengelegt, sollten aber nicht mehr in ihre Anfangsform gefaltet werden. Auch Stoffservietten nicht. Man legt sie zum Schluss lose zusammen und so neben den Teller.

Zahnstocher

Beim Essen bleibt es gelegentlich nicht aus, dass sich Fleischfasern oder andere kleine Reste in den Zahnzwischenräumen festsetzen. Diese unerwünschten Überbleibsel stören nach Beendigung des Mahls von Minute zu Minute mehr. Die Zunge bemüht sich verzweifelt, Ordnung zu schaffen – oft vergebens. Der Versuch, mit den Fingern ins Gehege der Zähne zu greifen, sollte tunlichst unterbleiben. Lediglich ein Zahnstocher darf verwendet werden – aber äußerst diskret und nur hinter vorgehaltener Hand oder Serviette. Ich empfinde allerdings selbst das als unpassend und meine: Säuberungsarbeiten am Gebiss sind für Zuschauer nie sonderlich appetitlich und sollten deshalb nicht am Tisch, sondern zum Beispiel draußen im Waschraum erfolgen.

Muss man alles essen?

Der eine "stirbt" für Meeresfrüchte, dem anderen vergeht beim Anblick von Kalamari & Genossen jeglicher Appetit. Über Geschmack lässt sich bekanntlich nicht streiten – nur: Was tun, wenn man eingeladen ist und ein Gericht serviert wird, bei dessen Anblick es im Hals würgt? Was auf den Tisch kommt, wird gegessen, so hieß es einst. Aber als diese Devise ausgegeben wurde, waren die Speisen noch bodenständiger und eher für jeden genießbar. Inzwischen hat man das Normale satt und hält es für fein, Gäste mit möglichst Exotischem zu verwöhnen. Doch nicht immer weckt dies ehrliche Begeisterung.

Nicht jeder mag alles essen, was auf den Tisch kommt

Wenn Sie als Gast von einem ungeliebten Essen überrascht werden, können Sie Verschiedenes tun. Handelt es sich lediglich um eine Beilage, die Ihnen widerstrebt, lehnen Sie diese einfach höflich ab. Das fällt kaum auf. Anders, wenn Sie nur Beilagen essen und zum Beispiel aufs Fleisch oder auf den Fisch verzichten möchten. Da brauchen Sie eine glaubhafte Ausrede: "Ich bin Vegetarierin" wird ebenso akzeptiert wie das gesundheitliche Problem "Ich habe eine Allergie gegen Fischeiweiß". Sollte es sich um ein Gericht handeln, das lediglich nicht gerade zu Ihren Leibspeisen gehört, machen Sie am besten gute Miene zum bösen Spiel, halten die Luft an und schlucken schnell runter, was Ihnen nicht behagt.

Wer seinen Gästen die ausgefallensten Delikatessen serviert, muss damit rechnen, beim einen oder anderen wenig Gegenliebe zu finden. Sollte mir jemand Froschschenkel oder Schlange in Aspik auftischen, bliebe nur noch die Flucht nach vorn: Ehrlich zugeben, dass ich dieses Gericht - man möge es mir verzeihen - nicht runter bringe. Sollte ich deshalb nie wieder eingeladen werden, wäre mir das gerade recht.

Äußerst unhöflich ist es, am Essen herumzumäkeln. Das gilt für verbale Kritik ("Igitt, der Pudding hat Knötchen!" Oder: "Der Salat sieht aber komisch aus.") ebenso wie für viel sagende Gesten. Manche Leute durchfieseln die Sauce mit dem Besteck, sortieren hier eine Nelke aus und dort ein Stückchen Petersilienstängel und kauen mit "langen Zähnen". Selbst wenn die Nudeln butterweich sind und das Hähnchen bereits tausend Flugstunden hatte - als Gast sieht man großzügig darüber hinweg. Und sollte die Suppe total versalzen sein, merkt das der Gastgeber hoffentlich selbst und startet eine sofortige "Rückrufaktion" in die Küche.

Wer schlechtes Essen lobt, ist selbst Schuld. Am besten, man legt den Mantel des Schweigens darüber und reagiert auf die Frage des Gastgebers "Hat's geschmeckt?" mit einem ebenso freundlichen wie diplomatischen "Danke". Ein schneller Themawechsel ist angesagt. War das Essen dagegen hervorragend, sollte der Köchin bzw. dem Koch großes Lob gespendet werden.

Bleibt noch die Sache mit dem Aufessen zu klären. Das "Anstandsrestchen" ist restlos überholt, der Teller darf ratzeputz geleert werden. Andererseits sollte niemand in sich hinein stopfen, was nicht hinein geht. Also lieber etwas übrig lassen, am besten mit ein paar entschuldigenden Worten in Richtung Gastgeber. Die sollen ja nicht glauben, es habe nicht geschmeckt. Weil Millionen Menschen auf der Welt hungern, werfen wir Essbares nur mit schlechtem Gewissen weg. Andererseits hungert keine Person weniger, wenn wir uns den Magen verderben. Man sollte eben versuchen, das eigene Aufnahmevermögen realistisch einzuschätzen und nur so viel auf den Teller zu nehmen, wie auch aller Erfahrung nach bewältigt werden kann.

Kleckern inklusive

Ein frisches, blütenreines Tischtuch "schreit" geradezu nach einem Fleck. Und wer sich an den gedeckten Tisch setzt, hofft, nicht der Erste zu sein, der kleckert. Passiert dann endlich, was passieren muss, ist das dem Pechvogel höchst unangenehm, doch die Tischrunde wirkt befreit. Gemunkelt wird, dass eine gute Gastgeberin den ersten Fleck selbst produziert, damit die Gäste unverkrampft essen können.

Das typisch deutsche Streben nach Sauberkeit verträgt sich schlecht mit fröhlichem Schmausen. Dabei nämlich widmet man sich ganz den Genüssen und nimmt billigend in Kauf, dass Krümel oder gelegentlich ein Saucenspritzer die Tischdecke verunzieren. Mein Rat: Vermeiden Sie, was zu vermeiden ist. Wenn Sie aber kleckern, dann sagen Sie lächelnd "Oh, tut mir Leid" – mehr nicht. Großes Lamento ist die Kleinigkeit nicht wert, denn es kommen garantiert noch andere Flecken dazu. Als Gastgeber(in) sehen Sie genau aus diesem Grund über das "Malheur" hinweg. Wer dagegen mit einer ungeschickten Handbewegung ein Glas Rotwein über den Tisch und womöglich das Kleid der gegenübersitzenden Nachbarin schüttet, hat zum Entschuldigen allen Grund. Mit Nachsicht darf gerechnet werden, denn auch vor diesem Missgeschick ist niemand gefeit. Unverzeihlich erscheint es mir jedoch, wenn die Tischdecke zum Abwischen der Finger missbraucht wird – das soll tatsächlich vorkommen.

Haltung bewahren

Niemand braucht mit einem "Besenstiel" im Rücken am Tisch zu sitzen. Andererseits hinterlässt einen schlechten Eindruck, wer herumflezt und mehr auf dem Stuhl liegt als sitzt. Also: Man hält sich einigermaßen gerade und platziert den "Allerwertesten" nicht nur auf der Stuhlkante, sondern nutzt die gesamte Fläche. Das Kippen des Stuhls auf die hinteren Beine und das Schaukeln sind selbstverständlich verboten.

Während des Essens befinden sich die Beine unterm Tisch. Sie sind damit unsichtbar, doch sollten sie andere auch nicht zu spüren bekommen. Die Frage "Möchtest du lieber auf meinen Platz sitzen, dann wärst du näher bei deinen Füßen" hat immer dann ihre Berechtigung, wenn jemand sein langes "Fahrgestell" bis zur anderen Seite des Tisches durchstreckt. Die Beine sollten nahe beim Stuhl bleiben, und zwar ruhig. Ständiges Wippen oder Herumkratzen stört. Auch gehört es sich nicht, heimlich die drückenden Schuhe unterm Tisch auszuziehen.

Wer fertig ist mit dem Essen, kann den Stuhl etwas nach hinten schieben, um bequemer zu sitzen. Jetzt dürfen die Beine gemäßigt ausgestreckt oder übereinander geschlagen werden. Niemand verlangt mehr von Damen, ihre Beine vollendet aber ermüdend zu präsentieren: dicht nebeneinander, parallel und leicht schräg gestellt. Dass sich aber das andere Extrem einbürgert – breit gespreizte Beine unterm Rock – widerspricht jedem ästhetischen Empfinden.

Der Esstisch ist keine Bar, also lümmelt man sich vor und während des Essens nicht mit den Ellbogen nach vorn. Während Messer, Gabel und Löffel benutzt werden, berühren die Arme niemals den Tisch, sondern bewegen sich frei. Dabei werden die Ellbogen möglichst dicht am Körper gehalten, um den Nachbarn unangenehme Püffe zu ersparen.

Während einer Essenspause dürfen die Unterarme neben dem Teller aufgelegt werden. Wird nur mit einer Hand gegessen, bewegt sich auch dieser Arm ohne Abstützen, wobei die andere Hand ruhig neben dem Teller auf dem Tisch liegt.

Der Abstand zwischen Körper und Tisch soll so sein, dass sich die Speisen ohne unnötig langen Weg vom Teller zum Mund befördern lassen. Das bedeutet jedoch keineswegs, dass man sich tief nach vorn über den Teller beugt – auch nicht bei der Suppe. Die Gabel oder der Löffel bewegen sich immer auf den Mund zu und nicht umgekehrt.

Der Mund bleibt beim Kauen geschlossen, damit niemand sieht, was zwischen den Zähnen geschieht. Das bedeutet auch, dass man mit vollem Mund nicht spricht, denn: Ab 500 g wird's undeutlich. Wer trinken möchte, schluckt zuerst die Speisen hinunter, wischt sich die Lippen mit der Serviette und nimmt dann das Glas. Das sichtbare "Einmatschen" der Speisen im Mund verdirbt nämlich anderen den Appetit.

Dass beim Essen nicht geschmatzt wird, hat sich herumgesprochen. Rülpsen und Schlimmeres war noch zu Luthers Zeiten üblich, seither sind solche Äußerungen des Wohlbehagens verpönt. Wer aufstoßen muss, vermeidet möglichst jedes Geräusch, hält schnell die Hand vor den Mund und murmelt ein "Entschuldigung" in Richtung Tischnachbarn. Ein Schluckauf kann ungeheuer lästig sein und ist manchmal fast nicht kontrollierbar. Die anderen haben gute Ratschläge parat wie "Denk an drei glatzköpfige Männer" oder "Mach ganz lange pfffffft...". Was wirklich hilft: Gehen Sie mit einer Entschuldigung kurz raus. Auch Husten und Niesen lassen sich nicht immer völlig unterdrücken. Man tut beides gedämpft und hinter vorgehaltener Hand (siehe Seite 60f.).

Beim Essen hat jeder sein eigenes Tempo, wobei manche über und andere unter dem Durchschnitt liegen. Es gibt allerdings die "Hochgeschwindigkeitsesser", die jeden Teller in null Komma nichts leeren und scheinbar aufs Kauen völlig verzichten. Dieses hastige Essen gleicht eher einem Fressen und wirkt auf Tischgenossen befremdlich. Aber auch jene, die jeden Bissen hundert Mal durch die Zähne walken und überhaupt nicht fertig werden, sind Nervtöter für Mit-Esser. Es wäre schön, würde der goldene Mittelweg mit kleinen Abweichungen nach oben und unten eingehalten.

Kleider machen Leute

Es gab Zeiten, da war die Mode eine wahre „Zwangsjacke“. Mal mussten die Röcke kurz, mal lang, mal eng, mal weit sein. Die Kleidung wurde exakt zugeordnet – die Schuhe für den Sonntag, den Mantel für den Werktag usw. Der "dernier crie", der „letzte Schrei“, beschäftigte vor allem die Damenwelt, denn keinem aufmerksamen Beobachter konnte es entgehen, wenn ein Kleid noch aus der vergangenen Saison stammte.

Dem Diktat der Mode können und wollen wir uns nach wie vor nicht entziehen. Doch zum Glück legt sie heute lediglich Trends fest und lässt uns sehr viel Freiheit. Ob figurbetont oder "Schlabberlook", ob atemberaubende Stilettos oder Turnschuhe – erlaubt ist, was gefällt. Man sucht sich seinen eigenen Stil und das in jedem Alter. Die meisten Leute sind an Arbeitstagen im Büro "besser" gekleidet als am Wochenende in der Freizeit. Viele besitzen aber eine Ausgeh-Garderobe fürs Theater, für die Disco usw. Individualität wird dabei groß geschrieben, und deshalb kann man selbst bei festlichen Anlässen alles sehen – von der Jeans bis zur sündhaft teuren Abendrobe.

Freilich – Gültigkeit hat nach wie vor die Behauptung: Kleider machen Leute. Der erste Eindruck, den andere von einer Person gewinnen, hängt nun mal von Äußerlichkeiten ab. Und dabei spielt die Kleidung eine Schlüsselrolle. Anders herum betrachtet, steht und fällt meist auch das eigene Selbstbewusstsein mit der Kleidung. Wer sich beispielsweise bei einem Vorstellungsgespräch gut angezogen fühlt, tritt bedeutend sicherer auf. Frauen sind dabei eher modisch orientiert, während das Gros der Männern ein korrektes Aussehen (zum Beispiel Anzug und Krawatte) fürs Selbstwertgefühl braucht.

Immer das richtige Outfit

Auch wenn "man" nicht mehr unbedingt ausschließlich dies oder jenes trägt, so bleibt es doch eine Notwendigkeit, sich gewissen Normen weitgehend anzupassen. Wie bereits gesagt: In der Freizeit ist die Kleidung legerer als am Arbeitsplatz, und wer ausgeht, will natürlich besonders attraktiv aussehen. Ein Gespür für situationsgerechte Kleidung bewahrt davor, in Gesellschaft „overdressed“ oder „underdressed“ zu sein. Wer den Smoking anzieht, um in einer gewöhnlichen Eckkneipe ein Bier zu trinken, fühlt sich garantiert fehl am Platz. Andererseits gerät man mit ausgefransten Shorts bei einem festlichen Empfang unweigerlich ins

Abseits. Das gewagte Dekolleté gehört zu einer rauschenden Ballnacht, nicht aber in den Sonntagsgottesdienst. Auf der Berghütte wirkt der bequeme Jogginganzug zünftig, doch morgens beim Frühstück im Viersterne-Hotel sieht er schlampig aus.

Abgesehen von solchen Einschränkungen kleide sich jeder nach Lust und Laune, Bankkonto und Geschmack. Ich meine jedoch, dass Mode immer auf den persönlichen Typ abgestimmt sein sollte – sich selbst und den Mitmenschen zuliebe.

In der Freizeit...

...gibt es keine Kleiderordnung. Ob lässig oder ausgeflippt, uralt oder aus neuester Kollektion, jeder findet etwas anderes chic.

Am Arbeitsplatz...

...sollte man immer gut gekleidet sein. Der Stil richtet sich nach dem jeweiligen Unternehmen. Mehr darüber auf Seite...

Bei Einladungen, Festen und gesellschaftlichen Anlässen...

...muss die Kleidung dem Anlass und der Uhrzeit angepasst werden. Freizeitkleidung wie ausgeleierte Jeans, Radlerhosen und ähnliche Teile mögen fürs Picknick im Grünen noch angehen, doch schon für die Gartenparty kleidet man sich etwas gepflegter. Zwanglose Einladungen im privaten Bereich sind höchst selten mit Kleidervorschriften verbunden. Selbst die Herren können statt Sakko und Krawatte auch im Hemd, Poloshirt oder Pullover erscheinen, und Jeans gelten längst als salonfähig.

Für die Einladung am Nachmittag hatten die Damen früher das sog. Nachmittagskleid. Es war elegant und wurde niemals den ganzen Tag getragen. Auch wenn diese Spezies im Kleiderschrank der Vergangenheit angehört, so wird "Frau" sich doch zur Cocktailparty am Pool etc. etwas herausputzen, denn die Konkurrenz ist groß. Er begleitet sie im leichten Anzug oder einer Kombination, wobei beides durchaus von heller Farbe sein darf. Zu bestimmten Gelegenheiten kann auch das ein- oder zweireihige Dinnerjacket mal wieder ausgeführt werden. Ursprünglich hatte es weiß zu sein und wurde zur schwarzen oder dunkelgrauen Hose kombiniert. Inzwischen sieht man es auch in Schwarz oder Dunkelblau.

Abendgarderobe - Herr

Das Mindeste ist ein dunkler Anzug mit harmonierendem Zubehör, also Hemd und Krawatte. Er kann schwarz, dunkelblau oder dunkelgrau sein. Korrekterweise wird das Jackett geschlossen. Doch zum Glück geht's nicht mehr überall konventionell zu, und deshalb darf es gegebenenfalls auch offen getragen werden.

Der beliebteste Gesellschaftsanzug ist der Smoking. In ihm macht "Mann" bei jedem festlichen Anlass eine gute Figur. Vor der klassischen Form eines Smokings kapituliert selbst die Mode: Das Sakko (es wird geschlossen getragen) ist ein- oder zweireihig und besitzt ein seidenüberzogenes Revers oder einen Schalkragen. Die Hose ohne Umschlag unterschiedet sich von jeder anderen durch Seidengalons. Das weiße Hemd kann einen Umlege- oder einen Klappkragen haben, und mutige Herren mit verspielter Ader schrecken nicht vor Fältchen, Rüschen und Biesen zurück. Zum Smoking gehört die Schleife um den Hals, deren Design – es darf heute durchaus farbig und sogar auffallend sein – sich im Kummerbund wiederholt. Dieses Spezial-Utensil trägt seinen Namen wohl deshalb, weil es vielfach über kurz oder lang nicht mehr um die Leibesmitte passt und dadurch Kummer bereitet.

Ein Frack ist kein Muss mehr für den Herrn, wird jedoch zu wenigen ausgewählten Gelegenheiten wie zum Beispiel großen Hochzeiten (da sogar bereits am Nachmittag, sonst ausschließlich abends) noch immer getragen. Die schwarze Jacke ist vorn kurz, hat seidenbesetzte Revers und jene unverwechselbaren "Schwalbenschwänze", und man schließt sie nie. Unter die Jacke gehört eine weiße Weste und darunter wiederum ein weißes Hemd mit Klappkragen und Manschetten, für die Manschettenknöpfe benötigt werden. Oben herum trägt der Mann eine weiße "Fliege" – im Unterschied zu Oberkellnern im Frack, die sich mit schwarzer Schleife begnügen. Die Frack-Hose verrät sich durch einen doppelten Galonstreifen. Zwingend für einen perfekten Eindruck sind Lakkschuhe, während der einst unverzichtbare Zylinder nicht mehr sein muss.

Den Cut (Cutaway) sieht man nur noch recht selten, dabei war er einst der Gesellschaftsanzug für alle Lebenslagen und alles andere als langweilig. Das Auffallendste an ihm ist das einreihige schwarze Sakko – vorn kurz und langes Rückenteil. Es hat keine "Schwalbenschwänze" wie der Frack, sondern verläuft abgerundet. Zu diesem Oberteil gehört eine Stresemann-Hose – grauschwarz gestreift und ohne Aufschlag. Perfekt harmoniert dazu ein weißes Hemd mit Kläppchenkragen und ein breiter Seidenschlips mit Perle (Plastron). Notfalls ist auch ein Hemd mit Umlegekragen und silbergrauer Krawatte akzeptabel. Komplettiert wird der Aufzug zu ganz besonderen Anlässen (Hochzeit, großer Empfang etc.) mit einer silbergrauen Weste und einem Zylinder von gleicher

Farbe. Dasselbe Zubehör in Schwarz macht aus dem Cut einen Traueranzug, wie er zumindest bei der Beerdigung von Staatsmännern und ähnlichen wichtigen Persönlichkeiten getragen wird.

Abendgarderobe - Dame

Die Dame hat sich in ihrer Kleidung seit eh und je nach dem Herrn zu richten. Das mag so mancher Frau nicht gefallen, doch Vorsicht mit extravagantem Outfit, wenn er sich für Klassik entscheidet. Ein Paar sollte (zumindest äußerlich) harmonieren, wenn es zusammen in der Öffentlichkeit auftritt. Also: Präsentiert er sich im Frack, erscheint sie im langen Abendkleid – und hier sind der Raffinesse keine Grenzen gesetzt. Bei einer Hochzeit – aber eben nur da – darf das Abendkleid schon nachmittags getragen werden. Und sollte es die Tiefe des Ausschnitts erforderlich machen, kann während der kirchlichen Trauung eine Stola oder ein Schal die Blöße sittsam verbergen.

Die kurze Form des Abendkleids ist das Cocktailkleid – höchst elegant und gern auch sexy, doch auf keinen Fall für einen Ball geeignet.

Das Ballkleid verlangt nach einem weiten Rock, der – ob kurz oder lang – beim Tanzen um die Beine schwingt. Die Dame im großen Ballkleid passt zum Herrn im Smoking oder eventuell noch im dunklen Anzug. Der wiederum berechtigt die Dame auch, lediglich in einem "normalen" Kleid zum Tanzen zu gehen. Das darf sie sogar an Silvester, denn ein echtes Ballkleid kann und will sich nicht jede Frau leisten. Auf dem Wiener Opernball allerdings wäre man ohne eher das Aschenputtel.

Eine passable Alternative zur festlichen Robe bildet das "kleine Schwarze". Es darf heute jede Form (Kleid, Kostüm oder sogar Hosenanzug) und Farbe haben, und kann von dezenter Eleganz oder ein modischer Fummel sein. Getragen wird es beispielsweise immer dann, wenn das Abendkleid zu überkandidelt erscheint, und man im Alltagsgewand underdressed wäre.

Bei kulturellen Veranstaltungen...

...reicht die Bandbreite von normaler Alltagskluft über Extravagantes bis zur klassisch-eleganten Kleidung. Bei einer Vernissage beispielsweise zeigen Damen wie auch Herren gern die verrücktesten Klamotten. Im Theater oder Konzert sieht man Jeans mit Pullover ebenso wie den dunklen Anzug – frei nach Shakespeare: Wie es euch gefällt. Dass nicht immer Einigkeit über die richtige Kleidung besteht, enthüllt die Bemerkung eines Mannes, dessen Partnerin sich in Leggins gezwängt hat: "Was würdest du sagen, wenn ich in langen Unterhosen aus dem Haus ginge?"

In der Oper oder im Operettentheater allerdings geht's traditionell vornehmer zu. Zwar sieht man auch hier gelegentlich den Freizeitlook, doch die meisten Besucher haben sich in Schale geworfen: Herren mindestens im dunklen Anzug, Damen im eleganten Kleid bzw. Rock mit Glitzer-Oberteil etc. Das Premieren-Publikum zeigt sich noch einen Touch nobler, und auch an Feiertagen wie zum Beispiel Silvester werden die besten Sachen aus dem Schrank geholt. Dass es sich dabei nicht immer um die neueste Mode handelt, ist eindeutig, doch jeder sieht großzügig darüber hinweg und honoriert den guten Willen. Denn kaum jemand investiert jede Saison neu in kostspielige Ausgehgarderobe.

In die Disco...

... bzw. auf die „Piste" gehen Jugendliche in den verrücktesten Klamotten – bunt, schrill, mit ausgefallenen Accessoires kombiniert. Und bei den Mädchen heißt es „je weniger, desto besser". Was angesagt ist, ändert sich innerhalb kürzester Zeit. Nur wer zur Szene gehört, blickt da noch durch.

Im Urlaub...

...erhält normalerweise eher Legeres den Vorzug. Verständlich, denn wenn der Beruf das Jahr über zu eher konventioneller Kleidung verpflichtet, möchte man in den Ferien gern jeden Zwang ablegen. Wie leicht das ins gegenteilige Extrem umschlägt, kann jeder beobachten, der einmal – um nur ein Beispiel zu nennen – mit aufmerksamen Augen über den Markusplatz in Venedig schlendert: Da spannen sich grellbunte, verschwitzte T-Shirts über Bäuche, die kein Hosenbund mehr halten kann. Da sieht man die kürzesten Minis und darunter Beine, bei denen die Oberschenkel bis in die Schuhe reichen. Da wird selbst in Kirchen und auf Friedhöfen viel nackte Haut zu Markte getragen. Im Speisesaal des Hotels sitzen Bademäntel an den Tischen, und über den Campingplatz schlendern gestandene Mannsbilder im Rippen-Unterhemd.

Ich meine, dass selbst die Urlaubs-Anonymität nicht dazu berechtigt, verhaltens- und kleidungsmäßig total über die Stränge zu schlagen. Nichts gegen leichte, lockere Klamotten, doch sollten sie dem Ort und der Situation angemessen sein und das ästhetische Empfinden anderer nicht beeinträchtigen. Besonders sensibel sollte man außerhalb der Touristenzentren darauf achten, die nationalen Sitten und das Schamgefühl der einheimischen nicht zu verletzen.

Überall eine gute Figur

Benehmen im Restaurant

Angenommen, eine Dame und ein Herr gehen in ein Restaurant, ein Café, eine Bar etc. Dann betritt er das Lokal zuerst (siehe Seite 26f.). Sollte das Etablissement Ziel einer ganzen Gruppe sein, geht jener Herr voraus, der sich drinnen bereits auskennt oder einen Tisch reserviert hat. Frauen und Männer folgen beliebig, wobei ein Herr Rückendeckung gibt und das Schlusslicht bildet.

Die Qual der Tisch-Wahl

Um einen Tisch im Lokal zu bekommen, bieten sich verschiedene Möglichkeiten an. Die sicherste ist, schon am Tag vorher oder noch früher für eine bestimmte Uhrzeit vorzubestellen. Dann wird man erwartet, und der Tisch ist gedeckt. Der Anstand gebietet freilich, den vereinbarten Termin mit plus/minus zehn Minuten einzuhalten. Wer sich mehr verspätet, ruft kurz an, und wer im letzten Moment verhindert ist, gibt ebenfalls Bescheid. So weiß der Wirt, ob er den Tisch weiter freihalten soll oder ihn an andere Gäste vergeben kann.

In besseren Lokalen sowie in vielen ausländischen Restaurants ist es üblich, dass man beim Betreten des Gastraums wartet, bis sich der hoffentlich aufmerksame Ober herbei bemüht. Er kennt die Reservierungen und schlägt einen freien Tisch vor. Nur wenn es keine andere Möglichkeit gibt, werden neue Gäste irgendwo dazuplatziert - vorausgesetzt, die bereits Anwesenden stimmen dieser "Notgemeinschaft" zu. Aus dem Schwabenland stammt der Stoßseufzer eines Wirts: "Meine Güte, jetzt kommen zehn Gäste, und ich habe nur noch acht freie Tische."

Auch wenn man sich im Gastraum selbst einen Platz sucht, gilt das Interesse natürlich in erster Linie einem freien Tisch. Wenn aber überall schon jemand sitzt oder vielleicht sogar ganz bewusst Gesellschaft gesucht wird, guckt man sich nach geeigneten Tischnachbarn um. Wer die Auswahl hat, kann Sympathie auf den ersten Blick entscheiden lassen. Steht ohnehin nur noch ein Platz zur Debatte, dann bloß nicht zögern. Allerdings erfordert das Dazusetzen ein vorsichtiges Herantasten. Selbst wenn der anvisierte Stuhl eindeutig keinen Besitzer hat, muss dieser Umstand zunächst höflich erfragt werden: "Ist der Platz noch frei?" Der/die Angesprochene wird normalerweise mit "Bitte sehr" oder einer anderen einladenden Antwort reagieren, denn eine grundlose Absage wäre ein Affront. Dass man sich bedankt und beim Hinsetzen die nächsten Nachbarn nebenan und gegenüber grüßt, ist wohl selbstverständlich.

Platz für sie und ihn

Welcher Stuhl am Tisch der Dame und welcher dem Herrn zusteht, hängt von den örtlichen Gegebenheiten ab. Grundsätzlich könnte man sagen: Einer Dame steht der beste Platz zu. Er liegt nicht im Zugbereich der Eingangstür und bleibt unbehelligt von hereindrängenden Gästen und vorbeieilenden Kellnern. Andererseits sollte der Herr möglichst nicht mit dem Rücken zum Lokal, sondern so sitzen, dass er das Geschehen ringsum überblicken kann. Diese strategisch günstige Position erleichtert es, den Kellner bei Bedarf herbeizurufen, was Frauen meist gern ihren Männern überlassen.

Ein Paar setzt sich normalerweise an einem Tisch nicht "wie die Spatzen auf der Stange" nebeneinander, sondern gegenüber oder über Eck. So können sich beide besser unterhalten und in die Augen sehen. Eine größere Gruppe wird sich im lockeren Wechsel von Frau und Mann um den Tisch verteilen. Sollte ein Gastgeber, ein Geburtstagskind oder eine andere wichtige Person vorhanden sein, überlässt man dieser zumindest am rechteckigen Tisch den "Vorsitz" an der Kopfseite.

Ritterlich, wie Herren nun mal von Natur aus sind, setzen sie sich erst, wenn die Damen bereits Platz genommen haben. Das fürsorgliche Zurechtrücken des Stuhls war früher üblich, doch ich empfinde das eher als lästig. Da Frauen heutzutage nicht mehr mit Reifröcken und komplizierten Gewändern zu kämpfen haben, stellt es keine Schwierigkeit dar, das Hinterteil ohne fremde Hilfe sicher auf dem Stuhl zu platzieren. Erhebt sich eine Dame, um ihren Platz zu verlassen, dürfen die Männer - so meine ich - im Gegensatz zu früher sitzen bleiben.

Vom Umgang mit Kellnern und Kellnerinnen

Einen Kellner an den Tisch zu rufen, ist absolut einfach, denn er reagiert immer auf das obligatorische "Herr Ober". Bei der Kellnerin dagegen fehlen uns die Worte. "Frau Oberin" wäre absolut verfehlt, da zu Missverständnissen führend. "Frau Kellnerin" ist nicht üblich, und so lautet der aktuelle Vorschlag "Frau Ober". Das ist äußerst gewöhnungsbedürftig und eine reine Notlösung. Und weil das einst gebräuchliche "Fräulein" vielen Gästen angesichts einer Bedienung in den besten Jahren nur schwer über die Lippen kommt, liegt die Rettung oft nur im unverfänglichen "Hallo", verbunden mit dem nach Schülerart hochgestreckten Zeigefinger bzw. der leicht erhobenen Hand. So manche Kellnerin reagiert darauf nach angemessener Zeit und gibt dann vielleicht - zumindest in Bayern - den hilfreichen Hinweis: "I bin die Kati."

Bestellen

Der Ober - bleiben wir der Einfachheit halber bei der männlichen Form -

bringt die Speisekarten und reicht sie zuerst der(den) Dame(n), dann dem Herrn/den Herren. Gilt es, irgendwelche Fragen bezüglich der Speisen zu klären, so kann das der Mann übernehmen. Doch inzwischen ist Frau Frau genug, um auch selbst den Mund aufzumachen. Die Weinkarte wird in manchen Lokalen noch immer ausschließlich dem Herrn überreicht, damit er sich ins geheimnisvolle Angebot der edlen Tropfen vertiefe und seine fachkundige Wahl auch für die Begleiterin treffe. Leider hat es sich noch nicht überall in der Gastronomie herumgesprochen, dass viele Frauen ihren eigenen Weingeschmack haben und in der Lage sind, selbst zu entscheiden.

Die Bestellung gibt zumindest in größerer Runde jeder selbst auf. Das erleichtert dem Ober den Überblick. Ein Herr darf natürlich auch für seine Begleiterin mitbestellen. Oder es lädt jemand ein und ordert gleich für alle zusammen. Normalerweise werden zuerst die gewünschten Getränke, dann die Speisen in logischer Reihenfolge genannt – Vorspeise, Suppe, Hauptgang. Dessert oder Käse können warten. Diesen krönenden Abschluss gibt man am besten erst in Auftrag, wenn nach einem opulenten Mahl tatsächlich noch eine "Magenfalte" frei geblieben ist.

Service

Das Bedienungspersonal in einem Gasthof oder in der Kneipe an der Ecke trägt bei der Arbeit normale Alltagskleidung und serviert meist ohne allzu große Perfektion. In der gehobenen Gastronomie dagegen wird Wert auf das Erscheinungsbild und erstklassigen Service gelegt. Schon die Berufskleidung verrät den Status, der wiederum vom Können und von den Dienstjahren abhängt:

Der Oberkellner (Chef de Service) trägt die Verantwortung für das Geschehen im Restaurant. Er begrüßt die Gäste, geleitet sie zum Tisch, berät und nimmt die Bestellung entgegen. Rein äußerlich dokumentiert der Oberkellner seine Würde durch ein schwarzes Jackett und schwarze Schleife. Der Nächste in der Rangfolge ist der Chef de Rang in weißer Jacke und mit schwarzer Schleife. Er bedient die Gäste und lässt sich dabei vom Commis (weiße Jacke, weiße Schleife) zur Hand gehen. Ebenso gekleidet ist der Jüngste im Bund, der Lehrling, auch als Piccolo bekannt.

Serviert wird im guten Restaurant nach allen Regeln der Kunst (siehe Seite 119ff.). Während man der nahrhaften Dinge harrt, die da kommen sollen, rollen schon mal die Getränke an. Flaschenwein erfordert ein kleines Zeremoniell: Der Kellner bringt ihn noch verkorkt und lässt den Gast - bei Paaren gewohnheitsmäßig den Herrn – zunächst einen Blick aufs Etikett werfen. Das verdient Aufmerksamkeit, auch wenn dem Betrachter weder Herkunft noch Traube etwas sagen. Handelt es sich dem Namen nach um den bestellten Rebsaft, wird der Wein am Tisch entkorkt. Dann schenkt der Kellner dem Gast eine Probe ins Glas, der testet und nickt, wenn alles in Ordnung ist. Nun wird den anwesenden Damen eingeschenkt, und das Glas des Weinkenners zum Schluss aufgefüllt.

Der Hauptgang wird häufig komplett auf einem Teller geliefert. Das sieht appetitanregend aus und ist zudem praktisch für alle Beteiligten: Das Nachlegen erübrigt sich, weil's mehr sowieso nicht gibt. Werden dagegen die Speisen auf Platten und in Schüsseln geliefert, legt der Ober zuerst der/den Dame(n) vor. Tut er's nicht, reicht der Herr seiner Begleiterin die Beilagen, auf dass sie sich bediene. Und sollte es anders herum sein, fällt das bestimmt niemandem unangenehm auf.

Hat der Ober vorgelegt, so zählt auch das Nachlegen zu seinen Aufgaben, und der Gast sollte normalerweise nicht vorgreifen. Falls jedoch die Aufmerksamkeit des Obers zu wünschen übrig lässt, dann bedienen Sie sich einfach selbst, bevor Sie hungrig vor dem leeren Teller warten. Das Gleiche gilt für den Wein: Ein versierter Ober hat den Blick fürs leere Glas und schenkt mit einem "Darf ich?" nach – so sollte es sein. Bevor Sie jedoch ungebührlich lange auf dem Trockenen sitzen, greifen Sie selbst zur Flasche. Dabei wird der Herr die Dame zuerst versorgen.

Reklamieren

Manchmal ist selbst im besten Lokal nicht alles so, wie es sein sollte. Sie können dann Ihren Frust mit dem Essen etc. runterschlucken und einfach nie mehr wieder kommen – das ist die bequemere aber schlechtere Reaktion. Ob Schnecke im Salat, falsch gebratenes Steak, kalte Suppe, korkiger Wein oder unfreundliche Bedienung, solche und ähnliche Ärgernisse sollten Sie an den Ober oder Gastwirt weiterreichen. Nur wenn die zuständigen Personen von derartigen Vorkommnissen wissen, kann die Sorgfalt künftig erhöht sowie eventuell eine umgehende "Wiedergutmachung" (Entschuldigung, ein Gläschen Schnaps usw.) eingeleitet werden. Solche kleine Gesten besänftigen den Gast und erhöhen die Chance, ihn dem Lokal als solchen zu erhalten.

Reklamationen werden mit Diskretion behandelt. Winken Sie den Ober an den Tisch, und tragen Sie in sachlichem Ton und normaler Lautstärke Ihre Beschwerde vor. Sollten Sie kein Gehör finden, verlangen Sie nach der nächst höheren Instanz, also dem Wirt oder dem Geschäftsführer. Hat das Essen etc. einfach im Großen und Ganzen nicht Ihren Vorstellungen entsprochen, dann sagen Sie auch das. Eine gute Gelegenheit bietet sich dazu, wenn der Kellner beim Abräumen der Teller die obligatorische Frage stellt: "Hat es geschmeckt?" Dies ein für alle Mal zu unterlassen, fordern strenge Umgangspäpste. Denn die Frage wird meist ohne wirkliches Interesse ausgesprochen, nur selten ehrlich beantwortet und als Zumutung für den Gast betrachtet. Ich für meinen

Teil kann das allerdings nicht nachvollziehen - und lasse mich auch künftig gern fragen...

Bezahlen

Es sprach der Scheich zum Emir: "Jetzt zahl'n wir, und dann geh'n wir." Drauf sprach der Emir zum Scheich: "Da geh'n wir lieber gleich." Dieser Vers wird häufig aufgewärmt, wenn's ans Bezahlen geht. Zunächst muss der Kellner bzw. die Kellnerin von diesem Vorhaben in Kenntnis gesetzt werden. Nicht die feine Art ist es, "Zahlen!" quer durchs Lokal zu brüllen. Man nimmt mit dem Ober Blickkontakt auf (was oft gar nicht so einfach ist, weil er Übung im Wegsehen hat) und winkt ihn zum Tisch. Erlaubt ist es auch, in der Nähe vorbeieilendes Bedienungspersonal anzusprechen: "Herr Ober, ich möchte bezahlen, bitte."

Sitzen mehrere Personen am Tisch, wird hier zu Lande meist "getrennt" bezahlt. Das heißt: Singles und Paare rechnen jeweils für sich mit dem Kellner/der Kellnerin ab. Hat einer eingeladen, tut er dies kund: "Alles zusammen, bitte." Ein geschulter Ober wird die Rechnung der Person vorlegen, die sie angefordert hat - also auch einer Frau.

In einfacheren Lokalen legt der Kellner den Kassenbon vor den Gast und wartet, bis der seine Scheinchen auf den Tisch blättert. Vornehmer ist es, die Rechnung auf einem Teller zu servieren oder gar zusätzlich schamhaft mit einer Stoffserviette abzudecken.

Der Ober zieht sich wieder zurück und überlässt es dem Gast, die Zahlen unbeobachtet zu studieren. Der wird nun Geld oder Kreditkarte auf die Rechnung legen und warten, bis der Ober "abserviert" und anschließend eventuelles Wechselgeld ebenso diskret zurück bringt. Die Rechnung darf der Gast mitnehmen - zur Erinnerung oder fürs Finanzamt.

Vorsicht, in Deutschland ist es absolut unüblich, das Geld für die Zeche einfach unter den Aschenbecher zu schieben und zu gehen. In Frankreich oder Italien geht das - und kein Kellner rennt zum Tisch um nachzuzählen, solange der Gast in Sichtweite ist. Einem deutschen Kellner sollte man diese Nervenbelastung nicht zumuten.

Trinkgeld

Ist der Gast zufrieden, gibt er ein Trinkgeld. Wie viel, liegt in seinem persönlichen Ermessen bzw. hängt vom Grad der Zufriedenheit ab. Doch sollte man allgemein großzügig aufrunden. Schließlich ist das Trinkgeld ein Teil des Kellner-Gehalts.

Wenn direkt am Tisch kassiert wird, ist es üblich, das Trinkgeld gleich zu geben. Man reicht dem Kellner einen entsprechend aufgerundeten

Betrag und sagt: "Stimmt so." Oder man lässt sich herausgeben und schiebt dann dem Kellner das Trinkgeld zu. Wurde "per Teller" bezahlt, kann es dort zum Schluss hinterlassen werden. Kommt die Kreditkarte zum Einsatz, trägt man einen um das Trinkgeld erhöhten Betrag ein oder bezahlt den freiwilligen Obolus in bar.

Ist der Gast rundum glücklich, profitiert davon der Kellner, denn schließlich gehört eine perfekte Bedienung honoriert. Leer geht dagegen normalerweise der Koch aus, der ein hervorragendes Essen gezaubert hat. Deshalb ist es nur recht und billig, gelegentlich an die Küche zu denken und den "Künstlern" ein Trinkgeld zu hinterlassen.

Frau ohne Begleitung

Niemand findet etwas dabei, dass eine Frau allein ins Restaurant geht – obwohl ihr noch gelegentlich der "Katzentisch" zugewiesen wird. Dass dagegen eine Frau ohne männliche Begleitung eine Bar betritt, daran haben sich vor allem einige Herren der Schöpfung noch nicht so recht gewöhnt. Ich meine damit kein Striptease-Lokal, sondern beispielsweise die Bar eines Hotels. Geschäfts-Männer entspannen sich hier nach des Tages Müh, doch Frauen fehlt oft das nötige Selbstbewusstsein, es genauso zu halten.

Dabei ist wirklich nichts Verruchtes daran, ein solches Etablissement aufzusuchen. Männer sollten endlich das Vorurteil ablegen, Solo-Frauen seien grundsätzlich willig und zu allem bereit. Wer nicht mehr auf dem Kasten hat als billige Anmache, blitzt mit größter Wahrscheinlichkeit ab.

Auch die Tour, einen Drink sich selbst schon mal voraus zu schicken (Barkeeper: "Der Whisky ist von dem Herrn da drüben."), zieht in den seltensten Fällen. Denn Frau ist durchaus in der Lage, ihre Getränke selbst zu bezahlen. Dabei hat sie im Grunde nichts gegen Gesellschaft. Beginnt ein Mann auf nette, unaufdringliche Weise ein Gespräch, zeigt sie sicher nicht die kalte Schulter. Doch wenn eine Frau tatsächlich allein sein möchte, dann sollte sie das freundlich aber bestimmt zum Ausdruck bringen: "Entschuldigen Sie, ich habe heute keine Lust auf Konversation." Er sagt vielleicht "Schade" oder "Das tut mir Leid" und zieht sich zurück.

Rücksicht auf andere

Als Gast in einem Lokal möchten Sie möglichst ungestört Speisen und Getränke genießen und sich mit Tischnachbarn unterhalten. Anderen Gästen geht es natürlich ganz genauso, und deshalb muss jeder ein wenig zurückstecken.

Je größer das Lokal, desto höher ist der Lärmpegel, daran lässt sich nichts ändern. Andererseits gibt es immer wieder Leute, die mit ihrem lauten Organ alle übertönen und mühelos einen ganzen Gastraum unterhalten - und keineswegs zur Freude der restlichen Anwesenden. Wie angenehm wäre es doch, wenn jeder nur so laut reden und lachen würde, dass ihn seine nächste Umgebung versteht.

Auf die Idee, am Tisch die Haare zu kämmen, kommen zum Glück nur wenige. Doch Damen unterliegen gern der Versuchung, ihr Make-up etwas aufzufrischen. Derartige "Renovierungsarbeiten" sind jedoch nicht für alle Augen bestimmt und sollten deshalb in den Waschraum verlegt werden. Am Tisch ist höchstenfalls ein möglichst unauffälliges Nachziehen der Lippen erlaubt.

Da sitzt man gemütlich im Restaurant beim Essen, lässt seine Blicke schweifen - und bleibt plötzlich an einem bekannten Gesicht in der anderen Ecke hängen. Die Augen treffen sich im gegenseitigen Erkennen, und man ist versucht, aufzuspringen und die Person zu begrüßen.

Tun Sie's nicht, denn Sie könnten stören. Auf die Entfernung genügt ein Lächeln und ein freundliches Kopfnicken. Falls Sie später beim Verlassen des Lokals zwangsläufig direkt am Tisch vorbei kommen, dann grüßen Sie nochmals. Wenn es die Situation erlaubt, wechseln Sie ein paar Worte, aber verwickeln Sie niemanden in ein endloses Gespräch. Sollte es sich um einen Geschäftspartner handeln, und Sie wollen die unverhoffte Gelegenheit nutzen, ihm etwas mitzuteilen, dann fassen Sie sich kurz. Sicher genügt es, das Wichtigste anzudeuten und für Ausführlicheres Ihren baldigen Besuch oder ein Telefonat anzukündigen.

Fremde Menschen während des Essens anzusprechen, grenzt an Unverschämtheit. Aufdringliche Vertraulichkeit ist kein geeigneter Weg, um neue Bekanntschaften zu knüpfen. Noch schlimmer als die allzu Kontaktfreudigen sind jedoch jene, die ein Glas oder auch mehr zu viel intus haben und dann unaufgefordert andere Gäste am eigenen Glück oder Unglück teilhaben lassen. Nichts gegen jene stillen Zecher, die vergnügt für sich im Eckchen sitzen und sich einen andudeln. Doch jener, dem der Alkohol erfahrungsgemäß den klaren Blick benebelt und jede Hemmung raubt, ist für Nüchterne immer ein Gräuel.

Falls Sie einmal unter einem alkoholisierten Nachbarn leiden, dann verkneifen Sie sich Diskussionen und Belehrungen, und ignorieren Sie ihn. Unter Umständen bleibt Ihnen nur ein Ausweg: Räumen Sie das Feld, und suchen Sie sich - am besten mit Hilfe des Kellners - einen ruhigeren Platz.

Mantel aus, Mantel an

Die Garderobe befindet sich häufig in der Nähe des Eingangs. Der Herr hilft seiner Dame (in der Gruppe: die Herren den Damen) aus dem Mantel und hängt ihn entweder selbst an einen Haken oder übergibt das Kleidungsstück dem beflissen herbeieilenden Ober. Zuletzt denkt der Mann an sich und zieht den Mantel aus. Dabei kann er sich vom Ober helfen lassen oder das mit einem "Danke, es geht schon" abwehren. Ist die Garderobe etwas abseits, legt man die Mäntel erst beim Tisch ab. Sie werden dann nicht auf einem Stuhl deponiert, sondern der Herr bzw. der Ober transportiert die Kleidungsstücke zur Garderobe.

Übrigens trennen sich Männer auch von einer Kopfbedeckung jeder Art. Frauen dagegen behalten den Hut auf und legen lediglich Kopftücher oder Wollmützen ab.

Sein Jackett gibt der Herr nie zur Garderobe, sondern er behält es grundsätzlich an. Beim Hinsetzen darf er es öffnen, das ist bequemer. Wird's später irgendwann zu warm, entledigen sich zumindest Herren der alten Schule nicht einfach des lästigen Kleidungsstücks, sondern erkundigen sich bei der/den Dame(n): "Sie erlauben, dass ich mein Jackett ausziehe?" Das wird gnädig gestattet. Natürlich erübrigt sich diese Förmlichkeit im Freundes- oder Familienkreis. Auch unter jungen Leuten werden die Herren eher handeln als fragen. Ich kann in dieser Sitte, die wohl aus der Zeit von Ärmelhaltern und Hosenträgern stammt, ohnehin keinen Sinn mehr sehen. Solange der Mann an meiner Seite keine Schwitzflekken unter den Achseln hat, darf er die Jacke ganz ohne Formalitäten ausziehen.

Vor dem Verlassen des Lokals werden die Mäntel wieder benötigt. Wurden sie zuvor am Tisch ausgezogen, bringt sie der Herr bzw. der Ober hierher zurück, während die Dame wartet. Die andere Möglichkeit: Herr und Dame gehen gemeinsam zur Garderobe beim Ausgang. Grundsätzlich hilft der Herr seiner Dame in den Mantel und wartet nicht, bis der Ober dies tut. Dessen Dienste sind nur gefragt, wenn zu einer Gruppe mehr Damen als Herren gehören. Die Herren helfen sich normalerweise weder gegenseitig in den Mantel, noch beanspruchen sie die Unterstützung des Obers. Ausnahme: Einem sehr betagten Herrn wird natürlich der Mantel gehalten. Auch unter Frauen ist es üblich, älteren Damen zu helfen.

Benehmen im Theater, Konzert, Kino usw.

Sie sind so sicher, wie das Amen in der Kirche - jene Veranstaltungsbesucher, die etwa zehn Minuten nach Start der Vorstellung durch die Sitzreihen drängeln, um den letzten freien Platz zu erreichen. Gehen wir mal davon aus, dass diesen Leuten ihr Zuspätkommen selbst peinlich ist. Aber ihre U-Bahn blieb im Tunnel stecken, oder es war nirgendwo eine Parklücke frei. Sei's drum, das kann jedem passieren. Trotzdem gilt: Wenn Sie eine kulturelle Veranstaltung besuchen, kommen Sie lieber einiges zu früh als etwas zu spät. Schließlich können Sie sich die Zeit bis zum Beginn mit einem Glas Sekt etc. an der Bar aufs Angenehmste verkürzen.

Wer zu Beginn auf seinen Platz möchte, stellt unter Umständen fest, dass der genau in der Mitte einer Reihe liegt. Und natürlich sind alle, die weiter außen sitzen, bereits da. Also muss man wohl oder übel diese mit einem "Entschuldigung" zum nochmaligen Aufstehen nötigen. Denn es ist grundsätzlich zu eng, um sich zwischen Knien und vorderen Stuhllehnen durchzuzwängen. Beim Vorbeigehen wendet man den anderen Besuchern nicht etwa die anonyme Rück- sondern die Frontseite zu und bedankt sich freundlich. (Nur in der Kirche ist andersherum richtig, man geht mit dem Gesicht zum Altar an den Sitzenden vorbei.) Nach der Pause sucht, wer einen Mittelplatz hat und mitdenkt, den schon beim ersten Klingeln auf.

Mit Ausnahme jener, die in der ersten Reihe sitzen, müssen alle Besucher von Theater, Kino usw. Köpfe vor sich ertragen. Pech, wenn der Vordermann ein "Sitzriese" ist. Zum Glück sind Hochfrisuren und toupierte Schöpfe aus der Mode, doch kommt es vor, dass der Blick aufs Geschehen von einem ausladenden Damenhut behindert wird. Schimpfen Sie dann nicht halblaut vor sich hin, sondern tippen Sie der Betreffenden sacht auf die Schulter, und verlangen Sie freundlich: "Würden Sie bitte den Hut abnehmen? Ich sehe nichts."

Während der Vorstellung ist absolute Ruhe angesagt. Wer sich unterhalten möchte, verschiebe das gefälligst auf die Pause. Selbst Niesen und Husten sollte man so weit wie irgend möglich unterdrücken, um den allgemeinen Kunstgenuss nicht zu stören. Besonders lästig sind jene Mitmenschen, die sich genauso verhalten wie daheim vor dem Fernseher, wo sie den Abend nicht ohne Chips überstehen. Das Rascheln der Tüten ist eine Zumutung für alle anderen Ohren.

Nicht anders verhält es sich mit dem Klingeln von Handys und dem halbstündigen Piepsen von Digital-Armbanduhren. Da nie alle exakt die gleiche Zeit anzeigen, ziehen sich die Signaltöne minutenlang hin, bis hoffentlich jeder weiß, was die Stunde geschlagen hat. Kann man diese Dinger nicht abstellen?

Applaus ist für Schauspieler und Musiker mehr als Beifall, nämlich ein Lebenselexier. Und mit dem sollten die Zuschauer möglichst verschwenderisch umgehen. Eine hervorragende Leistung rechtfertigt durchaus standing ovations: Die Zuschauer klatschen im Stehen. Auch

Fußtrampeln (hoffentlich ist der Boden stabil), Bravorufe und Pfeifen können Ausdruck größter Begeisterung sein. Ein unzufriedenes Publikum reagiert allerdings ebenfalls mit Pfiffen, doch Künstler haben ein Ohr für den feinen Unterschied.

Im Theater wird zumindest beim Szenenwechsel geklatscht, doch eine erstklassige Darbietung kann auch den Beifall auf offener Szene hervorrufen. Fällig ist Applaus nach jedem Akt und natürlich entsprechend der Begeisterung zum Schluss. Man berücksichtige dabei immer die tatsächliche Leistung der Schauspieler – auch dann, wenn das Drehbuch oder die Inszenierung zu wünschen übrig ließen.

In der Oper gibt es Applaus für einzelne Arien, für Szenen, nach jedem Akt und am Schluss. Vergleichbar ist der Ablauf bei Operetten. Klassische Konzerte verlangen vom Publikum ein gewisses Musikverständnis. Damit die Musiker nicht aus dem Konzept kommen, wird nicht nach jedem Satz geklatscht, sondern erst, wenn ein Musikstück komplett abgeschlossen ist. Wer sich da nicht auskennt, sollte auf sein Umfeld achten und Applaus spenden, wenn's die Mehrheit tut.

Anders verhält es sich beim Jazz-Konzert o.ä.: Hier wird nach starken Solodarbietungen innerhalb eines Stückes geklatscht.

Immer wieder ist zu beobachten, dass es Theater- oder Konzertbesucher nicht erwarten können, bis der letzte Vorhang fällt. Sie drängen durch die Sitzreihen hinaus, anstatt wie die anderen Beifall zu spenden. Den Akteuren gegenüber ist dieses egoistische Verhalten (man möchte nachher nicht an der Garderobe Schlange stehen etc.) äußerst unhöflich. Also bleiben und klatschen Sie, bis endgültig das Licht angeht.

Benehmen beim Tanzbein-Schwingen

Tanzen macht Spaß - zumindest denen, die es können. Fragt die Dame während eines Walzers den Herrn: "Tanzen Sie gern?" Er außer Atem: "Leidenschaftlich." Sie: "Warum lernen Sie es dann nicht?" Diese kleine Geschichte ist mitten aus dem Ballsaal gegriffen, denn tatsächlich begeistern sich viel mehr Frauen als Männer für diese rhythmische Betätigung zu zweit.

Getanzt wird auf Partys, in Bars, bei "Tanztees", Sommernachtsfesten, großen Bällen usw. Wenn Jugendlich das Tanzfieber packt, zieht es sie in die Disco. Dort wird die Dunkelheit von Laserlicht durchbrochen, und es herrscht jener Lärmpegel, der jegliche Umgangsformen ohnehin im Keim erstickt. Man versteht sich trotzdem, und wer tanzen will, der tanzt - allein oder zu zweit.

Darf ich bitten?

Wer das Disco-Alter hinter sich hat, besucht gemäßigtere Tanzveranstaltungen, und dort geht es noch etwas förmlicher zu. Das heißt, nach wie vor fordern in erster Linie die Herren zum Tanz auf. Demzufolge warten die Damen, bis endlich einer kommt. Früher machte der Herr eine leichte Verbeugung vor der Dame und stellte die obligatorische Frage "Darf ich bitten?" oder gar "Gestatten Sie?". In unseren Ohren klingt das ziemlich antiquiert, und deshalb tragen Männer ihr Anliegen weit lockerer vor: "Tanzen Sie?" Oder: "Würden Sie mit mir tanzen?" Oder: "Haben Sie Lust, zu tanzen?" Oder ganz lässig unter Freunden: "Komm, tanzen wir." Manchmal mag sogar eine auffordernde Handbewegung von Weitem genügen. Vorstellen braucht sich der Herr einer ihm fremden Dame in diesem frühen Stadium der Bekanntschaft übrigens nicht.

Manchmal ergibt sich das Problem, dass zu der ins Auge gefassten Dame bereits ein Herr gehört. Der darf nun natürlich nicht einfach übergangen, sondern muss gefragt werden: "Gestatten Sie, dass ich Ihnen Ihre Partnerin/Frau kurz entführe?" Oder: "Darf ich mit Ihrer Partnerin/Ihrer Frau tanzen?" Der Angesprochene wird normalerweise zustimmen, kann jedoch nicht einfach über den Kopf seiner Begleiterin hinweg entscheiden.

Also erkundigt sich der Herr: "Möchtest du?" Sie stimmt zu oder lehnt ab - Letzteres vielleicht deshalb, weil sie "sauer" ist. Ihr erscheint es nämlich zu Recht völlig unangebracht, dass der Mann an ihrer Seite zuerst gefragt wird. Eine Frau entscheidet nun mal gern von Anfang an selbst, ob sie trotz männlicher Begleitung mit einem anderen auf die Tanzfläche geht. Pro forma ein "Du hast doch nichts dagegen?" oder so ähnlich sollte sie sich allerdings schon abringen, bevor sie entschwindet.

In einer Gesellschaft war es einst erforderlich, dass der Herr zumindest einmal mit jeder Dame tanzen musste, bevor er sich vorwiegend seiner eigenen Partnerin widmen durfte. So streng sind die Bräuche längst nicht mehr, was den Herren so manches erleichtert.

Lässt sich eine Dame zum Tanz holen, geht sie vor dem Herrn zur Tanzfläche. Herren der alten Schule werden sich nochmals kurz verbeugen, bevor sie den Arm um die Partnerin legen, doch der moderne Mann erspart sich das. Eine andere Sitte ist heute eher verpönt, das "Abklatschen". Darunter versteht man, dass ein mutiger Mann die Dame einem anderen während des Tanzens "abspenstig" macht. Einst genügte es dazu, neben dem Paar dezent in die Hände zu klatschen und eine angedeutete Verbeugung folgen zu lassen, woraufhin der tanzende Herr seine Dame bereitwillig in fremde Hände übergab. Doch empfiehlt es sich heute, dieses "Spielchen" höchstens auf privaten Festen zu erproben.

Nach dem Tanz begleitet der Herr die Dame zurück an ihren Tisch. Er reicht ihr dabei den Arm, sofern der Platz ein Nebeneinandergehen erlaubt. Andernfalls geht sie vor ihm her. Am Tisch bedankt sich der Herr für den Tanz und ist damit entlassen. Bleiben und sich setzen darf er nur, wenn ihn die Dame dazu auffordert. Tut sie's, ist der Zeitpunkt fürs Vorstellen (siehe Seite 21) gekommen.

Ablehnen

Die Dame kann eine Aufforderung zum Tanz auch ablehnen. Wenn sie dem Herrn "einen Korb gibt", dann so, dass keine Missstimmung entsteht. Ein schroffes "Nein" und sonst nichts würde genau das bewirken und sollte deshalb zumindest zum "Nein, danke" abgemildert werden. Sie kann auch sagen: "Nein, ich möchte nicht tanzen." Das ist für sie freilich kein Hinderungsgrund, den nächsten Kandidaten zu erhören. Vielleicht gibt sie für ihre Ablehnung eine Erklärung: "Nein, ich warte auf meinen Partner, der nur kurz weg ist." Oder: "Ich bin müde und tanze nicht mehr." Natürlich sollte eine derartige Absage nicht im nächsten Moment Lügen gestraft werden. Wer sich mit Müdigkeit, drückenden Schuhen etc. entschuldigt, bleibt (möglichst) auch dann standhaft, wenn plötzlich ein Bilderbuch-Mann um den nächsten Tanz bittet.

Damenwahl

Bei privaten Partys und unter Freunden kann nicht nur jeder jede ganz formlos zum Tanz holen, sondern auch jede jeden. Unter Fremden jedoch sind selbst die meisten emanzipierten Frauen nach wie vor in der Defensive. Deshalb ruft die Kapelle bei Faschings- und Silvesterbällen, Dorffesten und ähnlichen Veranstaltungen gern zwischendurch zur "Damenwahl" auf. Damit wird den Frauen die Gelegenheit gegeben, endlich einmal mit dem Mann ihrer Träume übers Parkett zu schweben. Die Männer ihrerseits können sich nicht mehr drücken, und ist die Dame noch so wenig ihr Typ. Denn während eine Frau jederzeit einen Tänzer ablehnen darf, steht dem Mann dieser Ausweg nicht offen.

Im privaten Bereich wie auch bei öffentlichen Tanzveranstaltungen sieht man häufig Frauen miteinander tanzen. Kein Wunder, wenn Männer eine ruhige Kugel schieben und sich mit der Zuschauerrolle begnügen. Ein Frauen-Tanzpaar wird keinen Anstoß erregen, während zwei tanzende Männer vielerorts noch immer mit zumindest verwunderten Blicken rechnen müssen.

Vom Führen und Folgen

Beim Tanzen hat, daran ändert die Emanzipation nichts, allein der Mann das Sagen. Er führt, die Dame folgt. Die Männer sind somit aufgerufen, ihrer Rolle auch wirklich gerecht zu werden. Frauen wiederum dürfen keinen Widerstand entgegen setzen und sollen "leicht wie eine Feder" in seinem Arm liegen. Zugegeben - das ist schwer für beide Beteiligten, müsste aber zumindest einen Versuch wert sein.

Die Führungsqualitäten des Mannes kommen schon deshalb zum Tragen, weil Tanzflächen grundsätzlich zu klein sind. Die Paare drängen sich, und jedes verteidigt verbissen seinen Quadratmeter Platz für die

Tanzrichtung

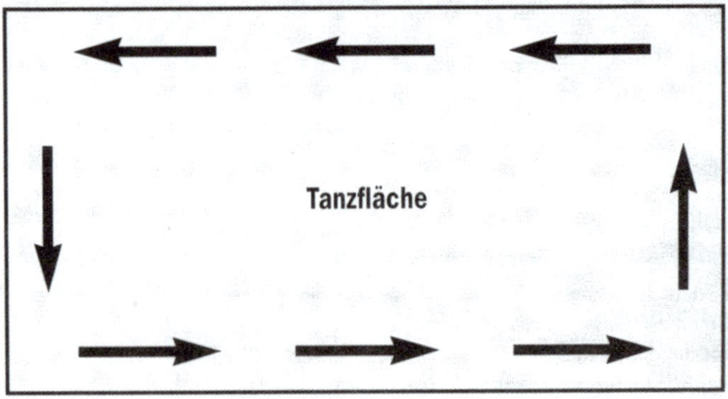

Vielleicht haben Sie ihn selbst schon gelegentlich erlitten, den fatalen Hang zur Mitte, der offensichtlich alle Paare befällt. Und wenn der Platz dann knapp wird, bekommen die Drängler Oberwasser. Da werden rücksichtslos Ellenbogen eingesetzt, und so mancher spitze Damenabsatz verursacht schmerzhafte Blessuren. Freilich, ganz vermeiden lässt sich die "Feindberührung" nicht, aber zumindest ein entschuldigendes Lächeln sollte drin sein und der Drang unterdrückt werden, bei nächster Gelegenheit Gleiches mit Gleichem zu vergelten.

Benehmen auf Partys und ähnlichen Festen

Organisieren

Wer eine Party oder ein Fest gibt, muss entsprechende Vorbereitungen treffen: Gäste zu einem bestimmten Zeitpunkt einladen, Getränke und Essen auffahren, die Räumlichkeiten herrichten usw. Soll eine sog.

"Bottleparty" gefeiert werden, muss jedes eingeladene Paar bzw. jeder Single einen "Naturalien-Beitrag" leisten. Dies erfordert exakte Absprache, denn sonst gibt es plötzlich Nudelsalat in Massen und weiter nichts.

Herumstehen

Bei den sog. Stehpartys steht man sich gewöhnlich die Beine in den Bauch. Mangels Sitzgelegenheit sind derartige Veranstaltungen eher von der kürzeren Art. Geübte Partygänger beherrschen das Herumstehen mit der nötigen Nonchalance. Nur wenige Menschen schaffen es allerdings, die Arme einfach unverkrampft hängen zu lassen. Die Rettung ist deshalb das Glas in der Hand, an dem man sich - ob voll oder leer - "fest halten" kann. Die andere Hand ist dazu da, um gelegentlich nach ein paar Chips zu fassen und um bei Bedarf gewichtige Worte gestenreich zu unterstreichen. Wird die freie Hand gerade nicht gebraucht, verstaut sie der Mann meist in der Hosentasche. Frauen bleibt die Möglichkeit, den Daumen am Schultergurt der Handtasche einzuhaken. Wenig kommunikationsfördernd wirkt es dagegen, mit verschränkten Armen dazustehen, denn diese "eingeigelte" Haltung signalisiert: Ich ziehe mich in mein Schneckenhaus zurück und lasse niemand an mich heran.

Reden

Maulfaule Eigenbrödler sind die typischen Party-Killer. Wer sich in Gesellschaft begibt, sollte auch zur Kommunikation bereit sein. Denn einziger Sinn und Zweck einer Party ist es, Leute zu treffen und miteinander zu reden.

Heilfroh ist jeder, der auf einer Party wenigstens ein bekanntes Gesicht erblickt und so schnell einen Gesprächspartner findet. Sich gemeinsam in eine ruhige Ecke zurückzuziehen und hier den Abend zu verbringen, wäre allerdings nicht "die feine englische Art". Offen sein für neue Bekanntschaften, so lautet die Devise. Jedoch: Wie schwer fällt es uns, mit wildfremden Menschen in Kontakt zu kommen. Was soll ich bloß mit jemandem reden, von dem ich überhaupt nichts weiß?

Das Problem aller Party-Probleme lautet somit: Wie beginne ich ein Gespräch? Mein Tipp:

Suchen Sie sich eine Person heraus, die Ihnen sympathisch erscheint und auch gerade unbeschäftigt herumsteht. Nehmen Sie Blickkontakt auf - und dann lächeln Sie. Wenn Sie Resonanz spüren, wagen Sie den Anfang - und zwar möglichst so, dass der bzw. die Angesprochene reagieren muss. Bewährt haben sich nahe liegende Themen: "Ein schönes Fest ist das, finden Sie nicht auch?" Oder: "Ich bewundere gerade die Dekoration. Ob unser Gastgeber sich das selbst ausgedacht hat?" Bestimmt bekommen Sie eine Antwort, und damit ist der Damm gebrochen.

Jetzt geht es nur noch darum, die Plauderei im Fluss zu halten. Das gelingt, wenn beide Seiten ein Interesse an der Konversation haben und sich entsprechend bemühen. Nichts gegen den üblichen Party-Smalltalk, der vom Wetter bis zum Gesellschaftsklatsch reicht. Belangloses rettet über die Stunden und ist noch immer angenehmer als peinliches Schweigen. Mit etwas Geschick kann es jedoch gelingen, ein richtiges, vielleicht sogar fesselndes Gesprächsthema zu finden. Lassen Sie nebenbei kleine "Köder-Informationen" einfließen - zum Beispiel, dass Sie gerade aus Afrika zurück kamen, dass Sie auf baldiges Segelwetter hoffen, dass Sie jeden Morgen mit dem Hund spazieren gehen, dass die Kinder im Schullandheim sind usw. Wenn Sie Glück haben, springt Ihr Gegenüber auf eines der Reizworte an, und schon ist der Abend gerettet. Und sollte der Gesprächsstoff trotzdem irgendwann versiegen, dann verabschieden Sie sich, bevor unangenehme Pausen entstehen, und nehmen Sie einen anderen Gast aufs Korn. Oder schlagen Sie vor, noch etwas zum Trinken zu holen bzw. gemeinsam ans kalte Buffet zu gehen.

Ein guter Gastgeber überlässt seine Party-Gäste nie völlig sich selbst. Zu seinen ureigensten Aufgaben gehört es, Leute miteinander bekannt zu machen. Wenn er dabei geeignete Informationen gibt - "Das ist Herr Maier, er schreibt gerade ein Buch über die Unsterblichkeit der Maikäfer" –, wird den Gästen gleich Gesprächsstoff geliefert. Niemals darf sich ein Gastgeber den ganzen Abend nur einer Person widmen. Er "gehört" vielmehr allen Gästen, wandert von einem zum andern, um ein wenig zu plaudern und sorgt dafür, dass niemand einsam ist.

Benehmen auf Reisen

Reisen bildet, heißt es. Doch wer reist, sollte sich schon vorher bilden. Darüber nämlich, wie man sich in einem fremden Land verhält. Nicht alles, was bei uns gang und gäbe ist, wird auch jenseits heimischer Grenzen als schicklich empfunden. Die Sitten und Gebräuche im Einzelnen zu vermitteln, ist die Aufgabe zahlloser Reiseführer. Allerdings bin ich der Meinung, dass es auch ohne diese Lektüre möglich ist, sich im Ausland einwandfrei zu benehmen. Der Versuch, so japanisch wie ein Japaner oder so spanisch wie ein Spanier zu sein, wird nämlich vor Ort eher nachsichtig belächelt. Freundlichkeit, Höflichkeit und rücksichtsvolles, unauffälliges Verhalten dagegen werden wohl wollend honoriert.

Verhalten im Flugzeug und im Zug

In diesen Verkehrsmitteln ist es manchmal eng wie in einer Sardinenbüchse. Besonders arm dran sind jene, die im Flugzeug einen Mittelplatz haben. Sie können nur hoffen, dass die äußeren Nachbarn ihre Ellbogen bei sich behalten. Sie selbst machen sich ohnehin dünn wie ein Hering. Oft ist man gezwungen, die Armlehne(n) mit dem Nebensitzer zu teilen. Hier gilt das Motto: Jeder darf mal. Und wer die Tageszeitung lesen will, kann sich nicht wie daheim ausbreiten, sondern muss sie auf ein der Umgebung angepasstes Maß zusammen falten.

Um ein Nickerchen zu halten, kann die Rückenlehne zurückgekippt werden - doch Vorsicht: An ihr ist das Klapptischchen des Hintermanns befestigt. Dem fliegt u.U. die Kaffeetasse auf den Schoß, wenn Sie sich mit Schwung in bequeme Lage begeben. Die sollte immer mit einer freundlichen Rück-Frage angemeldet werden: "Stört es Sie, wenn ich meine Lehne etwas schräger stelle?" Die Sache mit dem Tisch kann auch für Ihren Vordermann lästig sein – nämlich dann, wenn Sie das Ding ständig mit Nachdruck aus- und einklappen. Denn die Bewegung setzt sich durch die Lehne fort bis in den Rücken des Mitreisenden. Also werden Sie Manipulationen am Klapptisch möglichst selten und dann sehr einfühlsam vornehmen.

Nicht alle Menschen sind, nur weil sie dicht beieinander sitzen, zur Konversation bereit. Doch das Minimum an Kontaktfreude – ein Gruß beim Einsteigen und Verabschieden - sollte schon sein. Ebenso ein "Entschuldigen Sie" und "Danke", wenn man von einem hinteren Platz aufsteht und sich an den Nebensitzern vorbei zum Mittelgang drängt. Vergräbt sich jemand ganz offensichtlich in seine Lektüre oder schließt die Augen zum Dösen, dann heißt das: "Ich will meine Ruhe." Manchmal ist es fast nicht möglich, sich vor "Quasseltanten" (es können natürlich auch "-onkels" sein) zu retten. Da bleibt dann nur Klartext, aber bitte freundlich: "Entschuldigen Sie, aber ich habe im Moment gar keine Lust, mich zu unterhalten."

Bewusster Blickkontakt und ein Lächeln können dagegen signalisieren, dass eine Kommunikation erwünscht ist. Die sollte jedoch leise und keinesfalls über viele Sitzreihen hinweg erfolgen. Denn wirklich unangenehm für alle Mitreisenden sind jene Leute, die lautstark lachen und sich so unterhalten, dass andere gezwungenermaßen mithören müssen. Schließlich befinden sich nicht alle ringsum in Urlaubsstimmung. Vielmehr nutzen Geschäftsleute die Reisezeit, um zu arbeiten, und dabei sollten sie so wenig wie möglich gestört werden.

Der Flugreisende ist Gast im Flugzeug und erfährt einen entsprechend zuvorkommenden Service. Das berechtigt ihn jedoch keineswegs dazu, das Bordpersonal mit ständig neuen Wünschen auf Trab zu halten. Für Männer, die Stewardessen "anmachen" und mit anzüglichen Bemerkungen traktieren, müsste es endlich eine Bodenluke geben, die sich bei Bedarf nach unten öffnet. Der "Traumjob" Stewardess bzw. Steward ist knochenhart, und es sollte selbstverständlich sein, den stets um das Wohl der Gäste bemühten Damen und Herren ihre Arbeit so weit wie möglich zu erleichtern. Dazu gehört auch, dass man Freundlichkeit mit Freundlichkeit beantwortet. Erwachsene stehen nicht im Weg herum, um sich mal die Beine zu vertreten, und Eltern sorgen dafür, dass ihre Sprösslinge nicht ständig durch die Gänge wuseln und die Flugbegleiter behindern.

Im Flugzeug gibt man kein Trinkgeld, denn es wird ja auch nicht kassiert. Anders im Zug, wenn Getränke oder kleine Speisen ins Abteil gebracht werden. Ein Trinkgeld in üblicher Höhe ist hier angebracht.

Verhalten im Restaurant und Hotel

Es gibt Gegenden auf der Welt, in denen wird der Bekleidung keine große Bedeutung beigemessen. Ein amerikanischer Kellner findet wahrscheinlich nichts dabei, dass Sie Shorts tragen und bedient Sie, ohne mit der Wimper zu zucken. Dagegen wird es ein Italiener oder Franzose sofort pikiert bemerken, wenn Ihr Äußeres nicht der Umgebung angepasst ist. Also gehen Sie am besten auf Nummer sicher, und betreten Sie nirgendwo ein Lokal im "Räuberzivil".

Im Hotel gilt: Wer den Tag am Strand, beim Wandern, beim Sport etc. verbracht hat, zieht sich zum Essen um und "anständig" an. Denn weder Bergstiefel noch Radlerhosen bilden im Speisesaal einen erfreulichen Anblick für andere Gäste.

Verhalten am Strand

In Gegenden mit viel Tourismus nimmt selbst am knappsten Bikini niemand mehr Anstoß. Doch nach wie vor gibt es Länder, wo etwas mehr Stoff empfehlenswert ist. "Oben ohne" und natürlich erst recht FKK sollten mit der nötigen Zurückhaltung praktiziert werden. Wer unbedingt nahtlos bräunen möchte, darf das nur dort, wo wirklich nichts dagegen spricht. Sich als Tourist einfach über nationales Schamempfinden hinwegzusetzen, ist in manchen Ländern im wahrsten Sinne des Wortes sträflich. Übrigens: So wenig es sich gehört, am allgemeinen "Textilstrand" nackt zu baden, so falsch wäre es, im FKK-Bereich bekleidet aufzutauchen. Voyeure sind hier nämlich nicht gern gesehen.

Nach dem Sonnenbad geht's dann in die Strandbar auf einen kühlen Drink oder auf einen Snack. Aber bitte nicht im (nassen) Badezeug und natürlich erst recht nicht "barfuß bis zum Hals". Legen Sie ein Frotteetuch über den Stuhl. Ziehen Sie einen Bademantel oder ein T-Shirt über, mehr muss es gar nicht sein.

Der Mensch ist ein geselliges Wesen und neigt zum Herdentum. Das zeigt sich unteranderem am Strand oder auf Campingplätzen: Dort, wo schon einer sein Domizil aufgeschlagen hat, klemmt sich ein anderer garantiert knapp daneben – selbst dann, wenn es genügend Platz in allen Richtungen gibt. Ich meine, das instinktive Verlangen nach Nestwärme wird häufig übertrieben.

Verhalten beim Stadtbummel

Kleiden Sie sich so, dass Sie Einheimischen nicht unangenehm auffallen. In der westlichen Welt dürfte das recht unproblematisch sein, anders jedoch in orientalischen Ländern. Hier herrscht vor allem ein anderes Frauenbild vor, und dem haben sich westliche Touristinnen anzupassen. Das bedeutet nicht, dass wir Frauen uns in den Tschador hüllen müssen, aber lange Ärmel, ein langer Rock und eventuell eine Kopfbedeckung können in bestimmten Gegenden ratsam sein. Merke: Wir sind Gäste im fremden Land und haben uns dort anzupassen – nicht umgekehrt.

Verhalten in Kirchen

Kirchen gehören zu den meist besuchten Sehenswürdigkeiten. In den berühmtesten wie zum Beispiel dem Petersdom in Rom herrscht Jahrmarktstimmung. Reisegruppen werden am Fließband durchgeschleust, wobei sich die Leiter in ihren vielsprachigen Erklärungen gegenseitig übertönen. Wer Ruhe und Besinnung sucht, hat keine Chance. Doch nicht nur diese Massenanziehungspunkte, auch kleinere und kleinste Kirchen sind mit ihren Kunstschätzen und oft architektonischen Glanzleistungen zu Touristenattraktionen geworden.

Nichts gegen das Interesse vieler Menschen für Kirchen von innen, doch zu bemängeln ist das Verhalten an diesen Stätten. Es erfordert keinerlei Gläubigkeit, um Rücksicht zu nehmen auf jene, die Kirchen nach wie vor mit Ehrfurcht betreten. Wer das erkennt, wird sich bei einer Besichtigung lautes Reden und Lachen verkneifen und seine Kinder daran hindern, zwischen den Bänken Verstecken zu spielen. Während eines Gottesdienstes sollte man darauf verzichten, als Tourist durch die Gänge zu wandern, denn das stört in jedem Fall die Andacht

Auch die Kleidung muss dem Ort angepasst sein. Schuhe mit Pfennigabsätze oder Absatzeisen hallen in den Gewölben unangenehm wider und sind deshalb nicht geeignet für die Kirchenbesichtigung. Der tiefe Ausschnitt sollte zumindest mit einem Schal verhüllt werden. In südlichen Ländern sind auch die nackten Oberarme der Damen zu bedekken, und weder sie noch er sollten kurze Hosen tragen. Männer nehmen zumindest in europäischen Kirchen die Kopfbedeckung ab.

Verhalten beim Fotografieren

Menschen zählen bei den Urlaubsfotografen zu den beliebtesten Motiven. Ein Bauer auf einem Esel, schwarz gekleidete Frauen vor weißen Mauern - mit solchen und ähnlichen Schnappschüssen legt man später zuhause bei Freunden und Nachbarn viel Ehre ein. Die unfreiwilligen Modelle dagegen fühlen sich häufig belästigt. Es ist eine Frage des Anstands, zunächst höflich die Erlaubnis zum Fotografieren einzuholen. Dafür bedarf es keinerlei Kenntnisse in der Landessprache, das klappt mit Gesten und Lächeln genauso. In den meisten Fällen wird zugestimmt, und man bedankt sich nach dem Abdrücken. Will jemand nicht fotografiert werden, ist dies unbedingt zu respektieren. Man verzichtet bedauernd aber selbstverständlich freundlich.

Kontakt zur Bevölkerung

Urlauber erleben immer wieder, wie leicht es ist, in anderen Ländern Kontakt zur Bevölkerung zu finden. Gerade dort, wo sich Touristen nicht gegenseitig auf die Füße treten, sind die Menschen besonders aufgeschlossen und von größter Gastfreundlichkeit. Das erstaunt und macht manchmal geradezu betroffen angesichts der Behandlung, die Ausländern in unserem eigenen Land tagtäglich widerfährt.

Uns Deutschen liegt die Gastfreundschaft längst nicht mehr so sehr im Blut, und wir sind deshalb auch nicht ohne weiteres fähig, sie anzunehmen. Dabei sollten Sie beispielsweise nicht ablehnen, wenn Sie irgendwo in einem Lokal auf ein Glas Wein etc. eingeladen werden. Und falls das Auto vor der Tür steht, bitten Sie darum, auf ein alkoholfreies Getränk ausweichen zu dürfen. Das wird immer akzeptiert. Je nach Situation erfordert es die Höflichkeit, dass die nächste Runde auf Ihre Rechnung geht.

Wer irgendwo im Süden nette Leute kennen lernt, wird u.U. in die Familie eingeladen und erfährt hier eine grenzenlose Gastfreundschaft. Sie geht gelegentlich so weit, dass zur Feier des Tages ein Lamm sein Leben lassen muss, ob Ihnen das gefällt oder nicht. Eine solche Einladung ohne triftigen Grund abzulehnen, würde den bzw. die Gastgeber beleidigen. Keine Angst, eine gleichartige Gegenleistung wird nicht unbedingt erwartet, obwohl sich unsereiner gefühlsmäßig meist in die Pflicht genommen fühlt. Also bedanken Sie sich herzlich, und bringen Sie - sofern es die Umstände erlauben - am nächsten Tag ein kleines Geschenk vorbei. Mit Blumen für die Frau des Hauses könnten Sie freilich ins Fettnäpfchen treten. Weichen Sie lieber auf unverfängliche Dinge aus - eine Flasche sehr guten Wein, eine Spirituose, Süßigkeiten usw. Oder, Sie bewirten Ihre(n) neuen Bekannten in einem Restaurant.

Vorsichtig sollten Sie in Urlaubsstimmung mit einer Gegeneinladung sein für den Fall, dass Ihr Gastgeber eines Tages nach Deutschland kommt (was Sie nicht glauben). Doch dann, wenn Sie längst nicht mehr daran denken, steht er mit Kind und Kegel wirklich vor der Tür und nimmt Sie beim Wort. Malen Sie sich die Schwierigkeiten aus, die dadurch entstehen können. Deshalb: Wenn Sie eine Einladung nicht absolut ehrlich meinen, sprechen Sie lieber keine aus, und hinterlassen Sie auch keine Adresse.

Begegnungen mit Landsleuten

Je weiter man sich von zu Hause entfernt, desto größer ist bei vielen Urlaubern die Freude darüber, Landsleute zu treffen. Dementsprechend zeigen Urlauber beispielsweise in Hotels und auf Campingplätzen den Hang zur muttersprachlichen Cliquen-Bildung, was manchmal zu seltsamen Auswüchsen führt. So erlebt auf einem italienischen Campingplatz: In der deutschen Bastion tauchte plötzlich ein Italiener auf und verhielt sich nicht ganz so etepetete, wie es seine Camper-Umwelt erwartete. Worauf eine Augsburgerin mitten im Herzen Italiens schimpfte: "Immer der Ärger mit den Ausländern."

Unangenehm fallen im Ausland jene deutschen Klüngel auf, die sich zusammenfinden und en bloc danebenbenehmen. Da ziehen jugendliche Gruppen bereits am helllichten Tag vom Alkohol bedudelt durch die Gassen der Stadt. Da werden lautstark Lieder gegrölt von der Art "Wie ist es am Rhein so schön". Da spielt man den großen Zampano im Lokal und lässt die Ober "tanzen". Wohl dem, der sich von solchen Landsleuten fern halten kann - in der Hoffnung, dass im Ausland nicht alle Deutschen in einen Topf geworfen werden.

Zum Glück kann es auch bereichernd sein, auf Reisen Landsleute zu treffen. Man tauscht Erfahrungen aus, gibt sich gegenseitig Tipps, entdekkt gemeinsame Interessen. Einige meiner besten Freunde fürs Leben fand ich zum Beispiel in Portugal, andere am Fuße des Olymp. Doch das sind kostbare Ausnahmen, denn nur selten haben Urlaubsbekanntschaften Bestand.

Die beliebtesten Urlaubsländer und ihre Besonderheiten

Frankreich

Anrede: Titel sind wichtig, ansonsten sprechen sich Fremde mit dem Nachnamen an (Monsieur Legrand etc.). Ist der Name nicht bekannt, genügt "Monsieur", "Madame" und "Mademoiselle", wobei der Unterschied zwischen "Frau" und "Fräulein" nach wie vor gemacht wird.

Begrüßung: Händedruck üblich, unter guten Bekannten auch der angedeutete Wangenkuss rechts und links.

Kleidung: Allgemein eher lässig und modisch. Kirchen betritt man nicht in allzu knapper oder "offenherziger" Kleidung.

Am Strand ist "oben ohne" nur in den stark besuchten Touristen-Zentren üblich und wird sonst nicht besonders gern gesehen. FKK-Anhänger müssen ausgewiesene Plätze aufsuchen.

Kontakte: Vor allem die Großstadt-Franzosen sind vielfach der Meinung, dass jedermann und -frau perfekt französisch sprechen müsse. Darunter kann die Verständigung leiden. Auf dem "flachen Land" dagegen wird auch Radebrechen anerkannt und hilfreich unterstützt.

Franzosen laden ihre Gäste normalerweise nicht ins eigene Haus ein, sondern gehen mit ihnen zusammen in ein Lokal. Vom Gast wird keine Pünktlichkeit auf die Minute erwartet, doch sollte er die "akademische Viertelstunde" nicht über Gebühr strapazieren.
Auf Höflichkeit wird großen Wert gelegt. Wenn Sie beispielsweise einem Franzosen in einer Tür oder auf der Treppe begegnen, kann ein leises "pardon" nicht schaden.

Geschenke: Ein Gast bringt alkoholische Getränke oder Blumen (keine Chrysanthemen). Entgegen unseren Gepflogenheiten bleiben Blumen zum Überreichen immer im Papier. Häufig werden die Geschenke am Tag vor der Einladung an den Gastgeber geschickt.

Gesprächsthemen: Literatur, französische Geschichte (keine Kritik), Mode, Essen und Trinken.

Griechenland

Anrede: Dem "Herr" bzw. "Frau" folgt der Nachname. Titel werden genannt.

Begrüßung: Man schüttelt sich selten die Hand, doch gute Bekannte umarmen sich.

Kleidung: Der Witterung entsprechend leicht und luftig, wobei die Damen besser dran sind. Männer sollten selbst bei größter Hitze zumindest in Orten auf Shorts verzichten. Bei offiziellen Einladungen oder geschäftlichen Treffen wird eine korrekte Kleidung mit Krawatte erwartet.

Am Strand ist "oben ohne" nicht gerade populär, wird aber zumindest in den Touristik-Zentren toleriert. Nackt sollten Sie nicht im heißen Sand liegen.

Kontakte: Sie lassen sich sehr leicht knüpfen, und Griechen sind für ihre besondere Gastfreundschaft bekannt. Wer sich vor dem Urlaub die wichtigsten griechischen Worte angeeignet hat, erobert die Herzen der Griechen im Sturm. Einer Einladung zum Essen folgt man pünktlich. Ansonsten darf der Gast etwa 15 Minuten überziehen.

Gespräche mit Griechen verlaufen gestenreich, und auch Sie brauchen nicht wie ein "Ölgötze" dazustehen. Äußern Sie nie offen Ihre Verwunderung darüber, dass Griechen abergläubisch sind. Dinge von Bedeutung werden beispielsweise keinesfalls an einem Dienstag, dem 13. erledigt, denn diesem Unglückstermin liegt der einstige Sturz von Byzanz zu Grunde. Auch sind viele Griechen überzeugt von der Existenz des "bösen Blicks".

Geschenke: Geschätzt werden pompöse Blumensträuße, teure Pralinen und hochwertige Spirituosen.

Gesprächsthemen: Bedeutung der Griechen für die europäische Kultur, Philosophie, Sport und Familie. Vorsicht geboten ist beim Politisieren vor allem dann, wenn es um die Beziehung zur Türkei geht.

Gastronomie: Griechische Lokale abseits der Touristenströme bitten ihre Gäste noch immer in die Küche, wo sie sich das Essen aussuchen – bis hin zum rohen Stück Fleisch, das zubereitet werden soll. Dabei zeigt man Begeisterung über die Qualität der Speisen, ohne sie jedoch jemals selbst mit den Fingern zu berühren. Den Preis zu erfragen, macht keinen guten Eindruck. Nach dem Essen sollte das Trinkgeld etwas höher ausfallen als in Deutschland. Es bleibt einfach auf dem Tisch liegen.

Großbritannien

Anrede: Genau wie in Deutschland, das heißt, auf „Mister", „Missis" und „Miss" folgt der Nachname; doch oft landet man schon nach kurzer Bekanntschaft beim bloßen Vornamen. Das bedeutet keine Vertraulichkeit, sondern entkompliziert lediglich den Umgang. Bei Adeligen und Würdenträgern muss unbedingt auf die richtige Titulierung geachtet werden.

Begrüßung: Man gibt sich höchstens beim ersten Kennenlernen die Hand, oder wenn man sich sehr lange nicht gesehen hat bzw. für lange Zeit verabschiedet. Umarmen ist unüblich. Männer tun es nie, und zwischen Mann und Frau wird ein gewisses Vertrauensverhältnis vorausgesetzt.

Kleidung: Sie hat stets korrekt zu sein, wobei Konservatives modischem Firlefanz vorgezogen wird. Nur bei großen Festen darf das Outfit der Damen individuell und ausgefallen sein, wobei Britinnen eine Vorliebe für extravagante Hüte zeigen. Wenn Sie einen Schottenrock erstehen, dann ziehen Sie ihn erst zu Hause an. Ein Ausländer sollte niemals im Kilt auftreten.

An den kühlen Stränden der Insel hält man sich weitgehend bedeckt. Das heißt: Behalten Sie Ihr Bikini-Oberteil unbedingt an und lassen Sie niemals alle Hüllen fallen.

Kontakte: Briten sind ausgeprägte Individualisten, pflegen manchmal geradezu skurrile Eigenheiten und haben einen sprichwörtlichen Sinn für Humor. Zu den großen Tugenden gehören Höflichkeit, Freundlichkeit und Hilfsbereitschaft, und davon profitiert man auch als Tourist. Es ist völlig problemlos, mit Briten ins Gespräch zu kommen, Englischkenntnisse vorausgesetzt.

Die Privatsphäre ist den Engländern heilig. Wer trotzdem eingeladen wird, sollte pünktlich erscheinen. Eine Verspätung von mehr als zehn

Minuten fällt bereits äußerst unangenehm auf. Sprechen Sie in Gesellschaft niemals übermäßig laut, und zeigen Sie eine vornehme Zurükkhaltung. Und noch etwas: Streichen Sie die Bezeichnung "Engländer" aus Ihrem Wortschatz - es heißt Briten, Schotten oder Waliser.

Die notwendige Anpassung an den britischen Lebensstil fällt dem Durchschnittstouristen vor allem dann besonders schwer, wenn er irgendwo anstehen muss. Briten stellen sich überall geordnet in einer Schlange auf - am Bankschalter, an der Bushaltestelle, im Bäckerladen usw. - und erwarten das selbstverständlich auch von Fremden. Wer sich vordrängt, packt am besten gleich die Koffer.

Geschenke: Blumen sind angebracht, aber bitte keine weißen Lilien. Blumen werden im Papier überreicht oder können vor bzw. nach dem Treffen ins Haus geschickt werden. Wer mehr schenkt, sollte tief in die Tasche greifen, denn nur Edles zählt - zum Beispiel exquisiter deutscher Wein und echter Champagner. Sparen können Sie sich Liköre und Schnäpse, denn die entsprechen nicht dem britischen Geschmack.

Gesprächsthemen: Königshaus, Fußball, Politik, Geschichte. Kritik an Großbritannien und allem, was dazugehört, unbedingt vermeiden.

Gastronomie: Die englische Küche genießt nicht gerade Weltruf. Böse Zungen behaupten, selbst die Besatzung Frankreichs im Hundertjährigen Krieg hätte für die Engländer nicht gereicht, das Kochen zu lernen. Als Gast schweigt man darüber und weicht am besten auf ausländische Restaurants aus.

Irland

Anrede: Auf "Mister", "Miss" und "Missis" folgt der Nachname.

Begrüßung: Der Handschlag ist selten, eine Umarmung noch seltener. Trotzdem verhalten sich die Iren auch beim Begrüßen nicht ganz so steif wie die Briten.

Kleidung: Korrektem Aussehen wird große Bedeutung beigemessen, vor allem natürlich im Geschäftsleben. In der Freizeit jedoch akzeptieren die Iren eine lockere Kleidung.

Kontakte: Iren sind gesellige Menschen und deshalb auch Fremden gegenüber sehr aufgeschlossen. Man schätzt Witz und deftigen Humor, und wenn Sie in Irland einen Pluspunkt gewinnen wollen, dann stimmen Sie zur rechten Zeit ein Lied an. Denn Iren lieben den Gesang.

Wer eingeladen ist, sollte nicht allzu pünktlich erscheinen, weil Termintreue den/die Gastgeber wahrscheinlich "ins Schleudern" bringt. Kommen Sie aber auch nicht mehr als eine halbe Stunde zu spät.

Geschenke: Blumen machen Freude, aber auch deutscher Wein und Pralinen.

Gesprächsthemen: Literatur, irische Geschichte, Sport. Die Schwierigkeiten zwischen katholischer und evangelischer Kirche sowie das gespannte Verhältnis zu Großbritannien sollten Sie – wenn überhaupt – mit Fingerspitzengefühl behandeln.

Israel

Anrede: Auch hier heißt es "Herr Soundso" etc. Titel werden nur bei offiziellen Anlässen voran gestellt, sonst unterschlagen. Privat genügt der Vorname. Der Gruß zu jeder Tageszeit lautet "Shalom", und das bedeutet "Friede".

Begrüßung: Man reicht sich die Hand, auch beim Verabschieden. Männer, die sich gut kennen, klopfen sich auf die Schulter. Wangenküsschen sind unter Freunden üblich. Eine Frau reicht einem streng gläubigen Juden (erkenntlich an traditioneller Kleidung und Haartracht) niemals von sich aus die Hand, denn jede Berührung ist verboten.

Kleidung: Im großen und ganzen gibt es keinerlei Vorschriften. Die Kleidung ist - entsprechend der Witterung - leicht und unkompliziert, im privaten wie im geschäftlichen Bereich. Eine Synagoge betritt man nur mit Kopfbedeckung.

Am Strand sind knappe Bikinis "in", "oben ohne" ist gang und gäbe, und auch an Nackten nimmt niemand Anstoß.

Kontakte: Israelis sind aufgeschlossen und gehen auf Fremde zu. Alte Leute zeigen sich - verständlicherweise - gelegentlich Deutschen gegenüber zurückhaltend. Junge Israelis dagegen hegen nur noch selten Vorurteile und suchen das Gespräch.

Wenn Sie jemanden einladen, dann machen Sie unbedingt einen festen Zeitpunkt aus. Er wird dann zwar trotzdem nicht genau, aber doch zumindest annähernd eingehalten. Andererseits brauchen auch Sie keine deutsche Pünktlichkeit zu beweisen.

So zwanglos die israelische Gesellschaft ist, der Sabbat bleibt heilig. Davon sind Sie auch als Tourist betroffen. Sie dürfen beispielsweise in den orthodoxen Stadtteilen und Regionen nicht fotografieren und sollten bestimmte Speise-Vorschriften einhalten. Der Sabbat beginnt jeweils mit Einbruch der Dunkelheit am Freitagabend und endet mit dem

Dunkelwerden am Samstagabend. Als Anhaltspunkt gilt: Sobald drei Sterne am Himmel sichtbar sind, ist Sabbat.

Und noch zwei Besonderheiten: In einer Synagoge bedecken Männer und Frauen den Kopf. Und wer in Israel ein Sammeltaxi benutzt, sollte sich unbedingt auf den richtigen Platz setzen. In diesem Gefährt sind nämlich die Geschlechter streng getrennt.

Geschenke: Mehr als alles andere geschätzt wird ein gutes Buch, eventuell - Sprachkenntnisse vorausgesetzt - in Deutsch. Bei Damen sind Parfums sehr begehrt.

Gesprächsthemen: Religion, Aufbau des Staates, Geschichte, wobei bestimmte Themen sehr vorsichtig zu behandeln sind: Holocaust, besetzte Gebiete und Friedensverhandlungen mit den Nachbarn.

Italien

Anrede: Man sagt "Signor Berti", wählt also die gleiche Formulierung wie bei uns. Ist der Nachname nicht bekannt, genügt "Signore", "Signora" oder "Signorina". Der Titel ist ungemein wichtig - dottore, professore usw.

Begrüßung: Sie fällt meist ziemlich überschwänglich aus mit Händeschütteln und - zumindest bei guten Bekannten - mit Wangenküsschen und Umarmungen. Letztere sind auch zwischen Männern gebräuchlich.

Kleidung: Tagsüber in der Stadt modisch-elegant, in der Freizeit lässig aber nie schlampig. Grelle Farben und auffallende Muster sind verpönt. Gutem Aussehen wird große Bedeutung beigemessen, und besonders liebevoll werden die Kinder herausgeputzt. In Kirchen hält man sich bedeckt - keine Shorts, keine nackten Oberarme, Kopftuch für Frauen im Süden. In ein Restaurant geht man stets einwandfrei gekleidet.

Am Strand ist freche Mode angesagt. "Oben ohne" wird in Norditalien eher toleriert als im Süden. FKK ist nur in ausgewiesenen Zonen gestattet.

Kontakte: Sie lassen sich überall knüpfen - auf der Straße, im Lokal, am Strand. Italiener sind enorm aufgeschlossen und erwarten Gleiches auch von den Touristen. Es gehört dazu, Gefühle deutlich zum Ausdruck zu bringen. Arrogantes und unsensibles Verhalten wird verachtet. Gastfreundschaft wird immer deutlicher, je weiter man gen Süden fährt.

Gäste lädt man am liebsten zum Mittagessen ein, das sich dann über Stunden hinzieht. Auch das Abendessen (erst ab 20 oder 21 Uhr) hat Ausmaße, die unseren deutschen Magen leicht überfordern. Doch eine

Einladung abzulehnen, gilt als nahezu unmöglich. Erwartet wird vom deutschen Gast pünktliches Erscheinen, obwohl die Italiener selbst ein eher gestörtes Verhältnis zur Termintreue haben. Achten Sie darauf, niemals "zu tief ins Glas zu sehen", und sei der Wein noch so gut. Denn schon die ersten Anzeichen von Betrunkenheit sind ein dicker Minuspunkt auf Ihrem Konto.

Italien ist ein erzkatholisches Land. Neben dem Glauben existiert auch viel Aberglauben. Kein Wunder, wenn im Hotel die Zimmernummer 17 fehlt, denn die gilt auf dem Stiefel als Unglückszahl. Unglückstage sind Dienstag und Freitag.

Geschenke: Blumen werden geliebt - mit Ausnahme von Chrysanthemen, weil die angeblich Krankheit und Tod bringen. Einen Blumenstrauß lässt man am besten schon vor dem Zusammentreffen schicken. Mit gutem Wein und Schokolade legt man ebenfalls Ehre ein. Die Kinder der Familie sollten unbedingt bedacht werden. Gern macht der Gastgeber seinen Gästen bei der Verabschiedung ebenfalls ein kleines Geschenk.

Gesprächsthemen: Nichts interessiert in Italien mehr als die Familie. Sie müssen Fotos bewundern und dürfen selbst Frau und Kinder herumzeigen. Gern wird temperamentvoll diskutiert über Fußball, Formel I und Radrennen. Auch über italienische Geschichte, Kunst und Kultur lässt es sich endlos plaudern. Innenpolitische und wirtschaftliche Themen sind mit Einfühlungsvermögen zu behandeln, die Mafia, Korruptions-Probleme und die Diskrepanz zwischen Nord- und Süditalien schweigt man als Fremder besser tot.

Gastronomie: Im ristorante nimmt der Ober den Gast in Empfang und schlägt einen Tisch vor. Die Speisekarte sollten Sie nicht allzu ernst nehmen. Als Insider zeichnen Sie sich aus, wenn Sie den Ober fragen, was es denn sonst noch gibt. Außerdem dürfen Sie ganz individuelle Wünsche äußern - die Küche erfüllt, was in ihrer Macht steht. Der Preis sollte Sie dabei allerdings nicht kümmern.

Italiener schmeckt, so scheint es, kein Essen ohne eine tüchtige Prise Fernsehen. Die Flimmerkiste läuft in jedem Lokal zu jeder Tageszeit, und meist sieht niemand hin. Trotzdem sollten Sie nicht versuchen, den Kasten abstellen zu lassen. Sie ernten lediglich Unverständnis beim Kellner und den einheimischen Gästen. Schalten Sie die Ohren auf Durchzug, genießen Sie das Essen, und geben Sie zum guten Schluss mehr Trinkgeld, als sie in Deutschland locker machen würden. Es wird nicht auf die Rechnung geschlagen, sondern nachträglich auf den Zahlteller gelegt oder einfach beim Weggehen auf dem Tisch hinterlassen.

Norwegen

Anrede: Weil außer den Norwegern kaum jemand norwegisch spricht, läuft die Kommunikation meist auf Englisch ab. Man grüßt normalerweise, ohne den Nachnamen des Angesprochenen zu nennen. Norweger gehen allgemein schnell zum Vornamen und auch zum Du über.

Begrüßung: Wer sich kennt, verzichtet meist aufs Händeschütteln. Das ist nur angebracht, wenn man eine Person das erste Mal trifft.

Kleidung: Sie darf leger sein. Selbst Männer können in kurzen Hosen eine Kirche besichtigen, ohne Ärgernis zu erregen. Aufdringliche und schrille Kleidung wird allerdings generell nicht geschätzt.

Baden "oben ohne" ist kein Problem, und auch Freunde des FKK kommen auf ihre Kosten, so lange sie sich diskret verhalten.

Kontakte: Norweger gehen miteinander tolerant und freundlich um, und das spüren auch die Fremden. Wer eingeladen ist, sollte pünktlich sein, sich aber zumindest nicht mehr als zehn Minuten verspäten.

Auf ihr Land voll Naturschönheiten sind die Norweger stolz, und sie erwarten, dass sich auch die Touristen sorgsam und rücksichtsvoll verhalten.

Geschenke: Blumen sind immer willkommen, Pralinen etc. ebenso. Mit Alkohol sollte man vorsichtig sein und eine "geistreiche" Flasche nur dann verschenken, wenn der Empfänger als Freund solcher Getränke bekannt ist.

Gesprächsthemen: Über Sport und Norwegens Natur lässt es sich unverbindlich plaudern. Weniger günstig sind Themen wie Alkoholprobleme sowie das Verhältnis zwischen Norwegern und Deutschen im Zweiten Weltkrieg.

Gastronomie: Trinkgeld wird nicht erwartet, kann aber natürlich gegeben werden - etwa wie bei uns.

Österreich

Anrede: Wie hier zu Lande, jedoch sind Titel sehr wichtig. Nach wie vor gibt es den "Herrn Ingenieur", den "Herrn Baron", den "Herrn Hofrat" usw.

Begrüßung: Man schüttelt sich die Hand, Umarmungen sind eher selten. Ausgenommen in Wien, wo Begegnungen gern besonders herzlich ausfallen.

Kleidung: Grundsätzlich wie bei uns, doch besteht vielfach eine Vorliebe für den Trachtenlook. Wenn allerdings Touristen aus dem deutschen Norden im Dirndl und in Lederhosen auftauchen, wird das eher belächelt.

Kontakte: Gespräche anzuknüpfen, ist nicht schwer, wobei man häufig schnell zum Privaten kommt. Allerdings reagieren die Österreicher sehr empfindlich auf die geringsten Anzeichen von Arroganz und Angebertum - Eigenschaften, die den Deutschen nachgesagt werden.

Geschenke: Blumen, guter Wein und Sekt.

Gesprächsthemen: Kaum eine andere Nation ist durchgehend so stark interessiert an Theater, Musik und Skisport.

Portugal

Anrede: Titel müssen unbedingt beachtet werden. Jeder, der eine Hochschule besucht hat, wird mit "Doktor" angesprochen - ganz egal, ob ein Abschlussdiplom oder ein Doktorexamen vorliegt.

Begrüßung: Mit Handschlag, während man sich mit der Umarmung zurückhält. Sie ist erst angebracht, wenn sich Leute wirklich sehr gut kennen und mögen.

Kleidung: Portugiesen schätzen das Korrekte (der Herr im Anzug mit Krawatte) und lehnen alles Auffallende ab. Auch wenn sich junge Leute heute modebewusster kleiden, bedeutet das keine rasante Trendwende.

Am Strand ist der Bikini gern gesehen, doch das Oberteil bleibt dran. Auch mit FKK kann man in Portugal anecken – ausgenommen, in speziell dafür abgegrenzten Gebieten.

Kontakte: Portugiesen sind freundliche, betont höfliche aber zurückhaltende Menschen, und eine gewisse Schwermut ("saudade") kann wohl als Volkscharakter bezeichnet werden. Einen Portugiesen zum Freund zu gewinnen, ist deshalb nicht ganz leicht. Wer es schafft und eingeladen wird, sollte sich nicht wundern, wenn der Gastgeber zu spät kommt. Das heißt, mit deutscher Pünktlichkeit fällt man in diesem Land eher unangenehm auf.

Geduld ist eine portugiesische Eigenschaft, die auch Touristen gut zu Gesicht steht. Drängeln zum Beispiel beim Einkaufen oder beim Einsteigen in einen Bus stößt ebenso auf Verständnislosigkeit wie eine fastfood-Mentalität im Restaurant.

In Kirchen sollten Touristen aufs Fotografieren grundsätzlich verzichten und sakrale Kunstgegenstände nicht berühren.

Die Familie ist den Portugiesen heilig, wobei der Mann als unangefochtenes Oberhaupt gilt. Kneipen werden im Großen und Ganzen von den Herren der Schöpfung allein besucht, der Platz der Frauen ist im Haus. Touristinnen sollten das traditionelle Frauenbild bedenken, sich in Lokalen zurückhaltend benehmen und nicht gerade aufreizende Kleidung tragen.

Geschenke: Rosa Nelken sind sehr beliebt.

Gesprächsthemen: Familie sowie der glorreiche Teil der portugiesischen Geschichte, in der große Seefahrer und Entdecker (zum Beispiel Vasco da Gama) eine wichtige Rolle spielten.

Schweiz

Anrede: Wie bei uns in Deutschland, aber in mehreren Sprachen üblich: Deutsch, Italienisch, Französisch - je nachdem, in welchem Teil der Schweiz man sich gerade befindet.

Begrüßung: Man gibt sich die Hand, doch Umarmungen sind kaum nach schweizerischem Geschmack. Auch eine Verbeugung wird man nicht sehen.

Kleidung: Dezent und eher klassisch. Wer es sich leisten kann - und viele Schweizer können -, kleidet sich in erstklassige Qualität, doch niemals überkandidelt extravagant.

Kontakte: Eigentlich sind sich die Schweizer selbst genug. Drei Nationalitäten leben seit eh und je in konfliktfreier Gemeinsamkeit, und darauf ist man stolz. Was von außen kommt, wird eher mit Misstrauen betrachtet, obwohl natürlich der Tourismus auch Geld ins Land bringt und den Reichtum vermehrt. Dafür nimmt man die Fremden in Kauf, verhält sich aber reserviert. Sobald jedoch der Schweizer Bergluft atmet, geht eine Verwandlung mit ihm vor. Unterwegs wird jeder andere Wanderer gegrüßt und womöglich sogar in ein Gespräch über Gott und die Welt verwickelt. Aber selbst beim gemeinsamen Mittagessen auf der Hütte kommt es zu keinen Vertraulichkeiten, denn sein Privatleben hält der Schweizer unter Verschluss.

Mit Höflichkeit, Freundlichkeit und dem nötigen Quantum Zurückhaltung kommt der Tourist gut durch die Schweiz und kann die Schönheit des Landes sowie seine kulinarischen Spezialitäten und die perfekte Gastronomie genießen. Als Gast in einem Schweizer Haus sollte man unbedingt pünktlich sein. Selbst das "akademische Viertel" wird nur ungern akzeptiert.

Geschenke: Auch die Schweizerinnen lieben Blumen, während die Herren Wein bevorzugen - am besten in gehobener Preisklase.

Gesprächsthemen: Wirtschaftliche Erfolg der Schweiz, Literatur, Skisport.

Spanien

Anrede: Es heißt - wie bei uns - "Herr..." und "Frau...", und man unterscheidet zwischen "Frau" und "Fräulein". Ist der Nachname nicht bekannt, genügt "Senor", "Senora" und "Senorita". Spanier gehen relativ schnell zum Du über und bezeichnen einen neuen Bekannten als "amigo", als Freund. Doch dieser Wortwahl sollte nicht allzu große Bedeutung beigemessen werden, denn es handelt sich um eine sehr oberflächliche Freundschaft.

Begrüßung: Das Händeschütteln ist üblich, aber häufiger umarmt man sich - gerade unter Männern. Sie praktizieren auch - mehr noch als Frauen - den Wangenkuss. Außerdem klopfen sich Männer gern auf die Schulter oder auf den Rücken.

Kleidung: Eleganz ist in Spanien gefragt, für Frauen wie für Männer. Geschäftsleute kleiden sich konservativ-korrekt. Bei Kirchenbesichtigungen sind kurze Hosen und bei Frauen ärmellose T-Shirts etc. die falsche Kleidung. In ländlichen Gebieten abseits der Touristenrouten kann es sogar erforderlich sein, als Frau in der Kirche ein Kopftuch zu tragen.

Am Strand darf der Bikini knapp sein, und fast überall sonnt sich die Damenwelt "oben ohne". Für FKKler gibt es ausgewiesene Bereiche.

Kontakte: Der "stolze" Spanier ist Realität, und dieser Stolz wirkt auf Fremde oft wie Hochmut. Trotzdem sind die Spanier ein extrovertiertes Volk, das den zahllosen Touristen mit großer Höflichkeit begegnet. Die Gastfreundschaft der meisten Spanier hat jedoch ihre Grenzen. Der Einladung "Bitte besuchen Sie mich unbedingt" sollte besser nicht Folge geleistet werden, denn sie ist reine Floskel. Das Zuhause und die Familie werden abgeschirmt und Fremden nur selten vorgeführt. Lädt Sie dagegen ein Spanier in ein Lokal ein, käme Ablehnung einer Beleidigung gleich. Hier, auf neutralem Boden, beweist der Spanier seine Großzügigkeit. Wenn Sie eingeladen sind, dann kommen Sie auf keinen Fall zu früh. Pünktlichkeit zählt in diesem Land zu den Untugenden. Dagegen werden Verspätungen von einer halben Stunde und mehr als völlig normal betrachtet.

Wichtig: Stören Sie einen Spanier um alles in der Welt niemals während der "heiligen" Siestazeit. Sie beginnt spätestens um 14 Uhr und endet um 16 Uhr. Völlig auf der sicheren Seite sind Sie, wenn Sie vorher und nachher noch eine Stunde zugeben.

Geschenke: Neben den üblichen Nettigkeiten wie Blumen (auch rote Rosen für die Gastgeberin, niemals jedoch Chrysanthemen), Wein und Pralinen sind teurere Präsente angebracht. Der Gastgeber selbst pflegt seine Gäste ebenfalls gern und großzügig zu beschenken.

Gesprächsthemen: Geschichte, Kultur, Sport. Ein taktvoller Gast wird es vermeiden, über den Stierkampf als sinnlose Grausamkeit zu debattieren. Dafür haben die wenigsten Spanier Verständnis. Eine Einladung zum Stierkampf würde ich persönlich allerdings immer ablehnen – Höflichkeit hin oder her. Doch das ist im wahrsten Sinne des Wortes Geschmacksache.

Gastronomie: Kellner erwecken den Eindruck, dass sie das Bedienen eigentlich gar nicht nötig haben. Sie sind deshalb niemals allzu beflissen und verstehen sich kaum auf das Verwöhnen des Gastes. Sich als Tourist dagegen aufzulehnen oder belehren zu wollen, ist völlig sinnlos. Was versöhnt: Auch die spanischen Gäste werden nicht besser behandelt, und die wiederum zeigen ebenfalls ihren Stolz. Der Fremde übt Zurückhaltung und gibt Trinkgeld - mindestens zehn Prozent.

Türkei

Anrede: Man setzt hinter "Herr" oder "Frau" meist den Vornamen.

Begrüßung: Allgemein gebräuchlich ist der Handschlag. Gute Bekannte, Freunde und Verwandte begrüßen sich mit Wangenkuss rechts und links – auch die Männer.

Kleidung: In der Stadt und vor allem im Geschäftsleben wird bei Männern auf korrekte Kleidung Wert gelegt. Darunter ist ein Anzug mit Krawatte zu verstehen, ungeachtet der Temperatur. Eine Frau sollte nach türkischer Meinung elegant gekleidet sein - zum Beispiel in ein Kostüm mit nicht zu langem Rock. Echter Schmuck besitzt einen hohen Stellenwert.

Dass Touristen im Freizeitlook herumlaufen, wird toleriert. Frauen sollten jedoch auf durchsichtige Stoffe, freizügige Ausschnitte, Miniröcke und Hot pants verzichten. Wer eine Moschee betritt, zieht die Schuhe vorher aus (Pantoffeln stehen überall zur Verfügung). Kurze Hosen sind für Frauen und Männer tabu. Frauen bedecken außerdem die nackten Oberarme und verhüllen das Haar am besten mit einem Kopftuch.
"Oben ohne" gibt es nur an hoteleigenen Stränden. FKK-Freunde haben in der Türkei schlechte Karten. Es gibt jedoch einige abgegrenzte Zonen.

Kontakte: Türken glänzen mit allen guten Eigenschaften, die man sich als Urlauber wünschen kann. Sie sind aufgeschlossen, höflich, immer hilfsbereit und grenzenlos gastfreundlich. Es ist nahezu unmöglich, keine Kontakte zu knüpfen. Vermeiden Sie es unbedingt, eine Einladung abzulehnen. Allerdings wird eine Gegeneinladung erwartet. Wenn Sie in ein türkisches Haus kommen, dann verlieren Sie besser kein Wort der Bewunderung über hübsche bewegliche Gegenstände. Ihr Gastgeber könnte sich verpflichtet fühlen, sie Ihnen zu schenken. Falls Sie eine Verabredung treffen, machen Sie einen fixen Zeitpunkt aus, und halten Sie ihn ein. Unpünktlichkeit gilt als unzivilisiert, höchstens eine Viertelstunde Verspätung wird toleriert. Als Gast ziehen Sie die Schuhe vor der Haustür aus.

Die bunten Bazare in den Städten ziehen Touristen an wie ein Magnet. Wer hier kauft, ohne zu handeln, ist selbst schuld. Das Feilschen hat nichts mit Knickerigkeit zu tun, sondern beweist Geschäftstüchtigkeit und Geschicklichkeit. Am angesehensten ist nicht ein Kunde, der möglichst viel bezahlt, sondern einer, der den Preis mit Ausdauer herunterdrückt. Gehandelt wird wort- und gestenreich, und beide Parteien haben ihr Vergnügen. Im Bazar wird dem Fremden ständig Kaffee oder Tee angeboten. Eine Verpflichtung zum Kauf entsteht dadurch nicht.

Wer die Türkei besucht, muss die Lebensgewohnheiten dort respektieren. So sollte man es beispielsweise auf dem Land besser unterlassen, Menschen zu fotografieren. Sie könnten sich dadurch in ihrer Würde verletzt fühlen. Auch sind Zärtlichkeiten zwischen Mann und Frau in der Öffentlichkeit verpönt. Rücksichtslos gegenüber Gläubigen ist es, eine Moschee während der Gebetszeit zu besichtigen. Auf keinen Fall darf vor einem Betenden vorbeigegangen werden, denn das macht das Gebet ungültig. Die Furcht vor dem "bösen Blick" ist in der Türkei weit verbreitet, und es gibt zwei Glückszahlen: die 3 und die 41.

Geschenke: Kein Gast kommt ohne Präsent. Schnittblumen verfehlen nie ihre Wirkung. Topfpflanzen sollten, wenn überhaupt, in einem dekorativen Topf überreicht werden. Gut kommen auch Süßigkeiten an – vor allem dann, wenn sie in hübschen Silberschalen oder -dosen verpackt sind.

Gesprächsthemen: Kultur, Reisen, Beruf, Fußball.

Gastronomie: Vergleichen Sie nie die türkische mit der griechischen Küche, denn das verträgt kein Wirt. Bei Tisch nie mit der linken (unreinen) Hand essen, nicht auf die zu heiße Suppe blasen und nicht gähnen. Trinkgeld wird gern genommen - je mehr, desto lieber. Es sollte etwas höher sein, als in Deutschland üblich wäre.

USA

Anrede: Nicht anders, als bei uns - "Mr. Jones" etc. Akademische Titel werden grundsätzlich weggelassen. Einzige Ausnahme bildet der Doktor, und bei ihm handelt es sich dann um einen Arzt. Die Amerikaner gehen im Privat- wie im Geschäftsleben schnell zum Vornamen über. Das darf weder als Vertraulichkeit noch als Freundschaftsbeweis gewertet werden. Der Vorname vereinfacht lediglich den Umgang miteinander. Sie selbst sollten jedoch nicht den ersten Schritt tun, sondern warten, wie sich die amerikanische Seite verhält.

Begrüßung: Shaking hands ist eher selten. Wenn, dann höchstens beim ersten Treffen, und die Hand wird herzhaft gedrückt. Normalerweise begnügt man sich mit „Hallo“ oder „Hi“ oder fragt herzlich „How are you", was lediglich mit "Fine" beantwortet wird.

Kleidung: Das Beispiel des Amerikaners auf Europa-Trip können wir vergessen, denn jenseits des großen Teichs laufen wirklich nicht alle in karierten Hosen und Hawaii-Hemden herum. Natürlich ist die Kleiderordnung locker, man unterliegt wenigen Zwängen und selbst das Verrückteste wird als völlig normal betrachtet. Andererseits ist der Gast mit Krawatte in Hotels, Restaurants und auf Partys besser angesehen. Für Business-Frauen gilt: auch im Hochsommer ein Kostüm und Feinstrumpfhosen bzw. Strümpfe tragen.

Kontakte: Wer in den USA keine Bekanntschaften schließt, muss wohl der geborene Einzelgänger sein. Die Menschen in den Staaten sind weltoffen und lernen gern Leute aus "good old Europe" kennen. Wenn Sie allerdings von einem Amerikaner herzlich aufgefordert werden, doch einmal beim ihm zu Hause vorbei zu kommen, dann unterlassen Sie das lieber. Gültig ist eine Einladung nur, wenn Tag und Uhrzeit vereinbart werden.

Uns Europäern läuft der Ruf voraus, zivilisiert, kultiviert und diszipliniert zu sein. Also werden Sie diesem Anspruch gerecht und erscheinen pünktlich zu einer Einladung. Verbergen Sie es geschickt, wenn Sie unter Zeitdruck stehen. Und beweisen Sie einen ausgeprägten Sinn für Humor. Je humorvoller Ihre Unterhaltung, desto beliebter sind Sie als Gast.

Amerikaner besitzen ein ausgeprägtes Nationalgefühl und vertragen in dieser Hinsicht keinerlei Spaß. Für unsere Begriffe ungewöhnlich innig ist auch das Verhältnis zu Kirche und Religion. Wir respektieren es ohne Kommentar, wenn beispielsweise vor einer großen Veranstaltung gemeinsam gebetet wird.

Geschenke: Damit können Sie es genauso halten wie in der Heimat.

Amerikanerinnen erwarten allerdings teure Blumen, und die Flasche Wein wird gleich geöffnet und gemeinsam getrunken.

Gesprächsthemen: Die amerikanische Geschichte liegt den Amerikanern sehr am Herzen. Wichtig sind auch Umweltprobleme, und Geschäftsleute diskutieren natürlich die aktuelle Lage an der Börse. Auch die Außenpolitik kann ein abendfüllendes Thema sein, wobei die Kriege der jüngsten Vergangenheit mit Zurückhaltung behandelt werden sollten. Der 11. September 2001 ist als Thema nahezu unvermeidlich. Innenpolitik und Skandale spricht man als Fremder besser nicht von sich aus an. Kommen kritische Punkte von selbst ins Gespräch, wird es sehr offen und engagiert geführt. Übrigens: Wundern Sie sich nicht, wenn Sie nach Ihrem Vermögen oder Einkommen gefragt werden. Das ist durchaus üblich und muss nicht unbedingt detailliert beantwortet werden.

Gastronomie: Plätze im Lokal stehen nicht zur freien Wahl, sondern werden grundsätzlich vom Kellner zugewiesen. Üblich ist es, dass der Gastgeber auch bezahlt. Sitzen Leute in lockerer Runde beieinander, bezahlt jeder selbst. Als Trinkgeld sind 10 bis 15 % angemessen, es darf gern auch einiges mehr sein. Im Hotel sollte man, egal an wen, nie weniger als 1 $ geben.

Arabische Länder

Anrede: Man sagt „Herr" („Sayed") wie bei uns, nennt dann aber Vorname und Nachname oder Titel und Nachname. Unter guten Bekannten genügt der erste Name.

Begrüßung: Männer geben sich die Hand. Je länger sie fest gehalten wird, desto größer ist die Wertschätzung. Gute Bekannte umarmen sich und küssen sich gelegentlich auf die Wange. Als Frau sollten Sie Abstand halten und zumindest einem fremden Mann noch nicht einmal die Hand reichen. Umgekehrt reichen Sie als Mann einer arabischen Frau nicht die Hand. Es genügt ein leichtes Kopfnicken, verbunden mit einem Lächeln. Es gehört zur Begrüßung, dass man zunächst eine Weile unverbindlich plaudert.

Kleidung: Araber legen Wert auf korrekte Kleidung. Darunter wird bei einem Geschäftsmann der Anzug verstanden, Hitze hin oder her. Männliche Touristen sollten außerhalb der einschlägigen Ferienzentren auf den typischen Urlauber-Look (kurze Hosen, womöglich kombiniert mit einem Unterhemd) verzichten und stattdessen lange Hosen und zumindest ein T-Shirt trage. Für Frauen empfehlen sich mehr als knielange Röcke, hochgeschlossene Blusen, lange Ärmel und eventuell ein leichter Schal fürs Haar. In Turnschuhen sollten Sie zumindest zu keiner Einladung gehen.

Am Strand außerhalb der Hotel-Areale sollte der Bikini durch einen einteiligen Badeanzug ersetzt werden.
Kontakte: Gastfreundschaft ist den Arabern heilig. Wenn Sie privat eingeladen werden, verspäten Sie sich gut und gern eine halbe Stunde. Ziehen Sie die Schuhe vor der Haustür aus, und waschen Sie sich vor dem Essen die Hände. Grundsätzlich wird nur mit der rechten Hand gegessen und weitaus langsamer und genussvoller als bei uns üblich. Verkneifen Sie sich - sofern möglich - während des Essens das Naseputzen. Um zu zeigen, dass Sie satt sind, lassen Sie ein letztes Stück auf dem Teller unberührt. Nach dem Kaffee dürfen Sie sich bald verabschieden.

Frauen bleibt in arabischen Ländern nichts anderes übrig, als Zurückhaltung zu üben. Direkter Blickkontakt mit Männern ist ebenso wenig angebracht wie ein unverbindliches Lächeln, das leicht falsch verstanden wird. Auch das Rauchen auf offener Straße sollten sich Frauen verkneifen. Und dass Zärtlichkeiten zwischen Mann und Frau in der Öffentlichkeit unmöglich sind, versteht sich eigentlich von selbst.

Zum Basarbesuch gehört das Handeln. Je mehr Zeit Sie sich nehmen, je länger Sie feilschen, desto höher steigen Sie in der Achtung des jeweiligen Geschäftsmannes.

Viele Menschen leben vorwiegend von Trinkgeldern. Deshalb wird jede noch so kleine Dienstleistung honoriert - im Restaurant, im Hotel, am Strand usw. Auch kann ein entsprechender Betrag Türen öffnen und scheinbar Unmögliches möglich machen. Das gilt nicht nur privat, sondern auch im Geschäftsleben.

Fotografieren Sie Menschen nur dann, wenn Sie dazu vorher die Erlaubnis erfragt haben. Aber sprechen Sie nie eine verschleierte Frau an, und lassen Sie die Kamera unbedingt in der Tasche. Das gilt auch in Moscheen.

Geschenke: Besser keine Blumen für die Dame des Hauses! Willkommen sind Pralinen, Torten und vor allem typische Mitbringsel aus Deutschland, die man schön verpackt überreicht. Sie werden allerdings erst ausgepackt, wenn der Gast gegangen ist. Dementsprechend sollten auch Sie ein eventuelles Geschenk nicht sofort neugierig vom Papier befreien. Alkoholische Präsente sind im Haus eines Moslems unangebracht.

Gesprächsthemen: Sprechen Sie über Geschäfte oder Ihre Reise, über die Geschichte und die Sehenswürdigkeiten des Landes. Sie dürfen nach den Söhnen und Brüdern fragen, nicht aber nach der Ehefrau und den Töchtern. Zu vermeiden sind Themen wie Außen- und Innenpolitik, Religion und Rechte der Frauen.

Asien

Anrede: In China heißt es „Frau“ oder „Herr“, dann folgt der Nachname, gegebenenfalls mit Titel. Im britisch geprägten Hongkong geht man schnell zum Vornamen über. Bei den Japanern wird an jeden Nachnamen ein „-san“ angehängt.

Begrüßung: Unüblich ist es, Hände zu schütteln oder gar sich zu umarmen und zu küssen. Aus Höflichkeit wird uns Europäern zwar gelegentlich die Hand gereicht, aber eher lasch. Drücken Sie auf keinen Fall nach deutscher Art herzhaft zu. In Japan gehört sich beim Begrüßen und Verabschieden eine leichte Verbeugung.

Kleidung: Dunkle oder zumindest gedeckte Farben werden bevorzugt. (In Japan ist Weiß die Farbe des Todes.) Geschäftlich erscheint der Herr im Anzug, die Dame im Kostüm oder Hosenanzug. Tiefe Dekolletés sind nicht gefragt. Privat kleidet man sich lockerer, doch auch beim Stadtbummel oder bei Besichtigungen darf das Outfit nie schlampig wirken. Japaner legen großen Wert auf modische und teure Markenkleidung. Duftende Essenzen wie Rasierwasser oder Parfum beleidigen japanische Nasen.

Kontakte: Gastfreundschaft wird groß geschrieben, doch laden Asiaten nur selten nach Hause ein. Wenn doch, dann erwartet Sie eine großzügige Bewirtung. Zumindest in Japan sollten Sie schon vor dem Klingeln Mantel und Schuhe ausziehen (mit den Spitzen nach außen abstellen). Sie schlüpfen in normalerweise bereitstehende Pantoffeln und steigen in andere um, falls Sie ins WC gehen. Die Zimmer betritt man meist nur auf Socken. Pünktlichkeit ist wichtig. In China dürfen Sie gern etwas früher kommen, weil dadurch vor dem Essen noch Zeit zum Plaudern bleibt.

Asiaten mögen weder Geschrei noch auffallende Gesten. Versuchen Sie möglichst, Ruhe und Bescheidenheit auszustrahlen. In Japan allerdings können Sie abends beim Karaoke etc. auch mal etwas mehr aus sich heraus gehen, ohne deshalb das Gesicht zu verlieren.

Geschenke: Sie sind enorm wichtig. Japanerinnen freuen sich über Blumen, sofern sie nicht weiß sind. In China schenkt man keine Blumen. Besser kommen kleine aber - zumindest für chinesische Verhältnisse - teure Dinge an. Eine aufwändige Verpackung steigert zusätzlich den Wert. Japaner haben eine Vorliebe für typisch Deutsches, und wenn es eine Kuckucksuhr ist. Vermeiden Sie es generell, vier Teile zu überreichen, denn diese Zahl wird mit dem Tod in Verbindung gebracht. Wichtig ist es, Geschenke mit beiden Händen zu übergeben und auch so entgegen zu nehmen.
Gastronomie: Gegessen wird normalerweise mit Stäbchen, doch als

Europäer können Sie zumindest in Touristengebieten auf Wunsch auch einen Löffel oder eine Gabel erhalten. In Japan dürfen Schüsseln mit Reis oder Nudelsuppe mit dem Mund „ausgeschlürft" werden. Überhaupt haben die Asiaten nichts gegen Schlürfen und Schmatzen. Mit einem Anstandshäppchen auf dem Teller signalisieren Sie, dass sie nichts mehr möchten. Alkohol in halb leeren Gläsern wird ständig nachgeschenkt, sofern Sie nicht eindeutig ablehnen.

Werden Sie in China zum Essen eingeladen, ordert der Gastgeber mindestens ein Gericht mehr als Personen am Tisch sitzen. Er bezahlt auch die Rechnung. Gibt es in lockerer Runde keine Gastgeber, gehört es sich, anhaltend um die Ehre des Bezahlens zu feilschen. In Japan bezahlt derjenige, der die Rechnung verlangt.

Foto: © WMF

Business-Knigge

Die Firma ist ein Mikrokosmos, eine Welt für sich in unserer Welt. Millionen von Menschen verschwinden morgens in Büros, Werkstätten, Fabrikhallen usw. und werden nach getaner Arbeit wieder vorübergehend ins Privatleben entlassen. Doch hinter den Werkstoren ist es genauso, wie davor: Gewisse Umgangsformen sind erforderlich, damit das Miteinander reibungslos funktioniert.

Für eine Bewerbung soll die Kleidung passend gewählt werden. Aber immer so, dass Sie selbst sich wohl und nicht beengt fühlen.

Bewerbung: der erste Eindruck

Arbeitnehmer

Sie wollen einen Job? Dann zeigen Sie sich beim Vorstellen von Ihrer besten Seite.

tipp

1. Erscheinen Sie pünktlich zum vereinbarten Termin - eher ein paar Minuten (nicht mehr!) zu früh als zu spät.

2. Tun Sie alles, um möglichst gut auszusehen. "Gut" - das bedeutet auch sympathisch.

   • Die Kleidung sollte der Branche und dem angestrebten Posten entsprechen. Wer sich bei einer Bank oder Versicherung bewirbt, wählt ein eher klassisches Outfit. Die in Richtung Jugend orientierte Computer-Branche akzeptiert Legeres. Ein extravaganter "Fummel" ist bei Modefirmen angebracht usw.

   • Was für die Kleidung gilt, gilt auch für die Frisur. Die wenigsten Chefs wollen einen "Paradiesvogel", sondern bevorzugen Durchschnittliches.

   • Für Frauen empfiehlt sich ein dezentes Make-up. Allzu viel Farbe stößt meist ab.

3. Kommen Sie gut ausgeschlafen, frisch und aktiv zum Gespräch. Also möglichst nicht die Nacht davor durchfeiern, denn mit müden Augendeckeln oder gar einer Alkohol fahne sinken Ihre Chancen beträchtlich. Machen Sie auch am Vorabend einen großen Bogen um griechische Lokale, denn ein umwerfender Knoblauch-Atem bewirkt beim Gesprächspartner nur eine Reaktion: Schnell wieder raus mit dem Bewerber.

4. Seien Sie höflich und freundlich, nicht aber unterwürfig. Ihr potentieller Brötchen geber braucht keinen Kriecher, der ihm nach dem Mund redet, sondern einen selbstbewussten Mitarbeiter mit guten Manieren. (Sollten Sie nicht diesen Ein druck haben, lassen Sie besser gleich die Finger von dem Job.)

5. Zeigen Sie Engagement, und bereiten Sie sich perfekt vor auf den wichtigen Termin. Halten Sie die richtigen Antworten auf alle Fragen parat, die Ihre Person betreffen. Legen Sie sich beispielsweise überzeugende Argumente dafür zurecht, warum gerade Sie für den angebotenen Posten die Idealbesetzung sind. Beweisen Sie Branchen kenntnisse und brillieren Sie mit jenen Informationen, die Sie hof fentlich schon im Vorfeld über das Unternehmen eingeholt haben.

6. Nehmen Sie beim Vorstellungsgespräch keine passive, abwartende Haltung ein, sondern gehen Sie selbst in die Offensive. Sie haben das Recht, alles zu erfragen, was Sie interessiert. Freilich sollten Sie dabei die Themen Gehalt, Urlaub und Rente nicht gerade an den Anfang stellen.

Arbeitgeber

Ihr Ziel ist es, einen neuen Mitarbeiter zu gewinnen. Natürlich steht bei der Auswahl die Qualifikation an erster Stelle, doch auch menschlich muss der Neuzugang ins Team / in die Abteilung / ins Unternehmen passen.

Angenommen, ein Bewerber/eine Bewerberin sitzt vor Ihnen und erscheint in jeder Hinsicht als absoluter Glücksgriff. Dann fällt gewichtig in die Waagschale, welchen Eindruck Sie selbst auf die Person machen. Denn die Entscheidung für oder gegen einen Arbeitsplatz wird nicht zuletzt auch davon beeinflusst, in welchem Licht der künftige Chef erscheint. Sympathie gewinnen Sie, wenn Sie

- auf den ersten Blick in jeder Hinsicht gut aussehen.
- höflich, freundlich und gegenüber Damen charmant sind, ohne auf dringlich zu wirken.
- sich Zeit für die Bewerberin/den Bewerber nehmen und Fragen offen beantworten.
- aufgeschlossen sind und den Eindruck erwecken, ernsthaft an einer guten Zusammenarbeit interessiert zu sein.
- genaue Angaben über das Anforderungsprofil machen und sich groß artige Versprechungen verkneifen, die später womöglich nicht zu hal ten sind.
- Führungsqualität beweisen und dabei Wert auf mündige Mitarbeiter legen.

Chef und Mitarbeiter

Firmen-Patriarchen, die göttergleich hoch über den Beschäftigten thronen, gehören zum Glück der Vergangenheit an. Statt Untergebenen sind heute echte Mit-Arbeiter gefragt, und so erübrigt es sich, beim Anblick des Chefs in der Leibesmitte zusammen zu knicken. Am Arbeitsplatz herrscht ein weitgehend partnerschaftliches Verhältnis, obwohl natürlich der Boss nach wie vor das Sagen hat.

Die veränderten Beziehungen zwischen "oben" und "unten" bedeuten nicht, dass Höflichkeit und Rücksichtnahme im täglichen Umgang miteinander auf der Strecke bleiben dürfen. Der Chef erwartet keine Ehrerbietung, wohl aber Respekt und die uneingeschränkte Anerkennung seiner Autorität. Zu den wichtigsten Tugenden eines Mitarbeiters gehören Zuverlässigkeit sowie Loyalität gegenüber dem Vorgesetzten und dem Unternehmen. In der Praxis heißt das: Behalten Sie Betriebsinterna für sich, und sprechen Sie gegenüber Dritten nicht schlecht von Ihrem Arbeitgeber.

Ein guter Chef verhält sich seinerseits loyal gegenüber den Mitarbeitern und gibt ihnen Rückendeckung, wenn Angriffe von außen drohen. Probleme, die alle betreffen, werden im Team diskutiert. Schwierigkeiten mit Einzelnen werden nicht an die große Glocke gehängt, sondern unter vier Augen besprochen. Dabei darf Kritik nie demotivierend sein, sondern sollte dem Mitarbeiter klar machen, dass er zu besserer Leistung durchaus fähig ist und gebraucht wird. Und noch etwas: Nichts wirkt auf Mitarbeiter anspornender als Anerkennung ihrer Leistung. Deshalb sollten Chefs mit ehrlichem Lob sehr großzügig sein.

Zu den unangenehmsten Eigenschaften eines Chefs gehören Launenhaftigkeit, Ungerechtigkeit und indiskretes Verhalten. Der Boss darf sich auch nicht hinter der Sekretärin verschanzen, sondern muss für seine Mannschaft präsent und ansprechbar sein. Er nimmt sich die nötige Zeit für Gespräche, hört mit deutlichem Interesse zu und sieht keinesfalls ständig mahnend auf die Uhr.

Besprechungen und Konferenzen

- Hier ist Pünktlichkeit gefragt. Selbst für den Vorstandsvorsitzenden ziemt es sich nicht, die versammelte Mannschaft unnötig warten zu lassen. Wer aus triftigen Gründen nicht erscheinen kann oder sich ver spätet, entschuldigt sich bzw. lässt sich durch die Sekretärin ent schuldigen.

- Wer gerade spricht, hat ein Anrecht auf Aufmerksamkeit. Auch dann, wenn das Thema nicht alle Anwesenden gleichermaßen interessiert. Es ist unhöflich und störend, sich nebenher zu unterhalten oder auch sich anderweitig zu beschäftigen.

- Zum miteinander Reden gehört es, Blickkontakt zu halten. Unhöflich ist es, dem Redner ins Wort zu fallen. Andererseits muss der seinen Partnern Gelegenheit zu eigenen Äußerungen geben.

- Während eines Meetings wird nur dann telefoniert, wenn es die Sache erfordert. Ansonsten bleiben Handys abgeschaltet bzw. die Sekretärin nimmt eingehende Anrufe entgegen.

- Kontraproduktiv wirkt es, wenn einzelne Mitglieder eine Besprechung etc. zwischendurch verlassen bzw. heraus gerufen werden.

- Selbst Raucher ziehen es meist vor, dass bei Besprechungen und

Konferenzen nicht geraucht wird. Der Qualm belastet und ermüded im geschlossenen Raum. Hier sollte nicht die Mehrheit entscheiden, sondern auch auf einen einzigen Nichtraucher Rücksicht genommen werden. Manche Chefs setzten sich gern über alle anderen hinweg und qualmen Kraft ihres Amtes ungefragt, was das Zeug hält. Das spricht nicht gerade für eine gute Kinderstube.

Kündigung und Entlassung

Eine Kündigung kann von beiden Seiten mündlich ausgesprochen werden, erfolgt aber normalerweise schriftlich zum gesetzlich oder vertraglich festgelegten Zeitpunkt. Wer „im Guten" geht, wird jedoch das Schreiben dem Chef nicht einfach im letzten Moment auf den Tisch legen, sondern ein persönliches Gespräch führen. Gründe für den Wechsel können, aber müssen nicht genannt werden. Der Vorgesetzte nimmt die Kündigung an. Wenn mit Bedauern, sollte er das aussprechen. Er kann auch versuchen, den Mitarbeiter umzustimmen.

Wird einem Mitarbeiter gekündigt, ist das für ihn bestenfalls unangenehm, womöglich aber sogar eine momentane Katastrophe. Der Vorgesetzte braucht psychologisches Geschick, um eine solche Mitteilung möglichst schonend zu überbringen. Dabei gehören folgende Regeln zum guten Ton:

1. Eine Kündigung wird - von Ausnahmefällen abgesehen – persönlich und unter vier Augen ausgesprochen. Der „blaue Brief" kann dabei überreicht oder nachgeschickt werden.
2. Der Vorgesetzte nimmt sich Zeit für das Gespräch (zwischen 15 und 30 Minuten) und vermittelt nicht den Eindruck, die Angelegenheit möglichst schnell hinter sich bringen zu wollen.
3. Die Entlassung wird nachvollziehbar begründet.
4. Bei betriebsbedingten Entlassungen drückt der Chef sein Bedauern aus und bedankt sich für die gute Leistung und Zusammenarbeit.
5. Der Vorgesetzte versucht in jedem Fall, den Mitarbeiter etwas aufzubauen und versucht, ihm - sofern möglich - Wege aus der beruflichen Misere zu zeigen. Das gilt auch dann, wenn die Leistung des Mitarbeiters nicht zufrieden stellend war.

Wer ein Unternehmen verlässt, hat Anspruch auf ein Zeugnis. Es ist leider eine gängige Unsitte, den ehemaligen Mitarbeiter darauf ungebührlich lange warten zu lassen. Das Zeugnis sollte spätestens zwei Wochen nach Beendigung des Arbeitsverhältnisses zugestellt werden.

Miteinander zum Erfolg

Betriebsklima - hoffentlich gut

Arbeit verbindet tagtäglich für viele Stunden. Mit den Kollegen verbringt man mehr wache Zeit als beispielsweise mit dem Ehepartner. Wenn das Betriebsklima stimmt, macht das Miteinander meistens Spaß. Alle sitzen in einem Boot, und in diesem Gemeinschaftsgefühl werden Aufgaben Hand in Hand gelöst. Nur so lässt es sich erfolgreich arbeiten. Wo sich Menschen jedoch nicht verstehen, gerät "Sand ins Getriebe". Die negativen Auswirkungen spüren nicht nur die mittelbar und unmittelbar Betroffenen, sondern die ganze Abteilung, ja sogar das ganze Unternehmen.

Die Güte des Betriebsklimas wird im Wesentlichen von oben bestimmt. Es liegt also zum großen Teil an den Vorgesetzten und deren Führungsqualitäten, welcher Ton und welcher Umgang in den Abteilungen vorherrschen. Wenn auch in kleinen Gruppen die Verantwortlichen klare Vorgaben haben, diese weiter geben und eine konsequente Linie verfolgen, setzt sich ein gutes Betriebsklima bis nach unten fort.

Was sich am Arbeitsplatz gehört

Grüßen

Das ist ein ständig wiederkehrendes Thema in jedem Unternehmen. Im Prinzip gelten die bekannten Regeln (siehe Seite 13ff.), wobei aus praktischen Erwägungen heraus nicht alles auf die Goldwaage gelegt werden sollte.

- In einem kleinen Betrieb, wo die Mitarbeiter einander zumindest vom Sehen kennen, grüßt man sich beim ersten Treffen am Tag - das genügt. Im Großunternehmen nähme das Grüßen kein Ende, würden es alle tun, die sich begegnen. Deshalb beschränkt man sich auf per sönlich bekannte Personen.

- Beim morgendlichen Eintreffen am Arbeitsplatz genügte ein allgemeines "Guten Morgen" oder "Guten Tag", wenn man den Raum betritt. Es ist nicht erforderlich, jedem Kollegen die Hand zu schütteln. Auch am Abend wird pauschal verabschiedet. Wer in ein Besprechungszimmer kommt, wo andere bereits in die Arbeit vertieft sind, verkneift sich ein schallendes "Grüß Gott" etc. und sucht stattdessen möglichst leise seinen Platz auf. Ein grüßendes Nicken in Richtung Nachbarn reicht völlig.

- Überflüssig ist es, beim Mittagessen allen Anwesenden in der Kantine einen guten Appetit zu wünschen. Diese Höflichkeitsfloskel ist erst angebracht, wenn man sich zu anderen an den Tisch setzt.

Anklopfen

Dafür gibt es von Unternehmen zu Unternehmen unterschiedliche Regelungen. Innerhalb einer Abteilung wird man auf die "Klopforgie" generell verzichten. Vor dem Betreten eines fremden Büros kann hingegen das Anklopfen empfehlenswert sein. Auch beim Vorgesetzten sollte man nicht einfach mit der Tür ins Haus fallen, sondern anklopfen. Ist ein Sekretariat vorgeschaltet, meldet man sich hier und wird dann von der Sekretärin weitervermittelt.

Sparen kann man sich das Klopfen an der Tür eines bekannterweise den ganzen Tag über stark frequentierten Raums. Das ständige Gepoche geht nämlich jenen auf den Geist, die arbeiten müssen. Auch bringt es nichts, an die Tür eines Großraumbüros zu klopfen - es hört wahrscheinlich sowieso niemand.

Vor der Tür des Chefs wird man nach dem Anklopfen warten, bis von drin ein "Ja, bitte" oder "Herein" ertönt. Sitzen Kollegen im Raum, ist das Klopfen eher als ein Signal dafür gedacht, dass gleich die Tür aufgeht. Das heißt, der draußen wartet gar nicht erst auf Antwort, sondern geht hinein.

Verlassen des Arbeitsplatzes

Wer zwischendurch mal kurz die Toilette aufsucht, braucht das nicht an die große Glocke zu hängen. Eine längere Abwesenheit vom Arbeitsplatz jedoch sollte den Kollegen mitgeteilt werden. Man meldet sich ab und sagt, wohin man geht (sofern es sich um Geschäftliches handelt). Wenn möglich, wird auch der Zeitpunkt der Rückkehr in Aussicht gestellt. So können die Kollegen bei Bedarf eventuelle Anrufer oder auch den Chef exakt informieren.

Urlaub ist für den Betroffenen ein Glück, bedeutet jedoch meist Mehrarbeit für die Zurückbleibenden. Nun gut, jeder braucht mal Ferien, doch niemand darf einfach von heute auf morgen verschwinden. Also stimmen Sie Ihren Urlaub mit den Kollegen ab. Bevor Sie starten, informieren Sie Ihre Vertretung über alles Notwendige, damit die Arbeit auch während Ihrer Abwesenheit weitergehen kann. Wer eine führende Position begleitet, hinterlässt wahrscheinlich die Urlaubsanschrift – in der berechtigten Hoffnung, dass eine Störung wirklich nur dann erfolgt, wenn's im Unternehmen "brennt".

Kennen Sie auch jene Kollegen, die das Bauchweh oder ein anderes Zipperlein grundsätzlich am Freitag und/oder am Montag überfällt? Oder immer dann, wenn unangenehme Arbeiten anstehen? Mit der Zeit fällt ein derart asoziales Verhalten auf. Sprechen Sie solche Drückeberger ruhig an, denn die nehmen sich Rechte heraus, die zu Lasten der Allgemeinheit gehen.

Anrüchiges

Das Zusammensitzen in mehr oder weniger engen Arbeitsräumen bringt es mit sich, dass nicht jeder darf, wie er mag. Da wäre mal wieder der Knoblauch zu nennen, der so vielen Speisen erst die richtige Würze gibt. Doch weht er aus dem Munde des Kollegen den ganzen Tag über den Schreibtisch herüber, raubt das dem knoblauchfreien Leid Tragenden die Luft. Und schon so mancher Kunde ging als solcher verloren, weil er vor Knoblauchatem die Flucht ergriff. Vielleicht sollte man den türkischen, griechischen, spanischen Abend besser aufs Wochenende verschieben.

Nicht minder unangenehm sind die "Fahnenträger" - also jene Zeitgenossen, die schon morgens ein Hauch von Alkohol umweht. Zwar ist Alkohol am Arbeitsplatz in vielen Betrieben verboten, doch manche Mitarbeiter bringen den Dunst einer durchzechten Nacht mit ins Büro etc. Einmal ist zwar keinmal, doch zur Regel sollte das nicht werden.

Über das, was nun kommt, wird meist nur hinter vorgehaltener Hand geredet: Körpergeruch und Schweißfüße (siehe Seite 61). Beides sollte der Umwelt nicht zugemutet werden und lässt sich durch peinliche Sauberkeit, die Verwendung von Deos sowie täglich frische Wäsche in den Griff bekommen.

Auch die schönsten Wohlgerüche dieser Welt können am Arbeitsplatz ausgesprochen lästig werden: starke Parfüms. Kollegen reagieren manchmal mit Kopfschmerzen und Niesanfällen. Sparen Sie also den Duft lieber für einen romantischen Abend zu zweit.

Vom Siezen und Duzen

In Amerika ist es schon immer gang und gäbe, dass sich vom Lehrling bis zum Big Boss am Arbeitsplatz alle mit Vornamen ansprechen. Und da so ziemlich alles irgendwann aus den Staaten zu uns herüberschwappt, herrscht auch hier zu Lande zumindest in bestimmten Branchen bereits dieser lockere Ton.

Im Normalfall jedoch heißt es noch immer "Herr Müller" und "Sie" -und das ist gut so. Die Nennung beim Vornamen wird nämlich meist mit dem Duzen verbunden, was automatisch eine gewisse Vertraulichkeit mit sich bringt. Sie lässt Schranken fallen, die im Arbeitsleben erfahrungsgemäß sinnvoll sind. Es ist nun einmal so: "Du Idiot" geht leichter über die Lippen als "Sie Idiot".

Wenn Sie neu in eine Abteilung kommen, in der sich bereits alle duzen und nur Sie siezen, dann rühren Sie von sich aus zunächst nicht daran. Sollte nach vier bis sechs Wochen ein guter Kontakt zu den Kollegen bestehen, dann können Sie - falls Sie der Ältere sind und ein „Du-Bedürfnis" verspüren - zu einem günstigen Zeitpunkt (Weihnachtsfeier, Betriebsausflug etc.) das Du anbieten. Aber nur dann, wenn Sie das sichere Gefühl haben, dass die anderen diese Veränderung ebenfalls begrüßen.

Manchmal mag der vertraute Ton die Zusammenarbeit tatsächlich erleichtern, aber nicht selten wird sie durch zu viel Nähe auf Dauer eher belastet. Und ich finde, dass gegenseitige Sympathie keineswegs zwangsläufig zum Du führen muss. Sollte aber der Wunsch vorhanden sein, gelten die Regeln von Seite 22.

Firmen sind letztendlich auch ein großer Heiratsmarkt, wobei natürlich nur ein Bruchteil der Liebesgeschichten zum Standesamt führt. Wenn's zwischen Kollegen "funkt", die in der gleichen Abteilung arbeiten oder anderweitig sehr eng miteinander zu tun haben, sind Probleme meist vorprogrammiert. Denn nur selten gelingt es, eine Affäre zu verbergen sowie Privates und Geschäftliches zu trennen. So realistisch sollten sie sein und, sofern das Verhältnis Bestand hat, Konsequenzen ziehen. Anstrebenswert ist beispielsweise, dass einer von beiden ein anderes Aufgabengebiet übernimmt, in eine andere Abteilung wechselt, sich vielleicht sogar einen neuen Job sucht usw.

Kampf dem Tratsch und Klatsch

Nirgendwo wird so viel geklatscht wie am Arbeitsplatz. Dabei lässt sich die gängige Behauptung, Tratsch sei typisch weiblich, in den Bereich der Märchen verweisen. Meine Erfahrung zeigt: Männer sind um kein Haar besser. Wo Menschen tagein, tagaus auf engem Raum miteinander leben, bleibt fast nichts verborgen, und das garantiert unerschöpflichen Gesprächsstoff.

Die Nase in anderer Leute Angelegenheiten zu stecken, ist eine weit verbreitete Unsitte. Anstatt vor der eigenen Tür zu kehren, wird das Interesse auf fremdes Terrain gerichtet. Welch eine Zeit- und Energieverschwendung! Dabei lässt sich das Problem im Handumdrehen lösen, denn zum Tratschen gehören bekanntlich immer mindestens zwei. Also machen Sie einfach nicht mit. Stellen Sie die Ohren auf Durchzug, wenn in Ihrem Umkreis entsprechende Bemerkungen fallen. Weigern Sie sich, über Dinge zu reden, die Sie nichts angehen. Sie werden sehen, wie schnell zumindest in Ihrer Anwesenheit das Klatschen aufhört. Und noch etwas: Seien Sie freundlich, höflich, fröhlich, kollegial - aber geben Sie anderen möglichst wenig Einblick in Ihr Privatleben. Dadurch werden Sie selbst nicht so leicht zum Klatschobjekt.

In vielen Abteilungen gibt es den typischen "Prügelknaben", der natürlich auch weiblich sein kann. Auf ihm bzw. ihr hacken dann alle nach Lust und Laune herum. Es sind immer die Schwachen, die in eine solche Rolle gedrängt werden. Hier genügt es nicht, sich raus zu halten. Ergreifen Sie ganz offen Partei für den Betroffenen - und schon finden sich einige, die ebenfalls auf Ihrer Seite stehen.

Das gilt erst recht dann, wenn eine Person anhaltendem "Mobbing" (engl.: to mob = bedrängen, anfallen, über jemanden herfallen) ausgesetzt ist. Darunter versteht man, dass ein einzelner Kollege bzw. eine Kollegin über längere Zeit systematisch so schikaniert und psychisch wie manchmal sogar physisch fertig gemacht wird, dass der bzw. die Betroffene letztendlich gesundheitliche Schäden davon trägt. Der Ablauf ist fast immer und überall der gleiche: Einer oder einige wenige nehmen eine Person aufs Korn. Viele sehen dabei zu und halten sich raus - nach dem Motto: Ein Glück, dass ich es nicht bin. Dabei kann die Angelegenheit mit etwas Zivilcourage schnell beendet werden. Sobald nämlich jemand offen den Attacken entgegen tritt, verläuft Mobbing alsbald im Sand.

Jedes Unternehmen ist eine "Gerüchteküche". Was Sie morgens geeigneten Personen unter dem Siegel der Verschwiegenheit erzählen, weiß bis zum Abend der ganze Betrieb. Aus einer Mücke wird der berühmte Elefant, eine unbedacht hingeworfene Äußerung kann Stühle zum Wackeln und Aktien zum sinken bringen. Seien Sie also vorsichtig mit dem, was Sie sagen, und vertrauen Sie nicht jedem x-beliebigen alles an. Behalten Sie Vermutungen für sich, und erzählen Sie - wenn überhaupt - nur weiter, was Sie genau wissen bzw. selbst gesehen haben.

Keine Frage, es "menschelt" stark am Arbeitsplatz, und deshalb finden Klatsch, Missgunst, Intrigen, Gerüchte usw. einen idealen Nährboden. Den zu entziehen, ist nicht zuletzt Sache des Vorgesetzten. Er kann durch sein entschiedenes Verhalten erfolgreich gegensteuern und dafür sorgen, dass in seinem Einflussbereich ein anderer Wind weht. Auch darin zeigt sich Führungsqualität.

Wer gibt einen aus?

Kommt jemand neu in eine Abteilung oder verlässt jemand die Kollegen, gibt es einen Ein- bzw. Ausstand - das ist in den meisten Betrieben so Sitte. Auch Geburtstage werden gern begossen, und überhaupt existiert, so man nur will, immer ein Grund zum feiern.

Wichtig für das gute Betriebsklima: Ein gemeinsamer Umtrunk im Kreise der Kollegen

In welchem Umfang und Rahmen sich solche Aktivitäten abspielen, ist unterschiedlich geregelt. Ein Grundsatz jedoch gilt überall: Man kann nicht immer nur partizipieren, sondern muss auch mal selbst die "Spendierhosen" anziehen.

Stellen Sie sich vor, Thomas hat seine Gesellenprüfung bestanden. Natürlich gibt er einen aus, doch den Kollegen Schmittchen von der übernächsten Werkbank kann der Ex-Lehrling nicht leiden. Also wird Schmittchen stillschweigend übergangen und sieht missmutig zu, wie die anderen den Schampus köpfen. Logisch - das gibt böses Blut. Wenn eingeladen wird, darf zumindest niemand aus der eigenen Abteilung ausgenommen werden. Und es empfiehlt sich in jedem Fall, den Chef auf ein Glas zu bitten.

Kollegen, die sich gut verstehen, gehen gelegentlich zusammen aus – zum Beispiel in ein Restaurant zum Essen. Bei einem solchen Treffen auf neutralem Terrain herrscht eine vom Arbeitsdruck befreite, entspannte Atmosphäre. Man lernt sich besser kennen und verstehen, und das wiederum fördert das Betriebsklima. Wenig sinnvoll wäre es allerdings, würde jedes Mal ein anderer dazu verdonnert, die Zeche für alle zu berappen. An einem solchen Abend ist selbstverständlich jeder für sich zuständig und keinem anderen verpflichtet. Lädt jedoch der Chef ausdrücklich ein, dann wird er auch bezahlen.

Ein sogenanntes Arbeitsessen verbindet das Nützliche mit dem Angenehmen und erspart so eine Menge Zeit. Während des Essens kommen nicht nur Speisen und Getränke, sondern auch geschäftliche Themen auf den Tisch. Wer einlädt, bezahlt zum Schluss. Ein Arbeitsessen um die Mittagszeit sollte von leichter Art sein, damit nichts schwer im Magen liegt und die Arbeitslust hemmt. Auch gilt es, Alkohol äußerst maßvoll zu genießen, denn schließlich hat der Arbeitstag noch einige Stunden.

Kollege Computer

Er hat sich längst in den Unternehmen einen unkündbaren Platz erobert. Nichts läuft mehr ohne PC, denn er besitzt ein sagenhaftes "Gedächtnis", arbeitet unermüdlich und ist dabei absolut wehrlos. Ohne jeden Protest lässt er sich für alles verantwortlich machen, was nicht funktioniert. "Da hat mal wieder der Computer Mist gebaut." So lautet die gängige und gleichzeitig dümmste Erklärung für Fehler aller Art. Denn der Computer funktioniert in 99 von 100 Fällen einwandfrei. Die Schwachstelle ist immer der Mensch, der den seelenlosen Kollegen falsch "füttert" bzw. bedient.

Warum fällt es so schwer, eigene Unzulänglichkeiten zuzugeben? Weil wir eben keine Maschinen, sondern Menschen sind, läuft nun mal gelegentlich etwas verkehrt. Also schieben Sie nächstens nicht den Computer vor, sondern geben Sie offen zu: "Tut mir Leid, da habe ich etwas falsch gemacht." Das klingt glaubhaft und stößt meist auf Verständnis – bei Kunden, bei Kollegen und beim Chef. Denn wie heißt es doch so treffend: „Nobody is perfect."

Wie aus dem Ei gepellt

Am Arbeitsplatz sind die fein raus, die Arbeitskleidung tragen (zum Beispiel Schwesterntracht, "blauer Anton"). Alle anderen müssen sich mehr oder weniger "in Schale werfen". In den meisten Büros geht es zumindest für Männer relativ förmlich zu. Nach wie vor sind Anzug bzw.

Kombination mit Krawatte der Maßstab. Je höher die Position, desto unumgänglicher wird diese Ausstattung - selbst dann noch, wenn's im Sommer heiß hergeht. Zumindest aber hat niemand mehr etwas dagegen, wenn ein einreihiges Jackett mal offen bleibt. Der Zweireiher dagegen wird geschlossen getragen. Verpönt ist drunter zumindest von Insidern ein Hemd mit Button-down-Kragen.

Frauen haben es leichter. Sie dürfen im Grunde tragen, was sie wollen - Hauptsache, es sieht gut aus. Tadellos gekleidet zum Beispiel bei Geschäftsbesprechungen oder Kundenbesuchen ist die Frau von Welt im Kostüm oder Hosenanzug, doch bieten sich ihr zahllose andere Möglichkeiten, das Beste aus ihrem Typ zu machen.

Generell sollte das Outfit dem Arbeitsumfeld angepasst sein. Dasselbe gilt für die Frisur und sonstige „gestalterischen Elemente" wie beispielsweise Piercing und Tattoos. Eigentlich sollte jedes Unternehmen am Ein- bzw. Ausgang einen überdimensionalen Spiegel montieren, in dem sich unweigerlich jeder Mitarbeiter täglich begegnet. Aufschrift: „So sieht Sie Ihr Kunde!"

Stilsicher kommunizieren

Geschäftsbrief

Er wird heute normalerweise am PC geschrieben und ausgedruckt, aber zumindest von Hand unterschrieben. Um dem Brief einen persönlichen Charakter zu verleihen, kann auch die gesamte Grußformel handschriftlich erfolgen.

Geschäftsbriefe beginnen mit der Anrede "Sehr geehrter Herr Soundso" bzw. "Sehr geehrte Frau Soundso". Betont höflich und etwas vertraulicher ist "Sehr verehrte Frau Soundso", doch diese leicht angestaubte Formulierung wird - wenn überhaupt - höchstens von Mann zu Frau verwendet. Bestehen sehr enge geschäftliche Kontakte, kann "Lieber Herr Soundso" durchaus angebracht sein.

Bei der allgemein gehaltenen Anrede hieß es bisher kurz und bündig "Sehr geehrte Herren". Inzwischen sitzen, wie man weiß, in Firmen und bei Ämtern auch Frauen, und deshalb lautet die korrekte Formulierung "Sehr geehrte Damen und Herren".

Die Schlussformel "Hochachtungsvoll" empfiehlt sich nur noch bei einem bewusst kühlen oder formellen Schreiben bzw. unter einem Brief an eine sehr hoch gestellte Persönlichkeit. Allgemein verwendet man das neutrale "Mit freundlichen Grüßen". Enge Geschäftspartner schreiben durchaus auch "Mit herzlichem Gruß" und setzen vielleicht sogar ein "Ihr(e)..." hinten dran. Leider breitet sich der Abkürzungs-Virus immer mehr aus. Benötigt man denn für "Mit freundlichen Grüßen" wirklich so viel mehr Zeit als für das unpersönliche "m.f.G."?

Unter die Unterschrift, die ohnehin meist unleserlich ist, gehört der maschinengeschriebene Name. Der Vorname sollte dabei stehen, damit der unbedarfte Adressat weiß, ob es sich bei dem Briefschreiber um einen Mann oder eine Frau handelt.

Für den schnellen Brief- oder Fax-Verkehr von Haus zu Haus werden häufig vorgedruckte Formulare mit Kästchen zum Ankreuzen verwendet. Wenn sich Geschäftspartner kennen, werden sie jedoch zumindest Platz für ein paar persönliche Schlussworte finden: "Bis zum nächsten Mal in aller Kürze..." oder "Schon auf dem Weg zum Flughafen – Ihr..."

E-Mail

Das Mailen ist sicher die schnellste und effizienteste Art der Kommunikation. Im Geschäftsleben lassen sich via Internet weltweit zeitsparend Kontakte knüpfen und pflegen, Statements abgeben, Informationen übermitteln, Probleme lösen und vieles mehr. Der Nachteil: Man wird vielfach mit Mails „zugeschüttet", und das Lesen und Trennen in „wichtig" und „unwichtig", in „sofort beantworten" oder „später beantworten" kostet viel Zeit. Umso wichtiger ist es, dass eine Mail kurz gefasst wird, sich aufs Wesentliche beschränkt.

Beim Mailen ist der Umgangston selbst unter einander völlig Unbekannten locker, auf steife Formulierungen wird allgemein verzichtet. Entsprechend unkonventionell werden die Nachrichten in den PC „geklopft". Einen denkbar schlechten Eindruck hinterlässt es jedoch, wenn „Vertipper" unkorrigiert bleiben. Es gibt Mails, bei denen man über so manchem Wort und seiner Bedeutung grübelt. Ich meine, das automatische Korrekturprogramm des PC ist eine hervorragende Einrichtung, die jeder nutzen sollte.

Wichtig ist es vor allem, den Namen des Empfängers korrekt zu schreiben. Auch die Grußformel (ohne Abkürzungen) muss sein. Werden wichtige Mails nicht umgehend beantwortet, schickt man dem Absender zumindest eine kurze Eingangsbestätigung.

Telefon

Übers Telefonieren finden Sie Grundlegendes auf Seite 31. Allerdings gilt es, am Arbeitsplatz noch einiges mehr zu beachten:

tipp

- Wenn Sie ein Gespräch für einen abwesenden Kollegen entgegen nehmen, dann fertigen Sie darüber sofort eine kurze Telefonnotiz an. Dies verhindert, dass womöglich Wesentliches versehentlich vergessen wird.

- Sie melden sich am Telefon, doch der Ihnen gegenübersitzende Kollege wird verlangt. Jetzt schieben Sie nicht einfach wortlos den Hörer auf die andere Seite, denn für den Anrufer ist diese Pause uner klärlich. Sagen Sie freundlich: "Moment, bitte, ich reiche Sie gleich weiter."

- Sie wollen einen Anrufer weiterverbinden, aber am angewählten Apparat meldet sich lange niemand. Lassen Sie jetzt den Anrufer nicht einfach stillschweigend in der Leitung "hängen", sondern geben Sie kurze Zwischenbescheide: "Tut mir Leid, Herr Soundso ist gerade nicht am Platz." Oder: "Da nimmt niemand ab, ich versuche es weiter bzw. auf einem anderen Apparat." So weiß der Anrufer, dass er nicht vergessen wurde. Bleiben Ihre Bemühungen letztendlich ohne Erfolg, teilen Sie auch dies dem Wartenden mit, und fragen Sie, ob Sie etwas ausrichten können.

- Beschränken Sie sich beim Telefonieren weitgehend auf das Wesent liche. Denn während Sie sprechen, wählt sich vielleicht irgendwo jemand die Finger wund und kommt einfach nicht zu Ihnen durch. Führen Sie während der Geschäftszeit also vor allem keine endlosen Privatgespräche. Sie blockieren damit den Apparat womöglich für Wichtigeres.

- Telefonzentralen tragen einen wesentlichen Teil zum Image eines Unternehmens bei. Der Anrufer hört eine Stimme und das, was sie sagt - und automatisch entsteht bei ihm ein Bild bzw. eine Meinung. Kurz angebundene Telefonistinnen bzw. Telefonisten bekommen zwar schnell die Leitung wieder frei, hinterlassen aber keinen positiven Eindruck. Freundlichkeit und Höflichkeit erfordern eben ein paar Worte mehr. Gefragt sind liebenswürdige Stimmen, die stets verbind lich klingen und dem Anrufer das Gefühl vermitteln, wichtig genommen zu werden.

Anrufbeantworter

Auf diese automatischen Mitarbeiter kann man heute im Geschäftsleben nicht mehr verzichten. Sie erfüllen ihre Aufgabe rund um die Uhr, sind aber von Haus aus stumm. Das heißt, ein Ansagetext muss aufgesprochen werden, und an ihm scheiden sich die Geister. Manche meinen, der Text müsse knapp und sachlich sein, mehr nicht. Andere lassen sich die ulkigsten Formulierungen einfallen, um den Anrufer ja nicht zu langweilig.

Die meisten Anrufbeantworter arbeiten bis zur "Schrottreife" mit ein und demselben Text, während andere mit ständig neuen Geistesblitzen überraschen. Wie auch immer - entscheidend ist vor allem eine sympathische Stimme, die gut verständlich spricht.

Noch immer legen Leute erschrocken auf, wenn sich am Telefon nur der Anrufbeantworter meldet. So einfach aus dem Stegreif können sie nichts von sich geben. Wenn auch Sie aus Erfahrung wissen, dass Ihnen die passenden Worte fehlen, dann denken Sie sich vorher schon mal ein paar Sätze für den Fall des Falles aus. Denn mit einem Anrufbeantworter muss immer gerechnet werden. Sprechen Sie in aller Kürze Ihr Anliegen aufs Band, oder bitten Sie einfach um Rückruf. Nennen Sie unbedingt Ihren Namen, die Firma, Telefonnummer sowie Datum und Uhrzeit des Anrufs. Es nützt wenig, wenn Sie sagen: "Ich habe gestern schon versucht, Sie zu erreichen." Oder: "Ich melde mich morgen Früh wieder." Der Angerufene ist vielleicht auf Geschäftsreise und hört den Text erst eine Woche später ab. Falls Sie selbst häufig abwesend sind, geben Sie auch an, wann Sie ein Rückruf voraussichtlich erreicht. Andernfalls besteht die Gefahr, dass nur zwei Anrufbeantworter miteinander kommunizieren.

Fax

In unserer schnelllebigen Zeit erscheint es unmöglich, dass eine Nachricht von heute erst morgen ankommt. Deshalb wird gefaxt, und innerhalb von Sekunden erreichen Informationen ihr Ziel. Die Reaktion wird genauso umgehend erwartet, denn Ausreden wie "Das lag ewig bei der Post" ziehen nicht mehr.

Fax-Briefe sind zwar inzwischen eine Selbstverständlichkeit, doch haftet ihnen ein eher unpersönlicher Charakter an. Vor allem dann, wenn der Brief beim Empfänger auf lappigem Thermo-Papier ausgedruckt wird. Ein wirklich wichtiges oder gar persönliches Schreiben sollte man deshalb besser nach guter, alter Art mit der Post versenden. Möglich ist es auch, zur schnellen Information ein Fax vorab zu schicken und darin einen folgenden Brief gleichen Inhalts anzukündigen. Völlig ungeeignet ist das Fax als "Geheimnisträger". Es kann, bevor es sein eigentliches Ziel erreicht, von vielen gelesen werden.

Übrigens - auch Faxen will gelernt sein. Ich meine damit nicht die Handhabung des Geräts, sondern das Abfassen von Informationen. Hat ein Fax mehrere Seiten, so sollten auf dem ersten Blatt die Anzahl der noch folgenden Seiten angegeben werden. Sinnvoll kann es außerdem sein, den Namen des Empfängers auf jede Seite zu schreiben. Dies verhindert, dass womöglich Wichtiges fehlgeleitet wird. Eine "postwendende" Antwort auf eine Fax-Anfrage kann jederzeit auch handschriftlich erfolgen, eventuell sogar auf dem gerade eingetroffenen Schriftstück. Beispiel: Ein Kunde fragt an, ob ein bestimmtes Gerät lieferbar ist. Sie machen auf das Fax den handschriftlichen Vermerk "Im Moment leider nicht, aber voraussichtlich in zwei Wochen. Wir geben Ihnen Bescheid" - Gruß, Unterschrift. Dann faxen Sie das Fax zurück an den Kunden. Der sieht großzügig über die Form hinweg und freut sich über die prompte Reaktion.

Kunden und Geschäftspartner

“Der Kunde ist König“, heißt es. Oder „Der Kunde hat immer Recht“. Beides ist falsch. Zwar sollte der Kunde nach allen Regeln der Kunst hofiert und umworben werden, doch heute eher partnerschaftlich als katzbuckelnd-höfisch. Und selbstverständlich kann ein Kunde irren. Aber das reibt man ihm nicht hämisch hin, sondern überzeugt mit Fingerspitzengefühl und sachlichen Argumenten.

Selbst Kunde, verkneifen wir uns alle Majestätsallüren. Wir behandeln Geschäftspartner und Dienstleister keinesfalls von oben herab, sondern mit der gebotenen Höflichkeit und Freundlichkeit.
Generell heißt es „Wie man in den Wald hinein ruft, so schallt es heraus“. Positives Verhalten überträgt sich zumindest in den meisten Fällen auf Kunden und Geschäftspartner. Und sollte das eigene Bemühen gelegentlich nicht auf fruchtbaren Boden fallen, bleiben Sie trotzdem bei Ihrer Linie.

Auf gute Zusammenarbeit

Im Grunde gelten fürs Zwischenmenschliche im Geschäftsbereich dieselben Regeln wie im Privatleben. Darüber hinaus sollten Sie, um Erfolg zu haben, Ihre Umgangsformen speziell den beruflichen Anforderungen anpassen. Seien Sie deshalb nicht nur - wie gewohnt - höflich und freundlich, sondern stets

- kompetent,
- engagiert,
- interessiert,
- zuverlässig,
- kontaktfreudig,
- fair,
- hilfsbereit,
- verschwiegen,
- ehrlich.

tipp

Zu den „eisernen“ Grundsätzen gehört, dass man...

...sich bedankt für etwas, was man erhalten hat.

...auch in Eile das Wort „Bitte“ gebraucht, wenn man etwas möchte.

...Fehler nicht auf andere schiebt, sondern eingesteht und sich entschuldigt.

...Anfragen möglichst umgehend beantwortet – auch dann, wenn die Antwort negativ ausfallen muss. Bei unumgänglichen Verzögerungen gebietet es die Höflichkeit, einen kurzen Zwischenbescheid zu geben.

...zugesagte Informationen schnellstens übermittelt.

...fachkundig und individuell berät.

...zugesicherte Termine möglichst einhält.

...berechtigte Reklamationen zügig bearbeitet.

...Kunden und Geschäftspartner nicht spüren lässt, wenn sie unsympathisch sind.

...in jeder Situation sachlich bleibt und auch in einem eventuellen Streitgespräch nicht persönlich wird.

...gegenüber Dritten nie negativ über Kunden und Geschäftspartner spricht und über Geschäftsvorgänge schweigt.

Austausch von Visitenkarten

Ohne Visitenkarte ist man im Berufsleben quasi nur ein halber Mensch. Die Visitenkarte gibt Auskunft zur Person, verschafft so Legitimation und öffnet Türen.

Ausgetauscht werden Visitenkarten immer dann, wenn es wichtig ist, dass sich Geschäftspartner aneinander erinnern und jederzeit Kontakt aufnehmen können. Deshalb müssen folgende Informationen drauf stehen: Firmen-Logo, Name, Anschrift, Telefon- und Fax-Nummern sowie E-Mail-Adresse und Webside des Unternehmens, der Name samt akademischem Grad oder sonstigem Titel des Karten-Besitzers, dessen Position und eventuell seine Privatanschrift mit den üblichen Angaben. Wer viel im Ausland tätig ist, braucht Visitenkarten in Englisch oder eventuell in der jeweiligen Landessprache.

So klein die Visitenkarte auch sein mag, sie repräsentiert das Unternehmen ebenso wie den Karten-Besitzer persönlich. Sie deshalb nur einwandfreie Karten, die weder geknickt noch verschmutzt oder bekritzelt sind und keine Eselsohren aufweisen.

Wer eine Visitenkarte erhält, revanchiert sich normalerweise mit der eigenen. Wird Ihnen eine Visitenkarte übergeben, nehmen Sie diese mit freundlichem Dank entgegen. Widmen Sie dem Aufdruck kurz Aufmerksamkeit, bevor Sie die Karte sorgfältig weg stecken. So zeigen Sie Achtung vor dem Eigentümer der Karte. Es gehört sich übrigens nicht, eine Karte zurückzuweisen. Wenn Sie keine wollen, gehen Sie trotzdem vor wie beschrieben. Lehnen Sie es auch nicht einfach ab, eine eigene Karte herauszurücken. Falls Sie es nicht möchten, bedauern Sie eben, dass Sie leider gerade keine dabei haben.